KB268067

공부머리는
만드는 것이다

공부머리는
만드는 것이다

공부머리는 만드는 것이다

초판발행일 | 2026년 2월 20일

기   획 | 정동완
지 은 이 | 양은아 송민영 성열호 신미숙 유선제 이은영
펴 낸 이 | 배수현
디 자 인 | 천현정
홍   보 | 배예영
물   류 | 이슬기
문   의 | 안미경

펴 낸 곳 | 가나북스 www.gnbooks.co.kr
출 판 등 록 | 제393-2009-000012호
전   화 | 031) 959-8833(代)
팩   스 | 031) 959-8834

ISBN 979-11-6446-140-0 (03190)

※ 가격은 뒤표지에 있습니다.
※ 잘못된 책은 구입하신 곳에서 교환해 드립니다.

공부머리는 만드는 것이다

저자 **양은아 송민영 성열호**
신미숙 유선제 이은영 | 기획 **정동완**

가나북스

공부머리는 만드는 것이다

학교 현장은 공부를 향한 다양한 온도를 가진 학생들로 가득하다. 잘하고 싶은 마음은 누구보다 크지만 집중이 잘 되지 않아, 책상에 앉으면 자꾸 핸드폰으로 손이 꼼지락거리는 학생들. 눈빛이 이리저리 흔들리고, 이 책 저 책 꺼내보다가 이내 책상 위에서 잠드는 학생들. 스터디 플래너를 끄적이며 '나는 할 수 있다' 같은 클리셰 가득한 자기 확언을 적어가며 의지를 다지며 눈빛의 초점을 조정하는 학생들.

교육 현장에서 우리는 공부에 대한 다양한 욕망과 열망, 갈증, 그리고 좌절을 마주한다.

"나는 뭘 해도 안 돼. 난 어차피 원하는 대학도 못 갈 텐데…"

스스로를 자책하는 순간을 마주할 때 이미 공부에 대한 온기를 잃었을 지 모른다. 무기력한 눈빛으로 교실의 공허한 공간을 멍하니 바라보고 있을지도 모르는 학생들을 위해 해 주고 싶은 이야기가 있다.

'나는 왜 공부머리가 없을까?' 라고 더 이상 자책하지 말자.

공부가 안 되는 데는 다 이유가 있다. 진단을 정확하게 내리고, 방향과 방법을 안다면 공부머리는 만들 수 있다. 너의 어떤 마음이, 공부로 향하는 발걸음을 자꾸 멈추게 할까? 이제는 나 자신을 탓하기 전에, 진짜 이유를 찾아서 탓해보자.

이 과정은, 평생을 함께할 '나'를 소중히 들여다보는 일이다.

누구보다 공부를 잘하고 싶은 너의 그 마음이, 기특하고 소중하니까.

그 마음을 따뜻한 눈빛으로 바라보며, 조금이라도 도움이 되고 싶은 마음에 선생님들은 글을 썼다. 공부가 되지 않는 근본적인 원인을 진단하고 방향을 제시하고 싶어서, 각 분야의 전문 선생님들이 만나 네 달이 넘도록 회의하고, 머리를 맞대며 방향을 찾으려고 노력했다.

우리는 공부가 안 되는 이유를 진단하고, 공부와 연결된 마음을 하나씩 들여다보았다.

이 책은 단지 공부하다 '현타'가 온 너의 앞모습뿐 아니라, 옆모습, 속마음, 그리고 장 속 음식까지 함께 들여다보았다. 선생님들이 교육 현장에서 쌓아온 노하우를 '현직 교사의 시크릿 꿀팁'에 정성껏 눌러 담았다. 이 책을 다 읽고 나면, 하루의 시간을 대하는 자세가 달라지고, 공부하다 '현타'가 오는 순간을 다루는 방식도 바뀔 것이다. 심지어 내가 먹는 음식까지, 공부의 효율성을 높이기 위한 방식으로 설계될 것이다.

부디 이 책의 어느 한 줄이라도 너의 마음에 온기를 더하고, 다시 한번 책상 앞에 앉아볼 용기를 건넬 수 있기를 바란다. 이 책을 다 읽고 나면, 공부는 해야만 하는 굴레가 아니라, 해볼 만한 것, 내 인생에서 충분히 도전해볼 가치가 있는 일이 될 것이다.

목차

3부. 설계 : 공부머리를 디자인하다! 88

1부.

왜 공부가 힘든가?

1장. 공부가 안 되는 건 다 이유가 있다
#공부의욕을 꺾는 마음 패턴

"공부해야 하는 건 아는데, 책상 앞에만 앉으면 한숨이 나와요. 문제집을 펴도 눈에 들어오지 않고, 결국 유튜브를 켜게 돼요." - 중1 하준이

"개념부터 제대로 정리하라는데, 뭐가 중요한지 헷갈리고 진도가 안 나가요. '이래도 되는 걸까?' 라는 생각에 불안감만 커지는 것 같아요." - 중3 나현이

"영어단어가 너무 안 외워져요. 머리가 나쁜건지 영어는 그냥 나랑 안 맞는 것 같아요." - 고1 희서

"또 실수할까봐 시험이 무서워요. 부모님의 기대도 부담스럽고, 그냥 일반고 가고 싶다는 생각까지 들어요." - 중2 예하

"엄마가 이제는 기대도 안 하시는 것 같아요. 기술 배우라고 하시더라고요. 노력해봤자 안 될 거라는 생각이 자꾸 들어요." - 고2 진수

'공부는 해야 하는데, 왜 이렇게 하기 싫지?', '해봤자 안 될 것 같고, 자꾸 미루고 싶다.'

시험이 가까울수록 이런 생각이 들지 않는가? 그렇다면 그것은 의지가 부족해서가 아니라 마음 속 어딘가에서 공부를 방해하고 있기 때문이다.

공부가 안 되는 진짜 이유는 무엇일까?

공부에 집중하고 싶어도 자꾸 딴생각이 들고 마음이 불안정해질 때가 있다. 왜 해야하는지도 모른다. 하긴 하는데 머리에 들어오는 게 없다. 머리도 아프고 배도 아픈 것 같다. 재미도 없고, 어렵기만 하고, 하기 싫다. 열심히 한다고 하지만 공부가 안될 때마다 스스로를 탓하곤 한다.

이런 생각이 들땐 지금 이 순간의 나를 돌아보라는 신호일 수 있다. 따라서, 마음 속의 감정과 생각이 보내는 목소리에 귀를 기울이고, 나의 공부 의욕을 방해하는 마음의 흐름을 먼저 살펴봐야 한다. 학생들의 공부 의욕을 꺾는 대표적인 5가지 심리 패턴이 있다. 공부하지 못하도록 나를 흔들었던 건 주로 어떤 것이었을까? 다음의 심리 패턴을 읽어보고 나는 어디에 해당할까 살펴보자.

심리 패턴	주된 생각	대표 감정	공부할 때 나타나는 특징	극복전략(예시)
회피	'하기 싫고 피하고 싶어'	무기력, 짜증	공부미룸, 집중 안 됨	- 스마트폰 다른 방에 두기 - '10분'만 타이머 맞춰 놓기
완벽주의	'완벽하게 해야 해'	불안, 압박감	끝내지 못함, 속도 느림	- '틀려도 괜찮아'라고 노트에 써보기
자기비하	'나는 원래 못해'	실망, 수치심	금방 포기함	- 오늘 잘한 일 1가지나 공부말고 잘하는 것 1가지 써보기

부정적 평가에 대한 두려움	'또 실패할까 봐 무서워'	공포, 긴장	실수를 과도하게 의식	– 몇 점 받았는지보다 어떻게 공부했는지 써보기
낮은 자존감	'해도 소용없을 것 같아'	체념, 좌절	열심히 못 함, 동기 저하	– '나는 지금 괜찮아' 라고 하루 1번씩 거울보며 말하기

다섯 가지 마음의 흐름은 때론 겹치기도 하고, 상황에 따라 번갈아 나타나기도 한다. 이럴 때 중요한 건, '공부를 안하는 나'보다 '왜 이런 마음이 들었는지'를 먼저 돌아보는 것이다.

마음을 읽어야 공부가 보인다

공부가 안될 때는 억지로 버티거나 그냥 포기하지 말고, '왜 공부가 안되고 싫을까?', '지금 내 감정은 어떤가?'를 먼저 생각해보는 것이 좋다. 마음 속 감정을 무시한 채 억지로 공부하려고 하면, 집중도 안되고, 성과도 나지 않아 결국 '난 안돼'라는 생각만 쌓이게 된다. 그러나 이 마음 패턴의 정체를 이해하고 나면, 나의 진짜 공부가 시작된다. 이제 마음 속 패턴을 하나씩 들여다보면서 나의 진짜 공부 여정을 시작해 보자.

[1] 회피심리 : '나중에 하자'의 진짜 이유

"내일이 중간고사 시작인데....이번엔 진짜 일찍 시작해보려고 마음 먹었었는데…"

책상에 앉았지만, 이상하게 집중이 안된다. '조금만 쉬었다 하자' 라는 생각이 들고, 마침 스마트폰 알림이 울린다. 어느덧 1시간이 훌쩍 지났다. '아, 이러다 망하겠는데…?' 라는 걱정만 커진다.

회피는 가장 흔한 공부 방해 패턴이다. 어려운 과제나 시험 준비를 앞두고 "나중에 하지 뭐"라며 미루거나, 스마트폰을 보며 시간을 보내는 행동이 대표적이다. 공부나 해야할 일이 너무 부담스러울 때, 무의식적으로 미루고 도망치는 행동을 보인다. 심리학에서는 이런 행동을 '회피적 대처(Avoidance Coping)'라고 한다.

【회피적 대처】

회피적 대처란 스트레스를 주는 과제나 상황을 직면하지 않고 피함으로써 일시적인 안도감을 얻으려는 심리적 반응을 말한다. 공부가 너무 부담스럽고 스트레스를 받을 때, 딴짓을 하거나 나중에 하자는 등의 미루기 행동이 나타나는 것이다.

공부를 미루면 처음에는 잠깐 편하고 불안이 줄어든 것처럼 느껴질 수 있지만, 이는 오히려 장기적으로 스트레스와 불안을 증가시키고 자신감을 약화시킨다. 시간이 지나면 "언제 다 하지?", "왜 난 이걸 못할까?" 등의 불안감이 더 커지고 자신감도 더 떨어지게 된다. 이러한 회피 행동은 '자기효능감(Self-Efficacy)'과도 깊이 연관된다.

   공부머리는 만드는 것이다

【자기효능감】

자기효능감은 자신이 과제를 해낼 수 있다는 자기 자신에 대한 믿음을 뜻한다.

자기효능감이 낮으면 어려운 일을 두려워하고 피하려고 한다. 즉 공부를 도전할 과제가 아니라 '피해야 할 위협'으로 보게 되는 것이다. 이런 회피 패턴이 반복되면 공부에 대한 부담감만 커지고, 실제 학습 시간은 줄어드는 악순환에 빠진다.

회피 심리, 이렇게 바꿔보자

1) '나 지금 피하고 있네' 솔직하게 인정하기

　: *"아, 또 유튜브 켰네. 지금 공부 피하고 있구나."*

이처럼 스스로를 탓하지 않고 지금 내 감정을 있는 그대로 보는 것이 회피를 멈추는 첫걸음이다. 그렇게 하면 두려움이나 불안의 정체도 보이고, 미루려는 충동이 나타날 때 이를 통제할 동기도 생긴다.

2) '10분만 해볼까?' 작게 시작하기

　: *"10분만 해보자.", "단어 딱 5개만 외우자."*

공부가 너무 하기 싫고 막막하게 느껴질 때는, **진짜 작고 쉬운 목표부터 시작해 보자.** 의외로 이러한 작은 시도가 '어? 나 해냈네?'라는 작은 성취감을 느끼게 해주고, 이 느낌이 **다음 공부 행동의 원동력**이 된다.

3) 집중 방해 요소는 내 눈앞에서 치우기

 : *"스마트폰, 알림, 시끄러운 소음은 공부 집중력의 적이다."*

공부하려는데 자꾸 스마트폰이 손에 잡히는가? 스마트폰은 시야에서 완전히 치워버리자. 가방에 넣거나 다른 방에 두는 것도 좋다. 이것만으로도 **뇌 집중력**이 훨씬 높아진다. 또한 주변의 배경 소음, 특히 대화 소음은 집중력을 분산시키고 학습 효율을 떨어뜨린다. 따라서 공부할 장소를 조용하게 만들고 필요한 물건은 미리 챙겨두어 자주 일어날 일을 줄이면 공부 몰입도가 높아진다.

4) 구체적으로 공부 계획 세워보기

 : *"저녁 7시부터 30분, 과학 3단원 개념 정리하기"*

공부할 내용에 대해 **시간, 과목, 양을 정확하게 정하고, 구체적인 계획을 세운다.** 예를 들어 '저녁 7시부터 30분간 과학 3단원 개념 정리하기'처럼 딱 정해보자. 머릿속에서 '해야지' 하는 생각이 '지금 하자'로 바뀌게 된다. 이건 단순한 기분 문제가 아니라, 심리학적으로 '실행 의도(Implementation Intention) 효과'라고 하며 미루는 습관을 줄이는 데 효과적이다.

회피는 '못하는 나'를 보고 싶지 않은 마음에서 시작된다. 하지만, 회피하지 않고 공부와 마주하는 순간, 우리는 조금씩 '할 수 있는 나'를 만들어 가게 된다. 지금 이 순간, 아주 작은 한 걸음부터 시작해보자. 이런 전략을 통해 조금씩 '할 수 있을지도 모른다'는 감각을 키워갈 수 있다.

     공부머리는 만드는 것이다

　시작을 두려워하던 학생도, 작은 행동을 반복하면서 점점 공부에 대한 두려움 대신 성취감을 느끼게 될 것이다.

[2] 완벽주의 : 완벽해야 한다는 생각이 나의 발목을 잡을 때

　"국어 수행평가로 갈등에 관한 글쓰기를 해야 했어요. 글쓰기를 하려고 연필을 들고 노트를 펼쳤지만 한 문장도 적지 못했어요. 처음 시작부터 잘 쓰고 싶었지만 자꾸 이상해지는 것 같아서 계속 썼다 지웠다를 반복했어요. 그러다가 마감기한이 돼서 제대로 쓰지도 못하고 급하게 써서 냈어요…."

　뭔가를 시작할 때 완벽해야 한다는 생각이 강하게 들어서 오히려 한발도 떼지 못하게 되는 경우가 많다. **이것이 바로 완벽주의다.**

【완벽주의】

완벽주의(Perfectionism)는 자신이나 타인에게 비현실적으로 높은 수행의 질을 부여하는 경향이다(Hamacheck, 1978). 열심히 노력하면서 진정한 기쁨을 느끼며, 인정의 욕구가 강하고 자신의 향상을 위해 노력하는 정상적 완벽주의(Normal Perfectionism)와 자신의 능력에 비해 성취하기 어려운 높은 기준을 세우고 실수를 허용하지 않으며 실패의 두려움과 불안이 있는 신경증적 완벽주의(Neurotic Perfectionism)으로 구분된다.

　'틀리면 안돼.', '조금이라도 이해하지 못하면 공부한 게 아니지.'

이러한 생각은 공부시작 자체를 부담스럽게 만든다. 더구나 완벽하게 하지 못할거면 아예 안 하는게 낫다는 생각과 함께 도전도 피하게 된다. 또한, 너무 완벽하게 하려다 보니 시간과 에너지를 과하게 쓰게 되고, 효율도 떨어지게 된다. 그 결과 공부는 점점 더 싫어지고, 자신감 하락으로 이어지게 된다.

완벽주의, 이렇게 넘겨보자!

완벽주의적 사고에서 벗어나기 위해서는 생산성과 정서적 균형 사이의 '현실적인 기준'을 다시 세우는 일이 중요하다. 다음과 같은 전략이 도움이 된다.

1) '완벽' 대신 '충분히 괜찮게'

: "조금 부족해도 괜찮아. 지금 할 수 있는 만큼만 해보자."

완벽해야 한다는 생각은 부담감만 키우게 된다. 완벽보다는 꾸준함과 실제 행동이 중요하다. 이를 위해서는 작은 목표부터 시작하는 것이 좋다. 시작이 어려울 땐 목표를 작게 쪼개보는 것이다. 예를 들어, '과학 문제집 1장 풀기' 대신에 '1~3번 문제만 풀기'로 줄여보는 것이다.

2) '실수는 성장의 증거야'라고 생각하기

: "내가 이번에 틀린 건 뭘 몰랐는지 알게 되는 기회가 생기는 거야."

틀리는 것은 실패가 아니라 과정이다. '완벽하지 않으면 실패다', '실수는 용납할 수 없다'는 극단적이고 비합리적인 생각을 바꿔보자.

   공부머리는 만드는 것이다

'조금 부족해도 괜찮다', '틀려도 다시 하면 된다'처럼 보다 유연한 사고방식을 연습하다보면 학습 지속성 향상에 도움이 된다.

3) 비교를 멈추고 나에게 집중하기

: *"다른 사람들이 이걸 어떻게 볼까?" → "이 정도면 나에게는 적어도 의미 있었어"*

다른 사람과 비교하다보면 내가 계속 못나게 느껴진다. 비교 대상을 타인이 아닌 과거의 나로 바꿔보자. 어제의 나보다 조금 더 나아진 나에게 집중하는 것이 필요하다.

완벽주의로 인한 학습 회피나 중단을 줄이려면, 더 유연하고 지속적인 학습 태도가 필요하다. 학생이라면 잘하는 것보다 해보는 것이 더 중요하고, 부모나 교사라면 완벽하지 않아도 도전하는 자세를 격려해주는 것이 효과적이다.

완벽함은 방향이지 도착점이 아니다. 모든 것을 완벽하게 하려다 보면, 아무것도 시작하지 못하게 된다. '충분히 괜찮은 시작'을 반복할 때, 우리는 결국 '충분히 괜찮은 결과'를 만나게 될 것이다. '완성'보단 '진행'을 목표로 삼아보자.

성적에 예민해 공부를 시작조차 못 하던 학생도, 일단 해보는 습관이 쌓이면 자신에게 더 관대해지고 결과보다 과정에 집중할 수 있게 될 것이다.

[3] 자기비하 : '나는 원래 안돼'라는 생각이 모든 걸 멈추게 할 때

"이 정도 수학문제도 못 푸는 걸 보니 난 머리가 진짜 나쁜가봐요. 영어 단어 외우는 것도 안되고, 노력해도 늘 제자리인것만 같아요. 엄마는 기술을 배우라고 하는데, 공부는 역시 나랑 안맞는 걸까요?"

【자기비하】

자기비하(Self-Deprecation)란 개인이 자신의 가치와 능력을 부정적으로 평가하는 정도로, 자아존중감의 부정적이고 비관적인 부분에 해당된다(Owens, 1994)

자기비하는 이처럼 **자신을 낮게 평가**하고, 자신의 능력이나 가치를 **과소평가하는 태도**를 말한다. 자기비하에 빠지면 '나는 안돼, 나는 못해'라는 생각을 반복하게 되고, 이것은 점점 학습에 대한 의욕을 떨어뜨리고, 문제를 대하는 집중력마저 흐트러지게 만든다. 결국 공부를 시작할 때마다 자신에 대한 불신이 먼저 떠오르고, 도전과 학습의 욕마저 무너지게 된다. 계속된 실패경험들, 남들과의 비교, 부모님이나 선생님의 부정적인 말들이 마음속에 쌓이며 '나는 안될 사람'이라는 부정적인 믿음을 만들게 된다.

심리학자 마틴 셀리그만은 이런 상태를 '학습된 무기력(Learned Helplessness)'이라고 설명한다. 즉, 노력해도 소용없다는 믿음이 반복될수록 점점 시도 자체를 포기하게 되는 것이다. 그렇다면 어떻게 벗어날 수 있을까?

자기비하적인 마음에서 벗어나기 위해서는 자기 자신과의 관계를 다시 정립하는 것이 중요하다. 다음과 같은 방법을 실천해보자.

1) 내 마음에 상처주지 않기

: "왜 이걸 또 못하는 거니?" → *"지금은 연습 중이야. 잘 하고 있어."*

매일 스스로에게 다정하고 긍정적인 말을 건네고 칭찬하는 연습을 한다. 매일 하나씩 잘한 걸 적어보는 것도 좋다.

2) 나만의 강점을 기록해보기

: "공부 말고 내가 잘하는 게 뭐가 있지?"

공부 이외에 자신이 잘하는 일이나 좋아하는 활동을 찾아보자. 자신의 강점을 자각하고 인정하는 경험은 자기효능감을 높이고, 자기비하를 줄이는 데 효과적이다.

3) 어제의 나와 비교하기

: "예전엔 하나도 못풀었는데, 지금은 그래도 반은 풀 수 있어."

타인과의 비교 대신, 과거의 나와 현재의 나를 비교하며 성장의 흔적을 찾아본다. 나의 성장을 스스로 확인해보자.

4) 혼자 끙끙 앓지 않기

: "친구한테 얘기해볼까?"

혼자 감당하려 하지 말고 가족, 친구, 선생님 등 신뢰할 수 있는 사람들과 자신의 고민을 나누고 도움과 지지를 요청해보자. 누군가의 따뜻한 응원 한 마디가 무너진 자신감을 세워주고, 학습 의욕을 회복하는 데 중요한 힘이 된다. 자기비하는 마음의 습관이다. 바꿀 수 없는 진실이 아니라 반복된 생각일 뿐이다. '나는 못해'라는 말대신 '나는 아직 익숙하지 않아'라고 바꾸는 순간, 공부의 변화가 시작된다.

나를 함부로 깎아내리는 생각이 들면, 한 걸음 멈춰 생각의 근거를 점검해보자.

'나는 원래 못해'라고 단정 짓다가도, 작은 성공을 자주 경험하면서 자기 믿음을 조금씩 회복할 수 있다.

[4] 부정적 평가에 대한 두려움 : 실패할까 봐 시도조차 무서워질 때

"아, 이번 모의고사는 왜 이렇게 긴장되지? 시험 전날 또 배가 아프고, 머리까지 지끈거렸다. 그냥 시험 안보는게 차라리 낫겠다라는 생각이 들었다. 괜히 봤다가 망하면 더 우울할 것 같다. 시간이 갈수록 마음이 더 초초해지고 복잡해졌다…. 시험이 무섭다."

시험만 다가오면 몸이 아프거나, 갑자기 불안해져서 회피하고 싶은 마음이 커질 때가 있다. 이런 생각들은 실패에 대한 두려움이 공부 자체를 마비시키는 상태를 보여준다.

【부정적 평가에 대한 두려움】

부정적 평가에 대한 두려움(Fear of Negative Evaluation)이란 다

른 사람에게 부족하게 보이거나 부적절하게 평가되어 자신이 거절당할 것에 대한 두려움으로 사회적으로 인정받지 못할 것이라는 본질적인 두려움을 의미한다(Deffenbacher, Zwemer, Whiman, Hill, & Sloan, 1986).

부정적 평가에 대한 두려움은 특히 시험이나 평가 상황에서 압박감을 심하게 느끼는 학생들에게 자주 나타난다. '틀리면 안된다'는 강박 속에서 공부 자체를 감정적으로 힘든 일로 인식하게 되고, 매번 공부 시간이 다가올 때마다 피로감과 스트레스로 먼저 지쳐버리게 된다.

이러한 심리는 대개 외부 평가나 결과 중심의 교육환경에서 자라난 학생에게서 두드러진다. 실수나 부족함이 큰 위협으로 다가오기 때문이다. 또한, 성공 아니면 실패, 1등 아니면 아무 의미 없음 같은 이분법적 사고가 지배하게 되면, 모든 시도나 도전이 '실패'로 여겨져 결국 아무것도 하지 않게 된다. 그렇다면 어떻게 이러한 생각에서 벗어날 수 있을까?

겁나도 괜찮아, 이렇게 해보자!

1) 실수의 의미 바꿔보기

  : *"틀림=실패가 아니야. 실수는 그저 배우는 과정일 뿐이야."*

실패는 무능의 증거나 잘못이 아니라, 학습의 일부이며 기회라는 점을 자주 상기시켜야 한다. 이번 시험을 못봐도, 그 안에서 배울 게 있다는 생각을 가질 수 있도록 연습한다. 실패를 창피한 것이나 두려운 것이 아닌 성장의 기회로 재정의하는 것이 중요하다. 틀려도 괜찮고, 틀림에서 더 잘 배울 수 있다.

2) 결과보다 과정 살펴보기

: *"몇점 받았냐?"* → *"어떤 노력을 했어?"*

결과보다는 노력의 흔적을 기록해보자. 결과보다 성장 과정이 눈에 들어올 것이다.

3) 호흡 및 감정 조절 훈련하기

: *"숨 한번 크게 쉬어보자."*

불안이 심할 때는 천천히 호흡하고 감정을 안정시키는 연습이 필요하다. 천천히 숨을 쉬는 것만으로도 몸과 마음이 안정된다.

4) 두려움을 글로 써보기

: *'지금 내가 가장 걱정하는 것이 무엇이지?', '이게 실제로 일어날 확률은 몇 퍼센트지?'*

이런 말들을 글로 적어보자. 머릿속이 정리되고 막연한 두려움이 줄어든다.

누가 나를 부정적으로 평가할까봐 생기는 두려움은 누구나 느낄 수 있는 감정이다. 중요한 것은 그 감정에 끌려가지 않고, 마주하는 용기를 기르는 것이다. 두려움을 '하지 말아야 할 이유'가 아니라 '어떻게 시작할지를 고민하게 만드는 신호'로 받아들이는 것이 중요하다. 시험 불안이나 실수 공포를 줄이려면, 실패를 통제 가능한 일로 받아들이는 훈련이 필요하다.

항상 '망하면 어쩌지'라는 생각에 사로잡혀 있던 학생도, 두려움과 친해지는 연습을 통해 시험을 더 침착하게 대할 수 있다.

[5] 낮은 자존감 : '나는 그냥 안되는 사람 같아'라는 생각이 들 때

"이번 중간고사에서 사회를 잘 본 것은 운이 너무 좋아서였어요.", "나라는 사람이 그냥 싫을 때가 있어요.", "나는 잘하는 게 아무것도 없어요."

자존감은 '나는 좀 괜찮은 사람이야.' 라고 스스로 느끼는 감정이다. 자신의 가치를 긍정적으로 평가하고, 자신을 인정하며 소중히 여기는 기본적인 마음상태를 말한다. 하지만 낮은 자존감을 가진 학생들은 스스로를 부정적으로 평가하고 자신의 능력이나 가치를 받아들이기 힘들어한다. 공부, 외모, 성격 등 모든 면에서 자기 자신을 낮게 평가한다. 이런 학생들은 내가 잘해도 '나는 별로야.' 라거나 '나는 중요한 사람이 아니야.'같은 생각에 사로잡혀 있다. 작은 실패나 비판에도 쉽게 위축되고, 아무리 노력해도 성과를 낼 수 없다고 느끼는 경향이 강하다.

낮은 자존감은 또한 외부 평가에 과도하게 의존하게 하며, 다른 사람의 인정이 없으면 자신의 가치를 느끼지 못하고, 이는 스스로 결정을 내리는 힘을 약화시킨다. 결국 공부를 그저 타인의 기대에 맞추기 위한 수단으로 여기게 만들고, 학습에서 의미나 즐거움을 느끼기 어렵게 한다. 자존감이 낮으면 자신을 믿지 못해 새로운 도전이나 성장의 기회를 스스로 차단하기도 한다.

자존감과 자기효능감은 서로를 일으켜 세우는 힘이다.

자존감이 '나는 가치 있는 사람이야'라는 감정적인 믿음이라면, 자기효능감은 '나는 이걸 해낼 수 있어'라는 행동에 대한 믿음이다. 자존감이 낮으면 '나는 안돼'라는 생각에 도전 자체를 피하게 되고, 자기효능감을 떨어뜨려 자존감을 더욱 바닥으로 끌어내리게 된다. 반대로, '어? 내가 생각보다 이건 좀 잘하네!'하는 작은 성공 경험이 쌓이면 '나도 할 수 있어'라는 믿음이 생기고, 자기효능감을 높여준다.

자존감, 나를 세우는 법!

1) 나도 할 수 있다는 증거쌓기

: *"오늘 한 문제 풀었어."*

　　　　　　　　　　　　　　　　　　　　　공부머리는 만드는 것이다

사소한 행동도 성취로 인정하고 스스로를 칭찬해준다. 하루하루 작은 성공을 쌓아가는 것이 자존감을 키우는 시작이다.

2) 나에게 힘이 되는 말 매일 해보기

: "나는 소중한 사람이다", "지금의 나도 괜찮다"

매일 나 자신에게 긍정적인 메시지를 전달한다. 반복된 긍정은 뇌에 새로운 인식을 심어주는 데 도움이 된다. 이것은 단순한 주문이 아니라, 내 마음에 긍정의 씨앗을 심는 일이다.

3) 남들의 기대에서 벗어나 나만의 기준 세워보기

: "내가 바라는 나, 내가 원하는 나"

엄마나 아빠가 원하는 모습, 친구보다 잘하고 싶다는 마음, 선생님의 평가나 친구와의 비교가 아닌, 오로지 **나를 위한 나만의 목표와 기준을 스스로 정해본다.** 정말 중요한 건 '내가 원하는 나'다. 나는 어떤 사람이 되고 싶은지, 나는 어떤 방식이 편한지, 그 기준을 조금씩 만들어보자. 내가 나에게 맞춘 기준으로 목표를 세우면 공부도 덜 힘들고, 마음도 덜 지친다.

4) 실패를 다시 보는 연습하기

: "이번엔 부족했지만, 다음엔 더 잘할 수 있어."

실패를 자신에 대한 부정적인 증거로 받아들이지 않고, 성장 과정의 일부로 생각해본다. 실패했다고 해서 틀린 것은 아니다. 실패는 나를 깎아내리라고 있는 게 아니라 나를 더 단단하게 만들기 위한 과정이다. 넘어졌다면 그걸 부끄러워하기보다 다시 그 자리에서 일어나면 된다.

자존감은 갑자기 커지는 것도, 단번에 회복되는 것도 아니다. 매일의 작은 선택과 생각의 방향을 통해 조금씩, 천천히 변화한다. 중요한 것은 지금 이 순간의 나 자신을 있는 그대로 받아들이고, 그 위에 천천히 더 나은 나를 쌓아가겠다는 마음을 갖는 것이다. '나니까 할 수 있다'는 자기 확신은, 외부 비교보다 내부 성장을 통해 길러진다.

항상 남과 비교해 자신을 작게 느끼던 학생도, 자기만의 강점과 속도를 찾으면 스스로를 더 인정하게 될 것이다

현직 교사의 시크릿 꿀팁

[교사노트 | 공부가 안 되는 진짜 이유를 먼저 알자!]

"계획도 세웠고, 마음도 먹었는데… 왜 손이 안 갈까?"
"공부할 생각만 하면 불안하고, 유튜브부터 켜게 돼요."

많은 학생들이 의지가 부족해서 공부가 안 된다고 생각하지만, 사실은 '마음속 방해자'가 먼저 작동했을 가능성이 커.

'왜 공부가 안 되지?' 그 이유부터 알아보자!
ⅴ 자꾸 미루게 된다면 → '회피심리'일 수 있어.

∨ 시작이 너무 부담스럽다면 → '완벽주의'가 작동한 것일 수 있
어.

∨ '나는 원래 못해'라는 생각이 든다면 → '자기비하'가 습관처
럼 떠오른 거야.

∨ 시험 전 긴장과 두려움이 심하다면 → '실패 공포' 신호일 수
있어.

∨ 뭘 해도 소용없다는 느낌이 든다면 → '낮은 자존감' 때문일
수도 있어.

교사 꿀팁 요약! 마음이 공부를 방해할 땐 이렇게 해봐요.

∨ "지금 이 감정은 뭘까?" 질문해보기 (회피·두려움·비교감정 등)

∨ '완벽하게'보다 '오늘 할 수 있는 만큼'에 집중하기

∨ 공부가 막힐 땐 작은 것부터 시작하기 → "문제 3개만 풀어보자"

∨ 성적 대신 노력의 흔적 기록해보기 → "어떤 노력을 했지?"

∨ 스마트폰은 눈앞에서 치우기! → 자극 차단이 집중력의 시작

내가 공부를 미루는 진짜 이유

그건 게으름이 아니라 **마음이 보내는 도움 요청**일지도 몰라.

그 마음을 외면하지 않고 바라볼 때, 공부를 훨씬 가볍고 나답
게 시작할 수 있어. 평생 소중히 간직할 내 마음 살펴보자.

마음을 이해하면, 공부도 달라진다

공부를 방해하는 마음은 누구에게나 찾아온다. 그걸 모른 채 스스로를 탓하게 되면, 더 깊은 무력감과 자기비난에 빠지게 된다. 하지만 내가 왜 이런 감정을 느끼는지 이해하고, 그에 맞는 방법을 실천한다면, 지금보다 훨씬 나 자신을 잘 돌볼 수 있고 나의 공부도 달라지게 된다.

왜 공부에 '마음관리'가 필요할까?

앞서 살펴본 다섯 가지 심리 패턴의 근저에는 모두 '감정'이 자리하고 있다. 공부는 단순히 지식을 머리에 넣는 기계적인 활동이 아니다. 몸과 뇌만이 아니라 '감정'과 깊이 연결된 활동이다. 불안, 짜증, 자신없음, 우울함, 무기력함 같은 감정들은 단지 기분만 나쁘게 하는 게 아니라 실제 공부 실행력을 떨어뜨리고, 지속적인 공부 습관을 방해하는 진짜 공부 방해꾼이다.

이 방해꾼들을 물리치는 핵심은 바로 회복력이다. 한두 번 시험을 망쳤다고, 혹은 슬럼프가 왔다고 포기하거나 주저하지 않고 다시 일어설 수 있는 힘. 이것이 바로 '회복탄력성'이다. 점수를 잘 받는 공부도 좋지만, 정말 중요한 것은 어떤 상황에서도 꾸준히 이어갈 수 있는 '지속 가능한 공부'이다. 이 힘을 기르기 위해서는 감정을 잘 다루는 훈련이 필요하다. 마치 운동선수들이 시합에서 최고 실력을 보여주려고 멘탈 트레이닝을 하듯이 말이다.

회복탄력성은 어려운 상황을 겪고도 다시 일어서는 마음의 힘을 의미한다. 공부의 맥락에서 회복탄력성은 실패와 좌절을 딛고 더 강해지는 능력이다.

【회복탄력성】

회복탄력성(Resilience)은 발달과 적응을 위협하는 역경을 경험했음에도 불구하고, 회복하여 이전의 적응 수준으로 되돌아오거나 이전 수준 이상의 성취를 보일 수 있는 능력이다(Muller, Dodd, & Fiala, 2014).

공부에서 회복탄력성은 구체적으로 다음과 같은 힘을 말한다.

실패해도 다시 도전하는 힘	낮은 점수나 틀린 문제에 좌절하지 않고, 다음을 기약하며 다시 책을 펴는 용기
슬럼프를 극복하는 능력	공부가 잘 안되고 무기력해지는 시기를 자연스러운 과정으로 받아들이고, 다시 페이스를 찾아가는 지혜
스트레스 상황에서도 균형을 유지하는 힘	시험의 압박감 속에서도 감정에 휩쓸리지 않고, 차분하게 자신의 일을 해내는 능력
어려움을 성장의 기회로 바라보는 관점	어려운 문제를 만났을 때 피하지 않고, 이를 통해 내가 더 성장할 수 있다고 믿는 긍정적인 태도

감정은 학습의 효율성과 지속성에 직접적인 영향을 미친다. 우리 뇌는 감정 상태에 따라 정보를 처리하는 방식이 달라지기 때문이다. 부정적인 감정과 긍정적인 감정이 학습에 미치는 영향은 명확하게 구분된다.

부정적 감정의 영향	긍정적 감정의 효과
집중력 저하: 불안과 스트레스는 주의를 산만하게 만들어 학습 내용에 집중하기 어렵게 한다.	집중력 향상: 즐거움과 호기심은 뇌를 각성시켜 몰입 상태로 이끌어준다.
기억력 감소: 스트레스 호르몬인 코르티솔은 기억을 담당하는 해마의 기능을 저하시킬 수 있다.	기억 강화: 긍정적 감정은 기억 형성을 돕는 신경전달 물질(도파민 등)의 분비를 촉진한다.
창의적 사고 방해: 두려움과 압박감은 사고를 경직시켜 새로운 아이디어나 문제해결 방식을 떠올리기 어렵게 한다.	창의성 증진: 편안하고 긍정적인 마음 상태는 유연하고 창의적인 사고를 가능하게 한다.
학습 동기 상실: 무력감과 좌절은 '해도 안된다'는 생각으로 이어져 공부하려는 의욕 자체를 꺾는다.	지속적 학습 동기: 성취감과 만족감은 '더 해보고 싶다'는 내적 동기를 강화시켜 학습을 지속하게 한다.

1-2. 멘탈 트레이닝과 감정코칭

[1] 내 마음 근육 키우기

공부를 열심히 해보려고 하는데, 자꾸만 불안하거나 짜증 나고, 괜히 아무것도 하기 싫을 때 있다. 이럴 땐 억지로 참는 것보다 '마음 근육'을 키우는 연습이 필요하다. 마치 운동선수들이 시합 전에 최고 실력을 보여주기 위해 멘탈 트레이닝을 하듯, 우리도 감정을 잘 조절하는 훈련이 필요하다. 감정에 휘둘리지 않고 스스로 감정을 다스릴 수 있다면, 공부도 훨씬 꾸준히 할 수 있다.

방법은 딱 3단계다. 어려울 것 없으니 천천히 따라해 보자!!

감정 조절 3단계 : 앗(A-A-T) 기억해!

1단계 : 자각(Awareness) - 내 감정 상태 알아차리기

"지금 내가 어떤 기분이지?"

초조함, 불안함, 짜증, 무기력함 등등… 가장 먼저 자신에게 질문해보고 지금 내가 느끼고 있는 감정에 이름을 정확하게 붙여보는 것이다. 마치 거울을 보듯 내 마음을 들여다보는 연습처럼 이렇게 내 감정을 알아차리는 것이 첫걸음이다.

2단계 : 수용(Acceptance) - 감정을 있는 그대로 인정하기

"아, 지금 내가 엄청 불안한가보다."

자신의 감정을 억누르거나 피하려고 하지 말고, '공부하기 싫다'는 감정이 들면 '아, 지금 내가 공부하기 싫구나' 하고 솔직하게 인정하는 것이다. 억지로 '나는 즐겁다!'라고 외치기보다 일단 현재의 감정을 충분히 느끼고 받아들이는 것이 중요하다.

3단계 : 전환(Transition) - 감정을 긍정적으로 바꾸기

"이 느낌을 어떻게 바꿔볼 수 있을까?"

내가 스스로 인정하고 수용한 감정을 바탕으로, 이제 더 생산적인

상태로 나아갈 방법을 고민해 본다. 이 감정을 어떻게 하면 공부에 도움이 되는 에너지로 바꿀 수 있을지, 어떤 행동으로 바꿀지를 생각해보자.

정리하자면!
- 자각 : 지금 내 감정이 뭔지 알아차리기
- 수용 : 그 감정을 있는 그대로 받아들이기
- 전환 : 감정을 나에게 도움이 되도록 바꾸기

이 3단계만 기억하고 연습하면, 마음이 흔들릴 때마다 스스로 다시 중심을 잡을 수 있어.

마음 근육도 매일 조금씩 단련된다!
오늘부터 하나씩 연습해보자!

[2] 나의 감정과 대화하는 법(#감정 다이어리)

마음 근육을 키우는 기본 단계를 배웠다면, 이제는 한 걸음 더 나아가볼 시간이다. 단순히 나 자신의 감정을 알아차리고 받아들이는 것을 넘어서, 감정과 대화하는 구체적인 방법을 알아볼 것이다.

감정에 이름 붙이기 & 원인 파악하기 : 내 감정의 메시지를 읽는다

감정을 읽는 가장 중요한 첫걸음은 '지금 나는 어떤 감정을 느끼고 있지?' 라고 스스로에게 물어보는 것이다. 그리고 이어서 '왜 이런 감정이 들까?'를 질문해보자. 감정은 단순한 기분이 아니라, 나에게 보내는 중요한 신호이다.

예를 들어 '불안함'이 느껴졌다면, '준비가 부족하다는 신호'일 수 있고, '지루함'은 '공부 방법이 나와 맞지 않거나 흥미를 잃었다는 신호'일 수 있다.

감정이 보내는 메시지에 귀를 기울일 때, 감정에 휘둘리지 않고 감정의 주인이 될 수 있다.

자기 대화 훈련 : '나'를 응원하는 강력한 말들

우리는 하루에도 수십 번 스스로와 대화한다. 그런데 그 대화가 부정적이라면 어떨까? "난 왜 이렇게 못해?", "어차피 안 될 거야." 같은 비난이나 한계를 두는 말들은 공부 의욕을 야금야금 갉아먹게 된다.

이 부정적인 자기 대화를 의도적으로 긍정적이고 건설적인 말로 바꿔서 연습해보자.

- *"난 왜 이렇게 못해?"* → *"처음이니까 당연히 어려워. 괜찮다, 다시 해보자!"*
- *"아, 진짜 너무 막막하네.."* → *"일단 이 작은 것부터 시작해볼까?"*
- *"쟤는 나보다 훨씬 잘하네.."* → *"어제의 나보다 조금 더 나아진 오늘을 만들자!"*

이러한 긍정적인 자기 대화는 나의 뇌를 변화시키고, 스스로에 대한 믿음을 키워줄 것이다. 말 한마디의 힘을 직접 경험하게 될 것이다.

감정 다이어리 쓰기 : 하루 3분, 감정 기록 습관
매일 잠자리에 들기 전, 딱 3분만 시간을 내서 오늘 내가 느꼈던 가장 기억에 남는 감정(가장 좋았던 감정, 가장 힘들었던 감정)을 짧게 기록해 보자.

· *"오늘 수학 문제가 잘 풀려서 정말 뿌듯했다."*
· *"친구와 비교하다가 잠시 우울했지만, 다시 내 공부에 집중하기로 마음먹었다."*

감정 기록은 내가 어떤 감정 패턴을 가지고 있는지 객관적으로 파악하고, 감정 변화의 원인을 찾아내는 데 큰 도움이 된다. 복잡했던 마음이 글로 정리되면서 훨씬 가벼워질 수도 있다.

[3] 나의 감정을 돌보는 하루 루틴(#감정루틴)

감정 관리는 특별한 시간이 필요한 거창한 일이 아니다. 매일의 작은 습관 속에서 충분히 실천할 수 있다.

감정을 돌보는 하루 루틴
• 오늘 하루 감정 한 줄 정리하기: 매일 저녁, 그날 가장 인상 깊었

   공부머리는 만드는 것이다

던 감정을 한 문장으로 요약해 보자.

- 자기 자신에게 따뜻한 말 한마디 건네기: 잠자리에 들기 전, 거울을 보거나 마음속으로 "오늘도 수고했어", "잘 해낼 수 있을 거야"와 같은 격려와 위로의 말을 스스로에게 건네 보자.

감정을 정리하고 돌보기 위한 '베타(BETA)' 루틴 적용하기

나의 감정이 복잡하고 혼란스러울 때 바로 적용할 수 있는 4단계 행동 지침이다.

1. 숨 고르기(take a deep Breath) : 천천히 깊게 심호흡하며 몸과 마음을 진정시킨다.

2. 감정 쓰기(writing own Emotion) : 지금 느끼는 모든 감정을 솔직하게 종이나 메모에 적어본다.

3. 자기 대화(self-Talk) : 자신에게 긍정적이고 격려하는 말을 건네 본다.

4. 목표 재정비(reArrange goals) : 현재 상황에서 실천 가능한 아주 작은 목표를 다시 설정한다. '일단 한 문제만 풀어보자'처럼 말이다.

【감정이 무너지는 순간을 위한 '나만의 마음 비상약'】

"이 또한 지나갈 것이다."

"나는 충분히 강하다. 이겨낼 수 있다."

"지금 이 순간, 나에게 집중하자."

[4] 감정은 나의 가장 강력한 공부 파트너

감정은 공부의 적이 아니라 나의 가장 강력한 공부 파트너이자 중요한 신호다. 내 감정이 흔들리면 공부에 집중하기가 쉽지 않다. 내 감정을 정확히 안다는 것은 나의 공부 시작점을 아는 것과 같다. 이 감정을 외면하지 않고 알아차리고 조절하는 힘은 연습할수록 강해진다.

'잘하는 공부' 보다 '지속 가능한 공부'가 훨씬 더 중요하다. 완벽함에 집착하기보다, 꾸준함을 통해 얻는 성장이 훨씬 큰 의미가 있다.

지금 나의 감정을 돌보는 것이 바로 미래의 나를 지키는 가장 중요한 공부다. 오늘부터 나의 마음을 돌보는 작은 한 걸음을 시작해 보자.

현직 교사의 시크릿 꿀팁
[교사노트 | 감정도 공부다]

애들아, 공부는 머리로만 하는 게 아니야. 마음으로도 하는 거야. 시험이 다가오는데 자꾸 멍해지거나, 책상 앞에 앉았는데 의욕이 하나도 안 날 때 있지?
그럴 땐 "내가 의지가 부족해서 그런가?" 생각하기 쉬운데, 사실은 감정 에너지가 떨어진 상태일수 있어. 감정이 흔들리면 공부도 같이 흔들려. 그래서 진짜 공부력은 멘탈 체력에서 시작되는 거야.

공부가 안 될 땐 감정을 먼저 살펴보자

∨ "지금 나는 어떤 기분이지?" 이렇게 자신한테 물어봐

∨ 억지로 참지 말고, 감정을 인정해줘 – "아, 나 지금 좀 불안하구나", "짜증 났구나"

∨ 감정을 바꾸는 루틴을 하나 만들어봐 – 걷기, 스트레칭, 감정 다이어리 쓰기, 나한테 응원 한마디 건네기

멘탈이 흔들릴 때는 이 말을 기억해봐

∨ "이 감정은 나를 위한 신호야"

∨ "지금은 연습 중이니까 괜찮아"

∨ "하나만 해보자. 아주 작은 것부터!"

멘탈이 흔들릴 때는 이 말을 기억해봐

∨ 감정에 이름을 붙여봐 – 감정을 다루는 첫걸음이야

∨ 자기한테 따뜻한 말 한마디 해줘 – "오늘도 잘 버텼어, 수고했어"

∨ 자기 전에 감정 한 줄만 써봐 – 마음을 정리하는 좋은 습관이야

∨ 시험 전 긴장될 땐 '심호흡 3번 + 자기에게 응원 한마디'로 감정을 가라앉혀봐

공부는 마음이 준비됐을 때 비로소 잘 돼.

마음을 돌보는 습관이 결국 너를 멀리, 오래 나아가게 해줄 거야.

너, 정말 잘하고 있어. 지금 이 글을 읽고 있는 것도 이미 훌륭한 실천이야.

2장. 뇌는 어떻게 공부하는가?
#뇌과학공부법

"감정을 지나, 이제 뇌를 깨우는 공부를 시작할 시간이다"

공부가 잘 안 되는 데는 다 이유가 있다. 1장에서 우리는 그 이유를 '마음'에서 찾아보았다. 회피, 완벽주의, 자기비하, 낮은 자존감 등은 단순한 게으름이나 의지 부족이 아니라, 마음속 깊이 자리 잡은 감정의 흐름이었다. 이제 그 감정을 조금씩 이해하고 나면, 다음 질문이 따라온다.

"그러면 이제, 어떻게 하면 공부가 될까?"

답은 뇌에 있다. 뇌는 감정에 반응하고, 의미에 끌리고, '나'와 연결될 때 가장 깊이 깨어난다. 외우기만 하는 공부가 금방 잊히는 것도, 반복해도 머릿속에 남지 않는 것도 뇌가 제대로 반응하지 않았기 때문이다.

이 장에서는 '뇌가 공부에 반응하는 방식', 다시 말해 기억하고, 동기부여되고, 몰입하게 만드는 원리를 하나씩 살펴보려 한다. 공부는 결국 뇌를 움직이는 일이고, 그 시작은 뇌의 언어를 이해하는 데서부터 출발한다.

뇌가 기억하는 공부의 비밀

<table>
<tr><td>감정과 기억의 연결 구조 도식화</td></tr>
<tr><td>

[감정 경험]
↓
[편도체 활성화]
↓
[해마 자극 → 장기 기억 저장 ↑]

</td></tr>
</table>

"하루 종일 공부했는데, 머릿속엔 하나도 안 남았다."

이 말, 한 번쯤 해본 적 있지 않은가? 분명 열심히 외웠는데, 시험지를 받아든 순간 머릿속이 하얘졌다. 왜 그럴까?

뇌는 단순한 반복으로 정보를 저장하지 않는다. 감정이 담긴 정보, 나에게 의미가 있는 경험을 더 강하게 기억한다. 기억을 담당하는 뇌의 구조는 '기억'과 '감정'을 따로 취급하지 않는다. 그래서 진심으로 공감하거나 놀랐던 순간, 기쁜 기억은 훨씬 오래 남는다. 그뿐 아니라, 기억은 **연결될수록 오래간다.** 외운 내용 하나하나보다 그것들이 어떻게 이어져 있는지, 어떤 상황에서 나왔는지를 아는 것이 더 중요하다. 예를 들어, 역사 공부를 할 때 연도를 외우기보다는 그 시대 인물의 감정을 상상하며 만화를 그려본다면? 그런 공부는 잊혀지기 어렵다.

내가 이해하고, 느끼고, 연결한 정보만이 '나만의 기억'으로 저장된다. 공부는 결국, 감정과 맥락, 의미와 연결된 경험이다.

기억은 단순히 정보를 많이 보관하는 능력이 아니라, **어떻게 받아들이고, 어떤 맥락에서 연결되고, 어떤 감정과 함께 저장되느냐에 따라** 차이가 생긴다. 다음은 기억을 더 잘 붙잡기 위해 뇌가 중요하게 여기는 세 가지 핵심 **요소**이다.

〈기억을 강화하는 3요소〉

요소	설명
감정	공감·흥미·놀람은 기억을 더 오래 붙잡는다
맥락	언제, 어디서, 왜 배웠는지가 기억의 실마리가 된다
연결성	기존 지식과의 연결이 기억 강도를 높인다

기억은 단순히 "저장"되는 것이 아니라, **부호화 → 저장 → 인출**이라는 세 단계 과정을 거친다. 특히 학습 효과를 높이려면, '인출'에 주목해야 한다. 단순히 다시 읽는 것보다, 스스로 **떠올려보는 연습**이 훨씬 기억에 강하게 남는다.

예를 들어, 고등학생 수진이는 한국사 과목에서 늘 벼락치기식 반복만 했지만, 시험 2주 전부터 스스로 문제를 내고 **답해보는 인출 학습**을 실천하며 성적이 눈에 띄게 올랐다. 뇌는 **입력보다 출력(인출)을 통해 연결을 강화하는 구조**를 가진다.

또한, 간격을 두고 복습하는 간격 반복 학습(spaced repetition)은 잊혀질 즈음 다시 떠올리는 연습을 통해 기억을 더 오래, 더 선명하게 유지하게 도와준다.

"할 수 있다"는 믿음이 뇌를 켠다

자기 효능감과 학습 동기의 선순환 도식
[작은 성공 경험] ↓ [자기 효능감 상승] ↓ [학습 도전 증가] ↓ [또 다른 성공 경험] → 반복 루프

"난 원래 수학을 못해."

아직 풀어보지도 않았는데, 이런 말부터 나오는 학생이 있다. 그런데 이상하게도, 그렇게 말한 사람은 정말 문제를 못 푸는 경우가 많다.

공부에는 실력도 필요하지만, 그보다 먼저 필요한 건 **뇌의 스위치를 켜는 자기 신뢰**다. '나는 할 수 있다.'는 마음이 생기면 뇌는 스스로를 믿고 도전할 준비를 한다. 이를 '자기 효능감'이라고 한다. 한 아이는 수학 문제를 볼 때마다 머리가 아프다고 했다. 하지만 선생님이 아주 쉬운 문제부터 같이 풀며 '해냈다'는 경험을 반복하자, 3주 만에 손을 먼저 드는 아이로 바뀌었다.

뇌는 성공 경험을 기억하고, 그 기억이 **다음 도전을 이끌도록 연결**하는 특성을 가진다. 누군가의 칭찬보다도 강력한 힘은, "나는 할 수 있다."는 스스로의 인식이다. 그리고 진짜 동기는, 점수가 아닌 내가 이걸 왜 하는지, 어떤 의미가 있는지를 느끼는 순간 시작된다. 그럴 때 뇌는 외부 자극이 아닌 **내적 동기**에 의해 진짜로 깨어난다.

작은 성공이 반복될수록, 학습자는 점점 자신을 믿기 시작한다. 이 때 중요한 것은 **어떤 경험이 뇌의 동기 회로를 자극하느냐**이다. 자기 효능감을 키우는 대표적인 조건들을 표로 정리해보면 다음과 같다.

〈자기 효능감을 키우는 조건〉

조건	구체 행동 예시
작게 시작하기	쉬운 문제부터 풀며 '해냈다' 경험 반복
피드백 주기	칭찬보다, 구체적 전략 피드백 제공
의미 연결	"내가 왜 이걸 하는가?" 스스로 답할 기회 제공

공부는 머릿속에 쌓는 게 아니라, 삶 속에 스며드는 것

공부를 할 때 많은 사람이 이렇게 생각한다. '내용을 많이 외워야 잘하는 거야.' 하지만 뇌는 창고가 아니다. 지식을 넣고 꺼내는 방식으로는 오래 남지 않는다. 뇌는 새로운 정보를 받아들이면, 이미 알고 있는 것과 연결하려 한다. 그 연결이 단단해질수록 오래 기억되고, 더 잘 이해하게 된다.

이 과정을 뇌의 '성장' 혹은 '재조직'이라고 부른다.

공부는 머릿속에 저장하는 일이 아니라, **경험을 통해 구조를 바꾸는 일**이다. 어느 고등학생은 프로젝트 수업에서 직접 자료를 찾고, 친구들과 아이디어를 나누며 정책 제안서를 만들었다. 처음엔 "배운 게

   공부머리는 만드는 것이다

없다"고 했지만, 한 달 후 "이렇게 많이 배운 건 처음"이라며 스스로 놀라워했다.

지식은 '갖는 것'이 아니라, '만들고 써보는 것'이다. 책을 읽는 것보다, 읽은 내용을 내 말로 설명해보는 것. 문제를 푸는 것보다, 문제를 왜 그렇게 풀었는지 친구에게 말해보는 것. 그때 뇌는 **진짜로 연결**되고 변화한다.

그렇다면 '쌓는 공부'와 '경험하는 공부'는 무엇이 다를까? 다음은 뇌과학 관점에서 본 두 학습 방식의 차이를 정리한 표이다.

〈소유 vs 경험 학습 비교표〉

구분	소유형 학습	경험형 학습
목표	많이 외우기, 좋은 점수	이해하기, 응용하기
방법	반복 암기, 단기 기억	체험, 적용, 연결
뇌 반응 방식	단편적 기억 저장	시냅스 재구성, 장기 기억화
지속성	시험 후 쉽게 잊힘	삶 속에서 오래 유지됨
학습자 정서 경험	"해도 소용없을 것 같아" 체념·좌절	"내가 해냈다" 자신감·의욕

암기라고 해서 무작정 반복해서 보는 건 효과적이지 않다. 뇌는 입력된 정보를 **의미화하고, 다시 꺼내 쓰는 과정**에서 기억을 강화한다. 고등학생 민혁은 중요한 시험을 앞두고 3주 전부터 공부한 내용을 주간 간격으로 복습하며, '일주일 뒤에 이걸 떠올릴 수 있을까?'를 기준으로 점검하는 방식을 썼다.

반복보다 간격을 둔 회상 연습이 훨씬 효율적이라는 사실은, 실제 많은 연구에서도 확인되고 있다.

공부는 단순히 지식을 얻기 위한 수단이 아니다. 어떤 내용을 배우고, 그것을 나의 경험과 연결하고, 나만의 방식으로 표현하는 것. 그 모든 과정이 **나 자신을 바꾸는** 일이다.

'나는 할 수 있다.'는 믿음, '이건 내 이야기야.'라는 감정, '이렇게 배워야 진짜 공부구나.'라는 깨달음. 이것이 이어질 때, 뇌는 진짜로 깨어난다. 공부는 외워야 할 목록이 아니라, **삶을 새롭게 이해하는 방식**이다.

오늘 배운 것이 나를 바꾸고, 나의 변화가 세상을 바라보는 시선까지 바꿀 수 있다면, 그 공부는 이미 성공한 것이다.

'나'와 연결된 공부가 오래 간다

<table>
<tr><td>자기참조 효과의 뇌 반응 구조</td></tr>
<tr><td>

[나와 관련된 정보]
↓
[전측 전두엽 활성 ↑]
↓
[집중력 ↑ + 기억력 ↑]

</td></tr>
</table>

　수업 중, 선생님이 "좋아하는 물건을 소개해보자."고 했을 때 평소 말이 없던 학생이 열정적으로 발표했다. 평소보다 세 배는 많은 글을 쓰기도 했다. 이유는 단 하나, 그 주제가 '자기 이야기'였기 때문이다. 우리 뇌는 '나'와 관련된 정보를 유난히 잘 기억하고, 더 깊이 반응한다. 그래서 공부도 나와 관련될 때 더 흥미롭고 오래 간다.

　예를 들어, 영어 작문을 할 때 '내가 좋아하는 장소', '가장 기억에 남는 하루'를 주제로 하면, 말이 술술 나온다. 이처럼 '이걸 배우는 이유', '어디에 쓸 수 있는지'를 알면, 학습은 훨씬 강한 몰입으로 이어진다. 공부가 남이 시켜서 하는 일이 아니라, '내가 알고 싶은 것'이 되는 순간 뇌는 가장 집중하고, 가장 잘 기억한다.

　왜 '내 이야기'일 때 공부가 더 잘될까? 이것은 뇌가 **자기와 관련된 정보**에 대해 특별한 방식으로 반응하기 때문이다. 우리 뇌는 '자기 자신'과 관련된 정보에 훨씬 더 민감하게 반응한다. 이 현상을 잘 보여주는 것이 바로 자기참조 효과(Self-reference effect)이다. 그 반응 구조를 도식으로 정리하면 다음과 같다.

〈자기참조 효과의 뇌 반응 구조〉

조건	효과
자기 경험 기반 글쓰기	표현량 증가, 몰입도 증가
나의 질문이 출발인 학습	학습 지속 시간 ↑, 이해도 ↑
내가 쓰는 방식으로 재정리	전이 학습 효과, 창의적 사고 촉진

뇌는 감정에 민감하다. 특히 **긍정적인 감정 상태일수록** 정보 처리 속도와 기억력이 좋아진다. 중학생 지민이는 공부 전 짧은 명상이나 좋아하는 음악을 들으며 자신의 기분을 안정시키는 루틴을 만들었다. 그 결과 공부에 몰입하는 시간이 길어졌고, 반복 학습도 훨씬 덜 지루하게 느껴졌다. 공부에 들어가기 전, **감정의 온도를 조절하는 일**은 뇌를 공부 모드로 전환하는 강력한 스위치가 될 수 있다.

2-5. 뇌가 깨어나는 학습의 조건

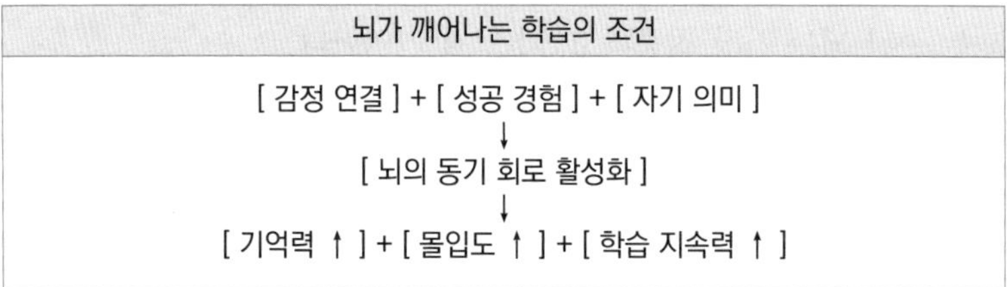

감정, 의미, '나'와의 연결 - 이 세 가지는 뇌를 움직이는 핵심 열

　　　　　　　　　　　　　　　　공부머리는 만드는 것이다

쇠이다. 공부가 잘 되는 날은 단순히 컨디션이 좋아서가 아니다. 그날의 공부에 감정이 있었고, 나만의 의미가 있었고, 나 자신과 연결되어 있었기 때문이다. 뇌는 외부 지시보다 내면의 반응에 더 강하게 작동한다. 그래서 학습이 '할 일'이 아니라 '내 일'이 되는 순간, 뇌는 가장 깊이 몰입하고, 가장 오래 기억한다. 결국 **공부란 뇌를 이해하는 것**이자, 나를 이해하는 길이기도 하다.

[교사노트 | 뇌를 잘 쓰는 공부 꿀팁]

"공부가 안 되는 건 머리가 나빠서가 아닙니다. 뇌를 잘 쓰지 않았기 때문입니다."

교실에서 아이들을 가르치다 보면, "공부가 너무 어려워요." "왜 이렇게 외워도 안 외워질까요?" 같은 이야기를 자주 듣습니다.

하지만 아이들의 뇌를 탓하기 전에, 공부하는 방식과 태도를 살펴보면 그 이유가 분명히 보입니다.

지금부터는 현직 교사로서, 그리고 수많은 학생들과 함께 고민해온 경험을 바탕으로

"뇌를 잘 쓰는 공부법"을 몇 가지 소개합니다.

1. 외우기 전에, 먼저 '느껴라'

감정이 담겨야 기억도 남습니다.

• 단어를 외울 때는 그냥 암기하기보다, 그 단어가 들어간 짧은

에피소드나 문장을 만들어 보세요.

- 예를 들어, 'reliable(믿을 수 있는)'이라는 단어는 "우리 엄마는 reliable하다"처럼 나의 경험과 연결해보는 겁니다.
- 기억은 감정을 만나야 강해집니다.

2. 공부 시작이 어렵다면, '할 수 있는 것부터'

자기 효능감은 뇌의 첫 시동입니다.

- 공부가 막막할 땐, 어려운 문제부터 붙잡지 마세요.
- 쉬운 문제 3개만 먼저 풀어보세요. 뇌가 "나 할 수 있어"라는 신호를 받을 때, 몰입 회로가 작동합니다.
- 이 작은 성공이 결국 학습 지속력을 끌어올립니다.

3. '쌓는 공부'보다 '써보는 공부'를 해라

뇌는 정보 저장소가 아니라 연결 장치입니다.

- 개념을 배웠다면 곧바로 '왜?'를 묻고, 친구에게 설명해보는 시간을 가져보세요.
- "이게 왜 중요한 건데?", "어떻게 쓰이는데?" 질문을 던지면 뇌는 새로운 연결을 만듭니다.
- 이해는 '쌓기'보다 '말하기'에서 강화됩니다.

4. "이건 내 이야기야!"가 기억을 만든다

자기와 연결된 정보에 뇌는 강하게 반응합니다.

- 수업 내용 중 하나를 골라, '이걸 나한테 적용해본다면?'이라

  공부머리는 만드는 것이다

고 상상해보세요.

- **예** 경제 수업 중 '소비자 심리' → "내가 온라인에서 물건을 살 때 어떤 기준을 가장 중요하게 여길까?"
- 나와 관련될수록 뇌의 집중력과 기억력은 상승합니다.

5. "나만의 공부법"을 찾아보자

정답은 없다. 나에게 맞는 게 정답이다.

- 나는 눈으로 볼 때 기억이 잘 되는가?
- 말로 설명할 때? 손으로 쓰면서? 그림을 그릴 때?
- 나의 인지 스타일을 파악하고, 거기에 맞는 도구를 써보세요.
- 예를 들어, 시각형 학생은 마인드맵, 청각형은 녹음 설명 듣기, 운동감각형은 몸으로 외우기 등이 있습니다.

교사의 한마디

"모든 학생은 다르게 배웁니다.

내 뇌가 어떻게 반응하는지 알게 되는 순간, 공부는 훨씬 쉬워집니다.

공부는 기술이 아니라, 자신을 알아가는 연습입니다."

[참고 개념 정리표] – 더 깊이 알고 싶다면 # 관련 키워드

나에게 던지는 질문	개념/이론	핵심 내용	적용 예시
나는 공부한 내용을 얼마나 잘 기억해내고 있을까?	기억의 3단계 (부호화 – 저장 – 인출)	기억은 단순 저장이 아니라, 정보를 이해하고 꺼내 쓰는 과정이 중요	공부한 내용을 떠올려보는 연습 (인출학습)이 효과적
복습은 어떻게 해야 가장 오래 기억에 남을까?	인출 학습 (Retrieval Practice)	단순 복습보다 스스로 기억해내는 과정이 기억을 강화함	문제를 직접 만들어 풀거나 친구에게 설명
복습 시점, 아무 때나 하면 될까?	간격 반복학습 (Spaced Repetition)	복습 간격을 조절해 망각 시점에 재학습함 으로써 기억 유지	시험 대비 시, 주간 단위로 반복 복습 스케줄 설계
감정이 공부에 어떤 영향을 주는 걸까?	감정과 기억의 연결	감정이 뇌의 기억 회로(해마, 편도체)에 영향을 줌	감정적으로 인상 깊은 수업 내용은 더 오래 기억됨
기분이 좋을 때 공부가 잘 되는 이유는 뭘까?	긍정 감정 상태와 몰입	긍정적인 감정은 학습 집중력과 기억력 향상에 기여	공부 전 짧은 산책이나 음악 듣기 등 감정 조절 루틴 활용
나는 내 실력에 얼마나 자신이 있을까?	자기 효능감 (Self-Efficacy)	'나는 할 수 있다'는 믿음이 학습 회로를 활성화함	쉬운 문제부터 시작해 성공 경험을 쌓는 전략
실패가 무서울 때 나는 어떻게 반응하는가?	성장 마인드셋 (Growth Mindset)	실패를 피해야 할 일이 아닌 성장의 기회로 인식함	틀린 문제도 학습의 일부로 받아들이기
나는 지식을 어떻게 '내 것'으로 만들고 있을까?	소유가 아닌 경험 중심 학습	정보 저장보다 의미화, 재구성, 표현하기가 효과적	프로젝트 학습, 친구에게 개념 설명하기 등
이 내용은 나와 어떤 관련이 있을까?	자기참조 효과	'나와 관련된 정보'일수록 뇌가 더 깊이 반응함	자기 경험 기반 글쓰기, 나만의 예시 만들기
공부하기 전에 내 기분은 어떤가?	학습 전 감정 조절 루틴	학습 전 감정 상태를 정리하면 뇌의 몰입 회로가 쉽게 열림	명상, 깊은 호흡, 좋아하는 음악 듣기 등

3장. '나'를 알아야 공부가 보인다

우리는 앞의 2장에서 배움에 반응하는 뇌의 원리를 살펴보았다. 감정이 기억을 붙잡고, 동기가 집중을 이끌며, 의미가 학습을 확장시킨다는 것도 알게 되었다. 그런데 뇌는 혼자 작동하지 않는다. 그 뇌를 움직이는 사람, 바로 '나'가 있어야 한다.

많은 학생들이 "어떻게 공부해야 할지 모르겠다."고 말한다. 그런데 정작 "나는 어떤 사람인지"에 대해서는 잘 모른다. 언제 가장 집중이 잘 되는지, 어떤 환경이 나를 방해하는지, 어떤 감정 상태에서 공부가 흐트러지는지에 대해 묻는 질문에는 대답하지 못하는 경우가 많다. 공부는 '방법'의 문제가 아니라, 사람인 '나'의 문제이다.

그래서 이 장에서는 공부의 출발점으로서의 '자기 이해', 즉, 공부하는 나 자신을 더 깊이 이해하는 방법을 이야기해보려 한다.

"열심히 하는데, 왜 나만 안 될까?"

누군가는 4시간 자고도 멀쩡하게 공부하는데, 나는 아침부터 머리가 멍하다. 어떤 친구는 시끄러운 카페에서 집중이 잘 된다는데, 나는 소리 하나에도 예민해진다. 그럴 때 문득 생각한다.

"나한테 뭔가 문제가 있는 걸까?" 하지만 문제는 '나'가 아니라, '나를 모른 채 하는 공부'다.

공부는 단순히 앉아 있는 시간의 싸움이 아니라, 자기 자신을 얼마나 잘 아는가의 싸움이다.

공부의 출발점, 나를 아는 것

많은 학생들이 이렇게 말한다. "공부 방법을 모르겠어요." 하지만 "나는 어떤 사람인가요?"라는 질문에는 대답하지 못한다. 자기 자신을 모르고 세운 계획은 지속되지 않는다. 하루를 설계해도 실천되지 않고, 열심히 해도 성과가 나지 않는 이유는 '계획이 나와 안 맞기 때문'이다.

[1] 원인 분석 – 왜 어려울까?
① 학생 유형 세 가지

공부가 어려운 이유는 각자 다르지만, 아침 자습 시간만 봐도 세 가지 유형이 보인다.

- 곧바로 집중하는 학생
- 멍하니 시간을 보내는 학생
- 자리를 비우는 학생

이 차이를 만드는 건 '의지력'보다 '자기 이해력'과 '계획의 적합성'이다.

② 고3 학생의 현실

고등학생들에게 "하루에 몇 시간 공부하니?"라고 물으면 "도서관에서 10시간이요."

"학원 끝나고 새벽 1시까지 해요." 하지만 성적 변화는 다르다. 왜일까?

많은 학생들이 말한다. "공부법을 모르겠어요.", "주변 분위기에 휩쓸려요."

이는 자기 리듬을 모르는 공부, 환경과 감정의 영향을 인식하지 못한 채 이어지는 반복 때문이다.

[2] 적용 제안 – 공부력을 만드는 여섯 가지 비밀

공부에는 '공식'이 없다. 하지만 자신에게 맞는 리듬을 알고, 공부가 잘 풀리는 조건을 갖춘 사람은 확실히 더 오래, 더 깊이 배운다.

다음은 실제 사례와 연구를 바탕으로 정리한, 공부력을 구성하는 여섯 가지 핵심 요인이다.

요인	나를 위한 질문	예시 상황
생체 리듬	나는 언제 가장 집중이 잘 되는가?	아침형/저녁형, 졸음 시간대 조절 등
감정 상태	지금 내 기분은 공부에 어떤 영향을 주는가?	불안/기대/무기력 등
학습 동기	나는 왜 이걸 배우고 있는가?	점수 때문? 아니면 나의 꿈 때문?
환경 요인	지금 이 공간은 공부하기 좋은가?	소음, 조명, 자리 배치
인지 스타일	나는 어떻게 배울 때 가장 잘 이해되는가?	말로 설명, 그림 그리기, 몸으로 해보기
인간 관계	누구와 함께할 때 더 잘 배우는가?	친구, 선생님, 가족의 영향

① 생체 리듬

공부는 '타이밍'이다. 청소년기의 뇌는 늦은 밤에 더 깨어나도록 설계되어 있다. 이는 의지나 생활 습관의 문제가 아니다. 사춘기에 접어들면 뇌의 생체 시계가 재조정되면서, 수면을 유도하는 호르몬인 멜라토닌의 분비 시점이 자연스럽게 뒤로 밀린다. 그 결과 청소년의 뇌는 이른 아침보다 저녁 시간대에 더 또렷하게 각성되도록 생물학적으로 변화한다. 한 고등학생은 아침 수업 때 졸기 일쑤였지만, 자신이 가장 집중되는 시간대를 저녁 9시로 설정한 뒤 공부 흐름이 달라졌다. 똑같이 공부해도 언제 하느냐가 성과를 좌우할 수 있다.

② 감정 상태

감정이 좋을수록 기억이 잘 붙는다. 불안할 때는 머리가 멍해지고, 자신감이 있을 때는 몰입이 깊어진다. 감정은 공부의 방해물이 아니라 연료다. "내가 해낼 수 있을까?"보다, "해보고 싶다"는 마음이 먼저다.

③ 학습 동기

공부에는 '왜'가 필요하다. 단순히 시험 점수 때문이 아니라, 그 안에 의미를 느낄 때 뇌는 더 오래, 깊이 반응한다. "이걸 배워서 뭐하지?"라는 질문에 나만의 답이 생기면, 그 공부는 오래 간다.

④ 환경 요인

공간이 감정을 만든다. 한 초등학생은 조명을 바꾸자 집중력이 달라졌다고 했다. 차가운 백색광에서 따뜻한 노란 빛으로, 소음을 막아주는 헤드폰까지. 나에게 맞는 공간을 아는 것이 시작이다.

⑤ 인지 스타일

공부는 머리로만 하는 게 아니다. 누군가는 말로 설명해야 이해가 되고, 누군가는 손으로 그려야 기억이 남는다. 마인드맵, 플래시카드, 몸으로 따라 하기 등 다양한 전략 중 '나에게 맞는 방식'을 아는 것이 가장 중요하다.

⑥ 인간 관계

혼자 하는 공부도 의미 있지만, 함께할 때 배움은 더 깊어진다. 친구와 문제를 풀며 생각이 정리되는 경우, 선생님의 한미디에 이해가 트일 때, 배움은 관계 속에서 더 강해진다. 사람은 사람 안에서 배우는 존재다.

여섯 가지 요소는 연결되어 있다.
- 생체 리듬은 감정에 영향을 주고
- 감정은 동기를 자극하며
- 동기는 공부 전략을 바꾸고
- 인지 스타일은 실천 방법을 바꾸며
- 환경과 관계는 공부 지속력에 영향을 준다.

공부는 결국 '자기 이해의 확장'이다. 그리고 그 출발은 오늘, 이 페이지 앞에 앉은 '나'로부터 시작된다.

아래 그림처럼, 이 여섯 가지 요소는 서로 연결되어 움직인다.

[생체 리듬] ↓ [감정 상태] → [학습 동기] ← [인지 스타일] ↓ [환경 요인] ↓ [인간 관계]	나는 언제 가장 집중이 잘 되는가? 생체 리듬은 감정 상태에 영향을 주고, 감정은 동기를 자극한다. 나에게 맞는 인지 방식은 학습 전략을 정비하게 만들고, 좋은 환경과 관계는 그 학습을 더 오래 지속시킨다.

이렇게 해보자! 나를 알아가는 공부 실천 가이드

[1] 오늘의 공부 계획을 세우기 전에, "나는 누구인가?"를 먼저 질문해보자.

공부하는 나를 이해하기 워크시트

이 워크시트는 지금의 나를 알아보고, 나에게 맞는 공부 조건을 찾아가기 위한 첫걸음이다. 정답은 없다. 자신에게 맞는 공부법은 바로 자신 안에 있다.

질문	나의 답변
나는 언제 가장 집중이 잘 되나요? (시간대, 장소 등)	예 밤 9시, 조용한 방
공부를 방해하는 가장 큰 감정은 무엇인가요?	예 불안, 조급함
내가 공부하는 이유는 무엇인가요?	예 원하는 진로, 성취감
내가 선호하는 공부 환경은 어떤가요?	예 노란 조명, 백색 소음
나는 어떤 방식으로 배울 때 가장 잘 이해되나요?	예 말로 설명, 손으로 정리

[2] 공부력을 만드는 6요인 자기 진단

다음 항목을 보고 '나와의 거리'를 표시해보세요.

1점(거의 아니다) ~ 5점(매우 그렇다)

항목	점수 (1~5)	메모
나는 나의 생체 리듬(아침형/저녁형)을 파악하고 있다	☐	예 오전엔 문제가 느리고, 밤에 개념정리가 잘됨
감정 상태에 따라 공부 흐름이 달라진다는 걸 인식하고 있다	☐	예 기분이 가라앉으면 같은 내용을 여러 번 읽게 됨
공부할 때 나만의 '왜'를 생각해본 적 있다	☐	예 이 단원이 왜 필요한지 알면 끝까지 해보게 됨
내게 잘 맞는 공부 환경을 알고 있다	☐	예 집보다 도서관에서 집중이 잘됨
나의 인지 스타일을 알고 공부 전략을 바꿔본 적 있다	☐	예 글로만 보면 헷갈려서 직접 그려봄
사람과의 관계가 내 공부에 어떤 영향을 주는지 안다	☐	예 같이 공부하는 친구에 다라 집중도가 달라짐

총점: ☐ / 30

Tip : 점수는 높고 낮음보다 '지금 나의 위치'를 알기 위한 지표이
다. 낮은 점수는 '앞으로 성장할 기회'이다.

[3] 나에게 맞는 공부 전략 설계

위에서 진단한 내용을 토대로, 나만의 공부 전략을 설계해보세요.

요인	나의 전략
생체 리듬	예 밤 9시~11시에 집중 공부, 오전에는 간단 정리
감정 상태	예 공부 전 심호흡 3회 / 감정일기 작성
학습 동기	예 꿈을 시각화한 '나의 진로 노트' 만들기
환경 요인	예 책상 위 정리 + 백색등 → 노란등으로 교체
인지 스타일	예 손으로 그려가며 개념 정리 / 녹음해서 듣기
인간 관계	예 친구와 주 1회 학습 질문 나누기 / 선생님께 목표 공유

[4] 오늘의 나 돌아보기 (선택 활동)

오늘 나는 나에게 잘 맞는 공부를 했나요? 아래 항목 중 해당하는 것을 체크해 보세요.

항목	∨
내가 가장 집중되는 시간대를 활용했다	
감정이 흐트러졌을 때 스스로 다스려보려 했다	
오늘 공부의 의미를 스스로에게 다시 물어보았다	
공부하기 좋은 환경을 만들기 위해 노력했다	
나에게 잘 맞는 방식으로 공부해보려 했다	
함께 공부하며 힘이 된 사람이 있었다	

공부는 결국 자기 이해의 확장이다

누구나 자기만의 공부법이 있다. 중요한 건 그걸 '빨리' 찾는 것이 아니라, 자기 자신을 알아가는 과정에서 점점 다듬어가는 것이다. 공부는 단순한 기술이 아니다. 공부는 나를 알아가는 과정이고, 나를 성장시키는 경험이다. 그리고 그 중심에는 '지금 이 책을 읽고 있는 나 자신'이 있다.

"선생님, 전 왜 자꾸 흐트러질까요?"

교실에서 가장 많이 듣는 질문 중 하나예요. 그런데 알고 보면, 흐트러지는 게 아니라 '아직 자기 리듬을 모르는 것'일 때가 많답니다.

꿀팁 1. 공부 시간보다 '깨어나는 시간'을 먼저 정하자

공부 계획은 "공부 몇 시부터 할까?"보다 "나는 몇 시에 정신이 깨어나지?"부터 시작해야 해요.

교사의 팁 : 아침형은 기상 후 1시간 뒤, 저녁형은 오후 3시 이후 집중력이 올라오기도 해요. 자신만의 '공부 골든타임'을 찾아보세요!

꿀팁 2. 감정 조절? 어렵지 않아요, 그냥 '호흡부터' 해요

시험 전, 공부 시작 전에 심장이 두근거릴 땐? 손바닥에 숨을 불어보며 10초간 호흡을 가다듬어요.

실제 효과 있음! 뇌는 산소를 많이 받으면 감정 조절 회로가 활발해져요.

꿀팁 3. 목표는 숫자보다 '의미'를 담자

"수학 5페이지 풀기"보단, "오늘은 함수의 흐름을 이해해보기"

처럼요.

교사의 팁 : "나중에 뇌과학자가 되고 싶어요!"라는 친구는 생물 공부에 몰입할 때 행복해했어요. 공부가 '내 꿈과 연결'된다는 느낌, 그게 가장 강력한 동기예요.

꿀팁 4. 공부방 인테리어보다 '공부하는 내 시선'

정리된 책상이 중요하지만, 실제로는 눈에 뭐가 보이느냐가 더 중요해요.

교사의 팁 : 앞에 시계 대신 "이번 주 나의 목표"를 써 붙여봐요.

→ 집중력 올라가고, 시계 보는 횟수 줄어요. (시간 강박↓)

꿀팁 5. 공부 스타일은 바꾸는 게 아니라 찾는 거예요

A 친구는 색깔 펜으로 정리하면서, B 친구는 목소리를 녹음해 듣는 식이에요.

교사의 팁 : 하루에 10분, '내 공부법 실험실' 시간을 만들어서 그날 공부한 걸 3가지 방식(그림, 설명, 요약문)으로 다르게 표현해보세요. 놀라운 인사이트가 생겨요!

꿀팁 6. '공부 친구'는 성적보다 '에너지'를 보고 고르기

자기보다 잘하는 친구 옆에서 작아지는 친구들이 있어요.

교사 경험상 베스트 조합: 서로 질문을 잘 주고받는 친구, 응원해주는 친구, 이게 최고의 스터디메이트예요.

"공부를 잘하는 학생은 공부만 잘하는 게 아니에요. 자기 자신을 정말 잘 알아요.”

나만의 공부법을 찾는 여정, 그 시작은 '나를 아는 것'입니다.

당신은 어떤 공부 스타일을 가진 사람인가요? 내일은 오늘보다

조금 더 나를 알아가는 하루가 되길 바라요.

더 깊이 알고 싶다면 # 관련 키워드

학습의 다중 요인 모형

: Howard Gardner, Multiple Intelligences (1983)

감정-인지 연결성

: Mary Helen Immordino-Yang (2011)

자기결정성과 학습 동기

: Deci & Ryan, Self-Determination Theory (1985)

인지 스타일에 따른 학습 선호

: Fleming, VARK Model (1987 / 2001)

인간관계 기반 학습 발달

: Vygotsky, Zone of Proximal Development 이론

(1930s 제안, 1978 영어 번역본)

생체 리듬과 청소년 학습

: Carskadon et al. (1993)

2부.

진단 : 나에게 맞는 공부 스타일 찾기

1장. 공부는 '성실성'이 아니라 '자기 이해'로 시작한다 #문제의식

밤늦게 책상에 앉아 있는데, 머릿속은 텅 빈 느낌이다. 분명 하루 종일 공부했다는데, 뭐 하나 확실히 기억나는 것이 없다. 친구는 같은 시간을 공부했는데 벌써 문제를 풀기 시작했다. 그럴 때 나도 모르게 중얼거린다. "나는 왜 안 될까…?"

공부가 잘 되지 않는 날, 우리는 보통 자신을 탓한다. "내가 게으른가?", "정말 열심히는 하고 있는 걸까?", "의지가 약한 건 아닐까?" 하지만 진짜 문제는 성실성이나 의지력의 부족이 아니다. 많은 경우, 자신에게 맞지 않는 방식으로 공부를 해왔기 때문이다.

즉, 나에 대해 충분히 이해하지 못한 채, 누군가의 방식, 누군가의 루틴을 그대로 따라 하며 혼란에 빠졌던 것이다. 공부는 단순히 몇 시간 앉아 있었느냐가 아니라, 그 시간 동안 얼마나 나답게 집중했는가가 더 중요하다.

사람마다 집중이 잘 되는 시간대, 정보를 기억하는 방식, 감정이나 환경에서 안정감을 느끼는 조건이 모두 다르다. 이제는 무조건 열심히 하는 공부를 넘어, "어떻게 하면 나에게 잘 맞는 방식으로 공부할 수 있을까?"를 고민해야 한다.

공부의 시작은 '성실성'이 아니라 '자기이해'다. 자기 자신을 제대로 알고 이해할 때 비로소 공부가 나에게 맞는 루틴과 방식으로 연결된다.

그렇다면, '나에게 맞는 공부'는 어떻게 찾을 수 있을까? 그 실마리를 제공하는 것이 바로 공부 성향 나침반이다.

2장. 공부 성향 나침반으로 나를 진단하다

'공부 성향 나침반'은 내가 어떤 식으로 공부하면 더 잘할 수 있는지, 내 공부 스타일을 찾아주는 진단 도구이다. 우리가 공부할 때 영향을 주는 네 가지 중요한 요소를 살펴보면서, 나에게 꼭 맞는 공부 방법을 찾을 수 있도록 도와준다.

이 네 가지 요소는 다음과 같다.

감정(Emotion) : 내 마음 상태는 공부에 어떤 영향을 줄까?

에너지(Energy) : 나는 언제 가장 집중이 잘 될까?

인지 스타일(Cognition) : 나는 어떤 방식으로 이해하고 기억할까?

환경(Environment) : 어떤 장소와 습관이 내 공부에 좋을까?

이 네 가지 방향을 함께 살펴보면, 공부가 안 되는 이유가 '게으름' 때문이 아니라 나와 공부 방식이 안 맞았기 때문이라는 것을 알 수 있다. 각 축은 따로 존재하는 것이 아니라 서로 연결되어 있으며, 이 네 가지를 함께 탐색하면 나에게 딱 맞는 공부 전략과 루틴을 설계할 수 있다. 이제는 더 이상 '누군가처럼'이 아니라, '나답게' 공부할 수 있는 힘이 생기게 된다.

 공부머리는 만드는 것이다

3장. '나답게 공부하기'의 치트키, 공부 성향 나침반 #4가지 방향과 나의 위치 찾기

감정·심리 방향 : 공부의 흐름을 방해하는 '속마음'부터 살피기

공부가 안 풀리는 날, 단지 피곤해서일까? 가만히 들여다보면 '마음의 흐름'이 얽혀 있는 경우가 많다. 시작은 했지만 집중이 안 되는 날, 자꾸만 핸드폰에 손이 가는 날, 괜히 짜증이 나는 날. 이럴 때 대부분은 자신을 탓하며 의지가 약하다고 생각한다. 그러나 감정은 공부의 적이 아니라, 가장 먼저 다루어야 할 출발점이다.

> **감정 방향 음/양 축**
>
> - (-) 감정 방해형 : 불안, 회피, 완벽주의가 자주 올라오며, 쉽게 집중이 흐트러진다.
> - (+) 감정 조율형 : 감정을 의식적으로 조절하고, 자기긍정 문장 등으로 루틴을 시작할 수 있다.
>
> 질문 예시 : 공부를 시작할 때 어떤 감정을 느끼는가? 어떤 감정이 나의 공부를 방해하나?
>
> 전략 :
>
> - 감정 일기 쓰기 : 매일 공부 전후의 감정을 기록하여 스스로 감정 패턴을 이해한다.
> - 자기긍정 문장 만들기 : 자신을 격려하는 말로 시작과 끝을 정한다.
> - 실패 저널 작성 : 실패 경험을 반성보다는 학습의 기회로 정리한다.

에너지·신체 방향 : 뇌가 깨어나는 시간대와 생체 리듬 찾기

공부는 뇌로 하는 활동이지만, 뇌는 결국 몸의 일부이다. 신체 리듬과 컨디션이 공부에 미치는 영향은 생각보다 훨씬 크다. 수면, 식사, 휴식은 뇌의 컨디션을 좌우하는 핵심 요소이다.

에너지 방향 음/양 축

- (-) 에너지 소진형 : 피곤하거나 과식 후 쉽게 지치고, 불규칙한 생활 패턴으로 흐름을 잃는다.
- (+) 에너지 활용형 : 집중이 잘 되는 시간대와 리듬을 알고, 이를 기반으로 공부 계획을 세운다.

질문 예시 : 나는 언제 가장 에너지가 높아지나? 피곤하거나 배고플 때 공부가 잘 되나?

전략 :

- 집중 시간대 찾기 : 하루 중 집중이 잘 되는 시간을 체크하여 루틴을 구성한다.
- 아침 준비 루틴/스트레칭 : 루틴 정리: 아침 준비 루틴, 공부 전 스트레칭, 식사 조절 등으로 에너지를 관리한다.
- 에너지 보존 식단 구성 : 무거운 식사 대신 두뇌 활동을 돕는 간단한 간식과 물을 준비한다.

인지·기억 방향 : 나는 어떤 방식으로 이해하고 기억하는가?

사람마다 정보를 받아들이고 기억하는 방식은 다르다. 이를 인지 스타일 또는 기억 방식이라고 하며, 시각형, 청각형, 운동감각형 등으로 나뉘기도 한다.

인지 방향 음/양 축

- (-) 무전략 반복형 : 계속 읽거나 쓰기만 하며 기억에 남지 않고 금세 잊는다.
- (+) 개인화된 이해형 : 나에게 맞는 표현 방식(그리기/말하기/요약 등)을 찾아 반복한다.

질문 예시 : 나는 어떤 방식으로 공부할 때 가장 잘 이해하고 기억하나?

전략 :

- 시각형 : 마인드맵, 색깔펜, 도표 활용
- 청각형 : 녹음한 내용 듣기, 설명식 학습
- 신체형 : 동작 활용, 손으로 정리, 말하며 걷기

환경·습관 방향 : 공부가 잘 되는 '공간'과 '리듬'을 만드는 법

공간과 환경은 학습 몰입도에 직접적인 영향을 준다. 공부가 잘 되는 사람은 자신에게 맞는 공간과 루틴을 잘 알고 있다.

> **환경 방향 음/양 축**
>
> · (-) 무질서 환경형 : 주변이 복잡하거나 방해 요소가 많고, 집중 장소가 일정하지 않다.
>
> · (+) 몰입 환경형 : 집중이 잘 되는 공간을 확보하고, 습관화된 루틴이 있다.
>
> 질문 예시 : 어떤 환경에서 공부가 잘 되나? 나에게 맞는 습관이나 도구는 무엇인가?
>
> 전략 :
>
> · 공부 공간 정리 : 나만의 공간 만들기
>
> · 공부 도구 활용 : 타이머, 집중 앱, 공부 음악
>
> · 일정 루틴 만들기 : 정해진 시간표, 고정된 장소, 반복 패턴 활용

4장. 내 공부, 어디서 막히고 있을까?
#공부 성향 점검표 #나의 공부 성향 진단

나의 공부 성향 점검하기 : 4가지 방향 체크리스트

공부는 '더 오래, 더 많이'가 아니라 '더 나답게' 하는 것이 중요하다. 그러기 위해서는 먼저 **나를 있는 그대로 바라보는 연습**이 필요하다. 지금 이 순간, 나는 어떤 상태에서 공부가 잘 될까? 무엇이 나의 집중을 도와주고, 어떤 상황이 나를 방해할까?

지금부터 제시하는 **공부 성향 자기 점검표**는 그런 질문에 답을 찾도록 돕는 도구다. 이 점검표를 통해 나의 공부 흐름을 이루는 4가지 축을 살펴보고, 그에 맞는 전략과 루틴 설계의 실마리를 발견해 보자.

[1] 공부 성향 자기 점검표 (각 축별 체크 + 전략 연결)

사용법 안내

각 문장을 읽고 지금의 나와 얼마나 가까운지 생각하며 점수(-5 ~ +5)를 체크한다.

점수가 높을수록 해당 성향의 긍정 흐름이 잘 작동하고 있다는 뜻이며, 점수가 낮다면 그 축이 학습의 흐름을 방해하고 있다는 뜻이다.

감정·심리 축

문항 내용	+5	+3	+1	0	-1	-3	-5	관련 전략
감정 상태가 공부 몰입에 영향을 많이 준다.	☐	☐	☐	☐	☐	☐	☐	감정 일기
불안, 짜증, 걱정이 공부 흐름을 자주 끊는다.	☐	☐	☐	☐	☐	☐	☐	실패 저널
감정을 표현하면 집중이 다시 잘 되는 편이다.	☐	☐	☐	☐	☐	☐	☐	감정 조절 루틴
자기긍정 문장이나 루틴이 감정 안정에 도움이 된다.	☐	☐	☐	☐	☐	☐	☐	자기긍정 문장 만들기
기분에 따라 공부 방식이나 장소를 바꾸는 편이다.	☐	☐	☐	☐	☐	☐	☐	감정 맞춤 루틴 구성

에너지·신체 축

문항 내용	+5	+3	+1	0	-1	-3	-5	관련 전략
특정 시간대(예: 아침/저녁)에 집중력이 높아진다.	☐	☐	☐	☐	☐	☐	☐	집중 시간대 루틴
수면, 식사, 신체 상태가 공부 효과에 큰 영향을 준다.	☐	☐	☐	☐	☐	☐	☐	수면/식사 리듬 조정
공부 전 스트레칭이나 산책이 집중에 도움이 된다.	☐	☐	☐	☐	☐	☐	☐	신체 워밍업 루틴
컨디션이 좋으면 긴 시간 몰입이 가능한 편이다.	☐	☐	☐	☐	☐	☐	☐	집중 유지 스케줄
피곤하거나 몸이 불편하면 계획을 유지하기 어렵다.	☐	☐	☐	☐	☐	☐	☐	감정 맞춤 루틴 구성

인지·기억 축

문항 내용	+5	+3	+1	0	-1	-3	-5	관련 전략
나는 내게 맞는 기억 방식 (시각/청각/운동 등)을 안다.	☐	☐	☐	☐	☐	☐	☐	학습 방식 진단
마인드맵, 색깔 분류, 말하기 등 다양한 방식으로 공부한다.	☐	☐	☐	☐	☐	☐	☐	멀티표현 전략

문항 내용	+5	+3	+1	0	−1	−3	−5	관련 전략
요약 정리를 하면 개념이 오래 기억된다.	☐	☐	☐	☐	☐	☐	☐	시각 정리 전략
단순 반복보다는 이해 중심으로 정리하는 편이다.	☐	☐	☐	☐	☐	☐	☐	개념 구조화
새로운 방식으로 표현하면 더 잘 외워진다.	☐	☐	☐	☐	☐	☐	☐	창의적 정리법

환경·습관 축

문항 내용	+5	+3	+1	0	−1	−3	−5	관련 전략
조용하고 일정한 장소에서 더 잘 집중된다.	☐	☐	☐	☐	☐	☐	☐	집중 공간 꾸미기
내 공부 자리를 꾸미면 집중력이 높아진다.	☐	☐	☐	☐	☐	☐	☐	나만의 공부 공간 구성
집중 도구(타이머, 집중 앱, 음악 등)를 활용하는 편이다.	☐	☐	☐	☐	☐	☐	☐	집중 루틴 도구 활용
루틴이 정해지면 공부가 한결 쉬워진다.	☐	☐	☐	☐	☐	☐	☐	고정 루틴 설계
주변이 어지럽거나 소음이 심하면 공부가 어려워진다.	☐	☐	☐	☐	☐	☐	☐	소음 조절 루틴

이제 점검표를 모두 체크했다면, **각 축별 총점을 합산해 보자.** 각 축의 점수는 단순 수치가 아니라, **나의 공부 흐름에서 어떤 요소가 힘이 되고 방해가 되는지를** 알려주는 신호다. 다음 표는 점수에 따라 내 성향을 해석하는 방법을 보여준다.

공부 성향 진단 결과 해석표

점수 범위	해석
+15 ~ +25	양(+) 흐름이 강함: 루틴 유지와 확장이 가능한 성향이다. 이 축을 기반으로 공부 전략을 강화해보자.
+5 ~ +14	부분적 강점: 잘 작동하는 요소가 있지만, 불안정 요소도 존재한다. 루틴을 조금씩 다듬어 보완하자.

-4 ~ +4	혼재/중립: 공부 흐름이 들쭉날쭉하다. 어떤 조건에서 집중되는지를 관찰하고 방향을 잡아보자.
-5 ~ -14	방해 흐름 존재: 공부 흐름에 장애 요인이 있다. 관련 전략을 먼저 실천하며 점진적 개선이 필요하다.
-15 ~ -25	방해 흐름 뚜렷: 이 축이 학습 몰입에 명확히 부정적 영향을 주고 있다. 루틴 설계 전에 이 흐름부터 조절하는 것이 우선이다.

점수를 해석했다면, 이제 내게 높은 점수(혹은 영향이 강한) 성향 축 2가지 이상을 조합해 **나만의 학습 성향**을 만들어 보자. 예를 들어 감정 축과 인지 축의 점수가 높다면 '감정형 정리러'가 될 수 있다. 아래는 대표적인 성향 조합과 그에 맞는 전략 예시이다.

[2] 내가 이런 공부러였다고?
#공부 성향 X 전략 #대표 성향 조합별 전략 가이드

조합명	주요 성향	특징 요약	전략 예시
감정형 정리러	감정 + 인지	감정 흐름에 따라 집중이 흔들리지만, 정리 방식은 잘 맞는 편	감정 일기 + 마인드맵, 자기긍정 문장으로 시작
야행성 반복러	에너지 + 인지	저녁에 집중이 잘 되며, 반복보다는 다양한 방식의 학습 선호	밤 시간 고정 루틴 + 영상 요약 만들기
공간 몰입러	환경 + 감정	주변 환경이 감정에 직접 영향, 정돈된 공간에서 몰입 향상	공부 책상 꾸미기 + 실패 저널 활용
발표 충전러	인지 + 환경	누군가와 함께할 때 몰입이 증가, 스터디나 발표형 활동 선호	플래시카드 스터디 + 말하며 정리 루틴
무기력 탈출러	감정 + 에너지	무기력하거나 시작이 어려움. 작고 반복적인 성공이 중요	쉬운 목표 설정 + 공부 후 미션보상 루틴

| 집중 루틴러 | 에너지 + 환경 | 정해진 시간과 공간이 학습 흐름을 유지시킴 | 타이머 루틴 + 하루 루틴 고정 카드 제작 |
| 실패가 무서울 때 나는 어떻게 반응하는가? | 성장 마인드셋 (Growth Mindset) | 실패를 피해야 할 일이 아닌 성장의 기회로 인식함 | 틀린 문제도 학습의 일부로 받아들이기 |

공부 성향은 변하지 않는 고정된 특성이 아니라, 현재 나의 공부 흐름을 보여주는 지도다. 이 점검표와 전략을 통해 중요한 것은, 나에게 맞는 리듬과 도구를 찾고, 그것을 실천 가능한 루틴으로 만들어 가는 일이다. 이제는 누군가의 방식을 따라가며 헤매는 공부가 아니라, '나답게 공부하는 힘'을 기르는 여정을 시작해보자. 다음으로는 이 성향 분석을 바탕으로 하루와 일주일 루틴을 설계하고, 실제로 실천해보는 방법을 함께 탐색해보자.

[3] 공부 성향 트리맵: 나만의 공부 조합 찾기

공부 성향은 네 가지 축으로 나뉘지만, 우리는 이 중 단 하나만 해당되지는 않는다. 보통은 두 가지 이상 성향이 결합되어 나만의 공부 조합을 만들어 낸다. 아래는 자주 나타나는 성향 조합 예시이다. 본인의 성향이 무엇인지 생각하며 읽어 보자.

조합명	성향 축	특징 설명	추천 전략 예시
감정형 + 시각형	감정·심리 + 인지·기억	감정 기복이 몰입에 영향을 주며, 이미지 중심 정리가 잘 맞음	감정 일기 + 마인드맵 활용
에너지형 + 청각형	에너지·신체 + 인지·기억	저녁이나 새벽 시간에 집중력이 높고, 듣는 학습에 강점 있음	밤 루틴 고정 + 녹음 강의 듣기
완벽주의형 + 공간집중형	감정·심리 + 환경·습관	정돈되지 않은 환경에 불안함 정적인 공간에서 집중력 상승	깨끗한 책상 정리 + 정해진 시간 집중 루틴

| 관계형 +
운동형 | 인지·기억 +
환경·습관 | 함께할 때 동기 상승.
손이나 몸을 움직이는 학습 선호 | 스터디 그룹 +
플래시카드 정리 |
| 저에너지형 +
회피형 | 감정·심리 +
에너지·신체 | 시작이 어렵고 무기력함
작은 성공경험이 중요 | 쉬운 목표 설정 +
공부 후 보상 |

Tip : 이 조합은 예시에 불과하며, 자신의 경험을 바탕으로 나만의 조합 이름을 지어도 좋다.

예 "야행성 마인드맵러", "감성형 발표왕", "피드백 중독자", "오전형 그림러너" 등.

[4] 체크리스트 : 나의 공부력 점검하기

이 체크리스트는 공부를 잘하기 위한 핵심 역량을 '나와의 거리'로 점검해 보는 도구이다. 단순히 몇 점을 받는 것이 목적이 아니라, 지금의 나를 객관적으로 바라보는 연습이다.

- 총 6개 항목, 각 항목당 1~5점으로 체크한다.
- 점수는 높고 낮음보다 나의 성향 파악과 성장 포인트 탐색에 목적이 있다.
- 점수 해석은 다음과 같다 :

점수 범위	해석
26~30점	나를 잘 이해하고 루틴화할 수 있음
20~25점	나만의 방식이 어느 정도 자리잡힘
15~19점	개선의 여지가 있음. 실천 루틴 강화 필요
14점 이하	자기 이해와 루틴 설계 시작이 필요한 단계

체크 항목

항목	점수 (1~5)	메모
나는 나의 생체 리듬을 파악하고 있다 (**예** 아침형/저녁형)	☐	**예** 새벽형은 안 맞음
감정 상태가 공부에 영향을 준다는 걸 인식하고 있다	☐	**예** 불안하면 집중력 급감
공부할 때 '왜 공부하는지' 생각해 본 적 있다	☐	**예** 장래희망과 연결되면 몰입
나에게 잘 맞는 공부 환경을 알고 있다	☐	**예** 백색소음 X, 노란 조명 O
인지 스타일을 알고 학습 전략을 바꿔 본 적 있다	☐	**예** 도표 정리, 그림 설명 효과
사람과의 관계가 내 공부에 어떤 영향 을 주는지 알고 있다	☐	**예** 선생님 피드백이 동기 부여

5장. 내 공부의 시동 버튼, 루틴 만들기
#나에게 맞는 실천 루틴 설계

앞서 '나의 공부력 점검하기'에서는 자기이해 수준과 공부에 영향을 주는 주요 축을 전반적으로 살펴보았다. 이제, 그 결과를 바탕으로 루틴을 직접 설계하기 위해 핵심 기준을 정리해보자.

아래 '나의 기본 성향 점검표'는 루틴 설계에 바로 반영할 수 있는 나의 주요 특성을 간단히 체크하는 표이다. 앞에서 작성한 성향 분석과 조합, 체크리스트 결과를 바탕으로 이제 '하루와 일주일의 공부 루틴'을 직접 설계해보자. 루틴은 거창할 필요가 없다. 작은 습관, 나에게 잘 맞는 리듬을 실천 가능한 계획으로 정리하는 것이 중요하다.

[1] 나의 루틴 설계용 요약 체크표

앞의 체크리스트를 통해 나를 전반적으로 점검했다면, 이제는 루틴을 직접 설계하기 위한 핵심 기준을 요약해 보자. 아래의 항목은 나만의 공부 루틴을 만들 때 시간대, 감정 반응, 학습 방식, 환경 조건과 같은 기초 데이터를 정리해주는 요약표이다. '나의 공부력 점검하기'에서 발견한 내용을 바탕으로 선택해보자.

다음 항목을 체크해 보자. 각각의 선택은 이후 루틴을 설계할 때 중요한 기준이 된다.

항목	선택지
나의 집중 시간대는?	☐ 오전 ☐ 오후 ☐ 저녁
감정 상태가 나의 공부에 미치는 영향은?	☐ 크다 ☐ 보통 ☐ 거의 없다
가장 선호하는 학습 방식은?	☐ 말하기 ☐ 쓰기 ☐ 그리기 ☐ 설명하기
공부할 때 주변 환경은?	☐ 조용해야 함 ☐ 약간의 소음 ☐ 누군가 함께 있을 때 집중됨

➡ 위 선택지를 바탕으로 다음 페이지에 나만의 하루 루틴과 주간 루틴 설계를 직접 실천해보자.

[2] 루틴 타임라인 설계표 (일일/주간)

시간대	활동 내용	관련 전략 축	실천 계획 설명
오전 8:00~8:50	국어 독서 + 필사	감정·심리, 인지·기억	아침 감정 안정 + 필사로 몰입감 높이기
오전 9:00~10:00	수학 문제 풀이	에너지·신체, 인지·기억	두뇌 활성화가 필요한 수학은 집중 잘 되는 시간에 배치
오전 10:30~12:00	사회 개념 정리	인지·기억, 환경·습관	마인드맵 + 개인 공간에서 정리
오후 1:00~2:30	과학 개념 암기	인지·기억	색깔 분류 필기 + 말로 설명하며 복습
오후 3:00~4:30	영어 듣기 및 독해	감정·심리, 인지·기억	자기긍정 문장 → 영어 문장 소리내어 읽기
저녁 7:00~8:00	오늘 공부 정리 및 회고	감정·심리, 환경·습관	성장 일기 + 책상 정리 루틴

➡ 자신에게 맞는 시간대를 수정하고 과목과 활동을 자유롭게 바꾸어도 좋다. 핵심은 "내가 잘 집중되는 시간에, 나에게 맞는 방식으로" 활동을 배치하는 것이다.

루틴 예시 설계 : 시간대별 기본 루틴

- 아침 루틴 : 가벼운 스트레칭 → 오늘 할 일 정리 → 자기긍정 문
  장 → 수학 40분 집중
- 집중 타임 루틴 : 타이머 40분 → 10분 마인드맵 정리 → 잠깐 휴식
- 저녁 루틴 : 친구와 Zoom 공부 30분 → 혼자 자기주도 필기 →
  실패 저널 작성
- 주간 루틴 : 월~금 집중 루틴 / 토 복습 + 감정 회고 / 일 자율 학
  습 or 휴식

[3] 루틴 실천 피드백 일지 (매일 기록)

공부 루틴은 하루하루 기록하며 점검할 때 더욱 효과가 좋다. 아래 일지를 복사하거나 프린트해 활용해보자.

날짜	오늘 가장 잘 실천된 루틴은?	어려웠던 부분은?	감정 상태 (한 단어)	내일의 개선 전략
6/10 (월)	아침 수학 루틴 집중 잘 됨	오후 영어 집중력 저하	약간 피곤함	오후 루틴 줄이고 휴식 늘리기
6/11 (화)	저녁 실패 저널 꾸준히 작성	아침 스트레칭 깜빡함	무기력	아침 알람에 스트레칭도 함께 설정하기
6/12 (수)	사회 개념 정리 마인드맵 완성	점심 먹고 졸림	나른함	오후 루틴 시작 전 물 마시고 산책 5분
6/13 (목)	과학 개념 설명하며 복습 잘함	집중 타임 루틴 중간에 흐트러짐	몰입됨	타이머 끝나기 전 잠깐 스트레칭 추가하기
6/14 (금)	영어 듣기 → 자기긍정 루틴 지속	회고 루틴 미실천	설렘 + 약간의 아쉬움	금요일엔 회고 루틴 대신 '감정 일기'로 대체하기

Tip : 이 일지는 일주일 단위로 모아보면 나의 공부 리듬과 감정 상태, 변화 흐름을 객관적으로 파악하는 데 큰 도움이 된다. 감정 중심 루틴을 설계하는 학생이라면, 매일 감정 한 단어(**예** 지침, 설렘, 집중됨 등)를 기록해보자.

현직 교사의 시크릿 꿀팁

[교사노트 | 뇌를 잘 쓰는 공부 꿀팁]

"학생마다 공부가 안 되는 이유는 다 다르더라. 중요한 건, 그걸 스스로 알아차리고 조금씩 바꿔보려는 경험이야. 그게 진짜 공부의 시작이거든 ."

[1] 감정·심리 방향

교사의 팁 : "우리 반은 아침 조회 시간마다 '오늘 감정 한 줄 일기'를 써. 슬픔, 짜증, 설렘 같은 감정을 쓰고 '왜 그런지' 간단히 적는 거야. 수업 전에 아이들이 감정 조절을 하니까 집중력도 눈에 띄게 좋아지는 걸 확실히 느꼈어."

[2] 에너지·신체 방향

교사의 팁 : "수업 시작 전에 다 같이 스트레칭하고 물 한 잔 마시는 루틴을 만들어봤어. 특히 1교시 수업 전에 '기지개 타임'을 넣으면 아이들이 덜 졸고 반응도 더 좋았어."

[3] 인지·기억 방향

교사의 팁 : "개념 설명 시간에는 그냥 듣는 것보다 '이해 체크' 활동을 많이 해. 예를 들면 한 줄 요약하기, 그림으로 표현하기, 10초 영상으로 찍어보기 같은 거야. 이 방법은 어떤 스타일로 잘 배우는지 찾는 데 정말 도움이 돼.."

[4] 환경·습관 방향

교사의 팁 : "자기 자리엔 각자 '집중 공간'을 직접 만들게 했어. 이어폰으로 백색소음 틀거나, 타이머를 켜고 공부 시작하는 루틴을 만들면 공부할 때 더 진지하게 집중하게 되더라."

교실 적용 꿀팁 한눈에 보기 (공부 성향 나침반 기준)

나침반 방향	교사 꿀팁 요약	추천 활동 예시
감정·심리 방향	감정일기 + 감정 카드로 감정 조절 루틴 만들기	5분 감정일기 / 오늘 내 감정 카드 고르기
에너지·신체 방향	수업 전 기지개 + 스트레칭으로 리듬 맞추기	2분 몸 깨우기 / 물 한 잔 루틴
인지·기억 방향	개념 표현 방법 바꿔보기 (말·그림·색깔 등)	한 줄 요약 / 개념 영상 만들기
환경·습관 방향	나만의 공부도구, 공부 자리 직접 꾸미기	공부 루틴 카드

진단에서 실천으로 : 나만의 공부를 설계하는 첫걸음

공부 성향 나침반을 통해 우리는 더 이상 '열심히 하는 법'이 아니라, '나답게 공부하는 법'을 찾아가기 시작했다. 감정, 에너지, 인지,

환경 네 방향으로 나를 들여다본 이 여정은, 단지 이해에서 멈추지 않는다. 이제부터는 진단한 내용을 바탕으로, 내게 꼭 맞는 공부 전략과 루틴을 '설계'해가는 단계로 나아간다.

3부에서는 단기적 암기나 무리한 반복이 아닌, 지속 가능한 학습 전략과 나의 흐름에 맞춘 루틴 설계 방법을 제시한다. 스스로의 리듬을 이해한 당신이라면, 이제 그 리듬을 따라 실천해 나갈 준비가 되었다. 이제, 진짜 공부의 시작이다.

3부.

설계 : 공부머리를 디자인하다!
#전략 #루틴

1장. 과학적 학습 설계의 원칙

"지금 나를 안다면, 이제는 나에게 맞는 공부를 설계할 시간이다."

공부가 안 되는 이유는 의지나 노력의 문제가 아니었다. 1부에서는 '회피', '완벽주의', '실패 공포' 등 공부를 방해하는 심리적 패턴을 마주했고, 2부에서는 '생체리듬', '감정 흐름', '인지 스타일', '환경'이라는 나만의 공부 성향을 진단해보았다. 그 과정을 통해 알게 된 것은 단 하나였다. 공부는 '누군가처럼'이 아니라, '나답게' 해야 비로소 지속된다는 점이다.

이제 3부에서는 그 '나'를 바탕으로 공부를 지속시키는 전략과 루틴을 어떻게 설계할 것인지를 다룬다. 단기 성과가 아니라 지속 가능한 공부력, 단기 성과가 아니라 단단한 습관과 루틴을 만드는 공부 설계가 핵심이다. 뇌과학 기반 전략, 시간 관리 기법, 몰입 환경 조성법 등 실천 중심의 내용을 통해, '작심삼일'을 넘어서 내 공부를 나답게 지속하는 법을 만나게 될 것이다.

뇌를 위한 과학적 학습 설계 : 효율을 극대화하는 3가지 비밀

학습은 단순히 책상에 오래 앉아 있는 행위가 아니다. 인간의 뇌가 가장 효율적으로 정보를 처리하고 기억할 수 있는 상태를 과학적으로 설계하는 과정이다. 뇌 기능은 습관, 환경, 그리고 체계적인 시간 관리의 영향을 크게 받는다. 이 장에서는 학생들이 일상생활에서 쉽게 적용하여 학습 성과를 획기적으로 높일 수 있는 세 가지 핵심 전략, 즉 시간 관리, 습관 형성, 환경 설계에 대해 상세하고 명확하게 설명한다. 이 원리들을 명확히 이해하고 효과적으로 적용한다면, 짧은 시간 내에도 놀라운 학습 성과를 경험할 수 있을 것이다.

첫째. 시간 관리의 기술 :
뇌의 집중력 주기를 활용하는 법 (#시간관리 #학습리듬)

중학생이나 고등학생 모두 매우 바쁜 일상을 보낸다. 학교 수업, 학원, 숙제, 수행평가, 시험 준비, 친구들과의 관계, 심지어는 잠자는 시간까지 포함하면 하루 24시간이 턱없이 부족하게 느껴질 때가 많다. 그러나 여기서 중요한 점은 '절대적인 공부 시간'이 아니라, 그 시간 동안 얼마나 '효율적으로 집중'했는가이다. 인간의 뇌는 한 번에 장시간 집중하는 데 한계가 있으며, 이는 뇌의 자연스러운 특성이다. 보통 성인의 평균 집중 시간은 20~30분이라고 알려져 있는데, 학생들이 느끼는 집중 시간은 이보다 짧을 수도 있다. 이러한 뇌의 자연스러운 특성을 무시하고 억지로 몇 시간씩 책상에만 앉아 있으면, 결국 뇌는 피로해지고 공부 효율은 현저히 떨어지게 된다.

이러한 뇌의 특성을 똑똑하게 활용한 것이 바로 '**포모도로 기법**'이다. 이탈리아의 기업가 프란체스코 시릴로가 대학 시절 개발한 이 방법은 뇌과학적으로 집중력 유지에 매우 효과적임이 입증되었다. 뇌를 마치 우리 몸의 근육처럼 사용하는 방식이라고 이해할 수 있다. 운동선수가 근육을 쉬지 않고 계속 쓰면 쉽게 지치고 다치는 것처럼, 뇌도 적절한 휴식이 있어야 다시 활력을 얻고 더 강하게 작동할 수 있는 것이다.

1) 포모도로 기법의 핵심 : 25분 집중 후 5분 휴식을 반복하는 짧고 규칙적인 패턴을 유지하는 것이다. 이 주기를 '포모도로'라고 부른다. 이 방법은 뇌가 지속적으로 높은 집중력을 유지하도록 돕는다. 학습자가 '수학은 정말 앉아만 있어도 힘들다'라고 생각하는 순간, 뇌는 이미 피로를 느끼고 집중력을 놓으려고 한다. 이때 딱 5분간 짧게 쉬어주면 오히려 뇌를 재충전하여 다음 25분 집중을 위한 에너지를 충분히 공급할 수 있다. 이 기법은 특히 집중력이 부족하거나 쉽게 피로감을 느끼는 학생에게 매우 효과적이다. 단순히 앉아만 있는 '양치기 공부'에서 벗어나 '**짧고 굵게**' 공부하는 습관을 들이는 첫걸음이 될 수 있다.

사례 : 중학교 3학년 유진이는 학교에서 돌아오면 저녁 식사 전까지 무턱대고 2~3시간씩 책상에 앉아 있었지만, '멍 때리거나' 딴생각하는 시간이 많아 실질적인 공부 효율이 떨어졌다. 포모도로 기법을 적용한 이후, 25분 공부 후 5분 휴식의 규칙을 세우고 반복하면서 짧

은 시간 내에 더 높은 집중력과 기억력을 유지할 수 있었다. 이전에는 두 시간 내내 붙잡고 있던 문제집을 이제는 25분 집중, 5분 휴식 세 번(총 75분 공부, 15분 휴식)만으로도 훨씬 많은 양을 소화하고 이해할 수 있게 된 것이다. 뇌가 집중과 휴식을 반복하면서 피로감을 덜 느끼고, 정보 처리 능력이 오히려 향상되었기 때문이다.

2) 시간 블록 계획법 : 특정 시간대를 정하여 명확한 목표를 가지고 집중적으로 학습하는 방식이다. 뇌과학 연구에 따르면, 미리 정해진 시간 동안 명확한 목표를 설정하면 뇌는 '**의도 형성**'이라는 기능을 통해 해당 과제에 더욱 효율적으로 집중할 수 있게 된다. 이는 특정 행동을 수행하겠다고 명확히 결정하면 뇌가 그 행동을 위한 준비를 시작한다는 원리이다. 이 전략은 특히 과목이 다양하고 과제가 많은 고등학생들에게 효과적이다. 공부의 목표를 '수학 문제집 10페이지 풀이'처럼 세부적으로 설정하고, 그 목표를 달성할 시간을 미리 정해두면 불필요한 혼란과 스트레스를 줄이고 학습에 몰입할 수 있도록 돕는다.

실천 단계 :

1. 하루 동안 수행할 학습 내용을 과목별로 나누고, **구체적이고 측정 가능한 목표**를 설정한다. 예를 들어, '수학 미적분 10문제 풀이 (난이도 중)', '영어 단어 50개 암기 (발음 연습 포함)', '국어 비문학 지문 2개 분석하기 (핵심 문장 찾기)', '화학 교과서 2단원 개념 정리 (마인드맵 활용)'와 같이 구체적이고 측정 가능하게 목표를 설정하는

것이 중요하다. 추상적인 목표는 실행력을 떨어뜨리기 때문이다.

2. 설정된 학습 목표를 명확한 시간 블록(예 30분, 1시간)으로 나누어 배정한다. '오후 7시-8시 : 수학 미적분 10문제', '오후 8시-8시 10분 : 휴식', '오후 8시 10분-9시 : 영어 단어 암기'와 같이 개인의 하루 스케줄에 맞춰 블록을 짠다. 이때, 블록 사이에는 약간의 여유 시간을 두어 계획이 조금 틀어져도 당황하지 않도록 유연성을 확보하는 것이 중요하다.

3. 각 시간 블록이 종료되면 5~10분의 휴식을 취한다. 이 휴식 시간에는 뇌를 재충전할 수 있는 활동(화장실 가기, 스트레칭, 물 마시기, 창밖 보기 등)을 하는 것이 중요하다. 스마트폰을 보거나 다른 유혹적인 활동을 하면 뇌가 제대로 쉬지 못하고 오히려 더 피로해질 수 있으니 주의해야 한다.

사례 : 중학교 2학년 예나는 수학 문제 풀이를 30분 단위로 나누어 각 블록 이후 짧은 휴식을 취함으로써 장시간 학습에도 집중력을 유지할 수 있었다. 이전에는 '어떤 과목부터 할까?' 고민하며 공부 시작에 많은 시간을 허비했던 고등학교 1학년 민규는 시험공부 계획을 1시간 블록으로 나누어 각 블록에 쉬는 시간을 계획하여 체계적으로 학습하였다. 계획이 명확해지니 공부 시작에 대한 심리적 장벽이 낮아지고, 정해진 시간 동안 끝까지 집중하는 힘이 생겼다고 한다. 이는 **뇌가 명확한 목표와 제한된 시간을 인지하면서 '지금은 이 과제에만**

집중해야 한다'는 강력한 신호를 스스로에게 보내기 때문이다.

3) 우선순위 설정법 : 공부할 내용의 중요도와 긴급성을 기준으로 과제를 정리하는 방법이다. '할 일이 너무 많아서 뭘 먼저 해야 할지 모르겠어요'라고 느끼는 학생에게 이 방법은 큰 도움이 된다. 이때 추천하는 방법이 **아이젠하워 매트릭스**이다. 아이젠하워 매트릭스는 할 일을 **중요성과 긴급성**이라는 두 가지 기준에 따라 분류하여 우선순위를 설정하고 효율적으로 업무를 관리할 수 있도록 돕는 도구이다. 이 방법은 미국의 제34대 대통령이자 제2차 세계대전 연합군 최고사령관이었던 드와이트 D. 아이젠하워(Dwight D. Eisenhower)의 시간 관리 철학에서 영감을 받아 고안되었다. **아이젠하워 매트릭스를 활용**하면 학습 항목들을 명확히 분류하고, 뇌의 인지 부담을 줄여 집중력과 학습 효과를 높일 수 있다. 뇌는 중요한 정보에 더 많은 인지 자원을 할당하는 경향이 있기 때문이다. 다양한 과목과 방대한 과제를 처리해야 하는 중고등학생에게 필수적인 전략이다. 어떤 공부부터 시작해야 할지 막막할 때 이 방법을 활용하면 길을 잃지 않고 효율적으로 시간을 관리할 수 있다.

분류 기준 :

1. 중요하고 긴급한 일 (Quadrant 1 - '지금 당장 하라!') : 기말고사 준비, 마감이 임박한 수행평가나 과제, 오늘까지 제출해야 하는 보고서 등이 이에 해당한다. 이 과제들은 가장 먼저, 그리고 가장 집중하여 처리해야 할 최우선 순위이다.

　　　　　　　　　　　　　　　　　　　　공부머리는 만드는 것이다

2. 중요하지만 긴급하지 않은 일 (Quadrant 2 - '계획하고 실행하라!') : 다음 학기 예습이나 복습, 부족한 개념 보충을 위한 심화 문제 풀이, 장기 프로젝트 준비, 독서, 운동 등이 여기에 속한다. 이 과제들은 당장 급하진 않지만 학습자의 장기적인 성장에 꼭 필요한 것들이다. 미리 계획을 세우고 꾸준히 투자해야 할 장기적인 성장의 발판이 된다.

3. 긴급하지만 중요하지 않은 일 (Quadrant 3 - '위임하거나 최소화하라!') : 친구의 급작스러운 학습 외적 요청(학습에 방해되는 경우), 학교 전달 사항 체크, 잠깐의 메신저 답장 등이 이에 해당한다. 이 과제들은 급하게 느껴질 수 있지만, 학습자의 핵심 목표에 크게 기여하지 않는 것들이다. 가능하다면 다른 사람에게 도움을 요청하거나, 최소한의 시간만 들여 빠르게 처리하고 다음 중요한 일로 넘어가는 것이 현명하다.

4. 중요하지도 않고 긴급하지도 않은 일 (Quadrant 4 - '제거하거나 최소화하라!') : 과도한 SNS 사용, 불필요한 유튜브 시청, 의미 없는 잡담, 과한 게임 시간 등이 여기에 포함된다. 이 활동들은 학습자의 시간과 에너지를 갉아먹는 '시간 도둑'들이다. 과감히 제거하거나 최소화해야 한다. 이 시간에 Quadrant 2의 '중요하지만 긴급하지 않은 일'에 투자한다면 훨씬 더 크게 성장할 수 있을 것이다.

실천 단계 :

1. 공부해야 할 모든 내용과 하루의 모든 할 일을 목록으로 작성한다. (**예** 수학 교과서 단원 개념 읽기, 영어 듣기 평가 1회, 사회 수행 평가 자료 조사, 화학 오답노트 정리, 친구에게 생일 선물 고르기, 좋아하는 드라마 보기 등 모든 활동 포함)

2. 작성된 목록의 각 항목을 아이젠하워 매트릭스에 따라 중요성과 긴급성을 기준으로 분류한다. 각 항목 옆에 (중요/긴급), (중요/비긴급) 등으로 표시하는 것도 좋다.

3. 분류된 항목 중 중요하고 긴급한 과제부터 우선적으로 처리하고, 나머지 과제들을 순차적으로 해결한다. 중요하지 않거나 긴급하지 않은 일에 매달려 정작 중요한 일을 놓치는 우를 범하지 않도록 해야 한다. 이 작업은 매일 아침 또는 전날 저녁에 수행하여 하루의 학습 방향을 명확히 설정하는 데 기여한다.

사례 : 고등학교 2학년 민규는 중요도와 긴급도를 매트릭스로 명확히 정리하여 시험 준비 우선순위를 정한 뒤, '벼락치기' 대신 계획적인 학습으로 효과적인 성적 향상을 경험하였다. 시험 직전의 불안감이 훨씬 줄어들었다고 한다. 중학교 3학년 혜진이는 급한 과제와 중요 시험 사이에서 어떤 것을 먼저 할지 결정하지 못해 스트레스를 받았지만, 이 방법을 통해 혼란을 줄이고 효율적으로 공부할 수 있었다. 특히 Quadrant 2의 '중요하지만 긴급하지 않은 일'에 꾸준히 시

간을 투자하면서 장기적인 성장을 이룰 수 있었다.

둘째. 습관 형성의 기술: 작은 행동이 만드는 거대한 변화
#습관형성 #성장마인드

학습의 지속성은 성공적인 학업 성취의 핵심 요소이다. 단발적인 노력만으로는 한계가 있으며, 꾸준히 쌓이는 작은 노력들이 결국 큰 차이를 만들어낸다. **반복되는 행동은 뇌의 '기저핵'**(basal ganglia)**을 활성화시켜 자동화된다.** 기저핵은 인간의 뇌에서 습관 형성을 담당하는 부위인데, 이 부분이 활성화되면 특정 행동을 의식적인 노력 없이도 저절로 수행하게 된다. 이는 마치 운전이나 자전거 타기가 처음엔 어렵지만 반복하면 나중엔 무의식적으로 할 수 있게 되는 것과 같다. 찰스 두히그의『습관의 힘』에서 강조한 '작은 승리' 개념에 따르면, 처음부터 거창한 목표를 설정하기보다는 **아주 작은 습관부터 시작하여 점진적으로 확장하는 것이** 장기적인 학습 습관을 형성하는 가장 효과적인 방법이다. 이 전략은 특히 학습 습관이 미비하거나 쉽게 학습을 포기하는 학생에게 매우 유용하다. '의지력 부족'이라는 생각에 갇히기보다, 뇌의 습관 형성 원리를 이해하고 활용하는 지혜가 필요하다.(습관의 힘에서 나오는 내용은 습관루프를 만드는 것과 작은 승리 두가지임. 단순히 보았을 때 작은 습관의 확장은 BJ포그의 연구와 더 가까워 보여서 작은 승리 개념을 강조하는 것이 적합해 보임)

1) 작은 습관 만들기 : 심리학자 BJ 포그의 연구에서 비롯된 전략으로, 아주 작고 간단한 행동에서 시작하여 점진적으로 습관을 형성

하는 방법이다. 인간의 뇌는 갑작스러운 큰 변화를 거부하는 경향이 있지만, 작은 습관은 쉽게 수용하여 지속 가능성이 높다. 이 방법의 핵심은 '절대 실패할 수 없는 수준'으로 목표를 낮추는 것이다.

실천 단계 :

1. **부담 없이 쉽게 시작할 수 있는 작은 목표를 설정한다.** 예를 들어, '매일 아침 5분 동안만 영어 단어 5개 암기', 또는 '수학 문제 딱 1개만 풀기', 아니면 '책상에 앉아 1분 동안 수학 교과서 펼쳐 놓기'와 같이 설정한다. 이 목표는 실패의 가능성이 거의 없을 만큼 작게 설정해야 한다. 목표가 너무 크면 시작하기도 전에 포기하게 되기 때문이다.

2. 설정된 작은 목표를 매일 같은 시간에 **반복하여 실천한다.** 뇌는 예측 가능한 반복을 선호하며, 이는 습관 형성의 중요한 요소이다. 특정 시간(예: 등교 전, 저녁 식사 후)이나 특정 행동 뒤에 새로운 습관을 연결하면 더욱 효과적이다 (이는 습관 스택킹과도 연결된다).

3. 설정된 작은 목표가 완전히 익숙해지면, **조금씩 난이도나 시간을 늘린다.** 너무 급격하게 목표를 상향 조정하지 않고, '이 정도는 충분히 할 수 있다!'는 긍정적인 자기 효능감이 유지될 때까지 기다리는 것이 중요하다. 작은 성공 경험을 지속적으로 **쌓아 뇌에 '나는 할 수 있다'**는 긍정적인 보상 신호를 주는 것이 핵심이다. 이러한 보상 신호는 뇌의 도파민 분비를 촉진하여 학습에 대한 동기와 즐거움을 높여

　　　　　　　　　　　　　　　　　　공부머리는 만드는 것이다

준다.

사례 : 중학교 1학년 수연이는 매일 아침 5분 영어 단어 암기로 시작하여 점차 시간을 늘려 나중에는 30분씩 꾸준히 단어를 외우는 습관을 갖게 되었다. 처음에는 '5분도 힘들었는데…' 하다가 나중에는 '어? 벌써 5분 지났어?' 하고 놀랐다고 한다. 고등학교 2학년 지우는 매일 저녁 10분 수학 문제 풀이 습관을 만들어 점차 성적이 향상되었는데, 처음에는 1문제로 시작했지만 나중에는 스스로 5문제, 10문제씩 풀고 있다고 한다. 이 작은 시작이 결국 '수학 공부' 자체를 포기하지 않는 끈기로 이어진 것이다.

2) 습관 스택킹 (Habit Stacking) : 기존에 이미 형성된 습관 뒤에 새로운 습관을 연결하는 방식이다. 제임스 클리어의 『아주 작은 습관의 힘』에 소개된 이 전략은 뇌의 기존 신경회로를 활용하여 새로운 행동을 더 쉽게 습관화하는 원리를 따른다. 이는 뇌에게 '특정 행동 다음에는 자연스럽게 다음 행동을 수행해야 한다'는 명확한 신호를 제공하는 것과 같다. 일상생활에서 이미 무의식적으로 수행하는 행동들(예 양치하기, 물 마시기, 가방 내려놓기)을 활용하여 새로운 학습 습관의 '방아쇠'를 당기는 것이 핵심이다. 특정 학습 습관을 정착시키기 위해 노력했으나 번번이 실패했던 학생들에게 특히 효과적인 방법이다.

실천 단계 :

1. 개인이 이미 가지고 있는 기존 습관을 식별한다. (예 아침에 일어나 침대 정리하기, 저녁 식사 후 양치하기, 등교 후 가방 내려놓기, 학원 가기 전 물 마시기, 좋아하는 웹툰 보기 등) 이러한 기존 습관들은 이미 뇌에 깊이 각인되어 있어 의식적인 노력이 거의 필요 없다.

2. 식별된 기존 습관 바로 뒤에 새로운 습관을 연결하여 추가한다. '[기존 습관]을 한 후, [새로운 습관]을 한다'는 공식을 명확히 설정한다. 이때 '바로'라는 즉각적인 연결이 뇌에 명확한 신호를 제공하는 데 중요하다. 예를 들어, '저녁 식사 후 양치를 하고 나서, 바로 15분 동안 과학 복습하기'와 같이 연결하는 것이다.

3. 새로운 습관이 기존 습관처럼 자연스럽게 느껴질 때까지 **꾸준히 실천**한다. 초기에는 의식적인 노력이 필요하지만, 시간이 지남에 따라 뇌는 이 두 행동을 하나의 통합된 행동 덩어리로 인식하게 될 것이다. 이처럼 기존의 강한 신경 회로에 새로운 학습 행동을 덧붙임으로써 뇌의 저항을 최소화하고 효율적으로 습관을 형성할 수 있다.

사례 : 고등학교 1학년 준서는 저녁 식사 후 바로 과학 복습하는 습관을 추가하여 자연스럽게 학습 습관을 형성하였다. 식사를 마치면 의식적인 노력 없이도 책상에 앉아 과학 책을 펴는 습관이 생긴 것이다. '저녁 식사 완료 = 과학 공부 시작'이라는 강력한 연결 고리가 뇌에 형성된 결과이다. 중학교 3학년 예린이는 학교에서 돌아오자마자

가방을 내려놓고 바로 독서 시간을 추가하여 독서 습관을 강화하였다. 별다른 노력을 하지 않아도 매일 책을 읽게 되었다고 한다.

셋째. 환경 설계의 기술: 나를 공부하게 만드는 공간 만들기
#환경설계 #집중력향상

공부 환경은 학습자의 학습 효과에 직접적인 영향을 미친다. 인지 과학 연구에 따르면 주변 환경이 복잡할수록 뇌는 쉽게 피로해지고 집중력이 저하된다. 이는 책상 위에 놓인 불필요한 물건들이 뇌에게는 처리해야 할 정보로 인식되어, 불필요한 인지 에너지를 소모시키기 때문이다. 뇌는 새로운 자극을 끊임없이 탐색하는 경향이 있으므로, 주변에 시선을 끄는 요소가 많으면 학습에 대한 집중이 더욱 어려워진다. 따라서 주변 환경을 단순화하고 방해 요소를 제거하는 것이 학습 효율을 극대화하는 데 매우 중요하다. 특히 집중력이 약하거나 주변 자극에 민감한 학생에게 환경 설계는 필수적인 전략이다. 학습 시작에 대한 동기 부여가 부족하다고 느껴질 때, 우선적으로 환경을 개선하는 것이 가장 빠르고 효과적인 해결책이 될 수 있다.

1) 공부 공간 미니멀리즘 : 학습 공간을 최대한 단순하고 깔끔하게 유지하는 전략이다. 프린스턴 대학의 연구에 따르면, 주변 환경이 복잡하면 뇌가 동시에 처리해야 할 정보가 많아져 쉽게 피로해지고 집중력이 떨어진다고 한다. 뇌가 여러 정보에 분산되어 에너지를 소모하기 때문이다. 공부 공간을 깔끔하게 유지하면 뇌의 인지 부담을 줄여 학습 효율이 크게 향상된다. '나는 원래 깔끔하지 못하다'는 선입견

을 가질 필요는 없다. 학습에 필요한 필수적인 요소만 남기고 나머지는 정리하는 연습을 하는 것이 중요하다. 이는 학습자의 뇌가 '이곳은 오직 학습만을 위한 공간'이라고 명확히 인식하도록 돕는 과정이다.

실천 단계 :

1. 책상 위에는 **현재 공부할 교재, 필기구 등 학습에 꼭 필요한 물건만 최소한으로 유지한다.** 스마트폰, 만화책, 간식, 불필요한 학용품, 어지럽혀진 노트 등 학습과 관련 없는 모든 물건은 시야에서 완전히 제거한다.

2. 자주 사용하지 않는 물건들은 서랍이나 다른 지정된 장소에 깔끔하게 정리한다. 눈에 보이지 않으면 뇌는 그 존재를 '잊어버리기' 쉬워지므로, 불필요한 인지 자원 소모를 방지할 수 있다.

3. 하루의 학습 활동이 종료된 후, **매일 공부 공간을 정리하는 습관을 형성한다.** 이 '정리'라는 작은 행동은 다음 날 학습을 시작하는 데 필요한 심리적 장벽을 낮춰줄 것이다. 뇌에게 '오늘의 학습은 깨끗한 마무리로 끝난다'는 명확한 신호를 제공하는 과정이다.

사례 : 중학생 승우는 책상 위가 늘 복잡하여 학습 집중이 어려웠지만, 공부 공간 미니멀리즘을 실천한 후 집중력이 현저히 높아져 학습 효율이 크게 향상되었다. 이전에는 스마트폰을 보거나 다른 잡동사니에 눈이 가서 딴짓을 많이 했으나, 학습 환경이 깨끗해지니 자연

스럽게 공부에만 몰입할 수 있게 된 것이다. 고등학생 현지는 공부에 꼭 필요한 교재와 필기구만 남겨 두어 인지 부담을 줄였고, 다음 날 공부를 시작하기가 훨씬 수월해졌다고 한다.

2) 방해 요소 제거하기 : 학습 집중력을 저하시키는 외부 및 내부 요인들을 적극적으로 관리하거나 제거하는 전략이다. 심리학자 트리스탄 해리스에 따르면, 스마트폰 알림이나 외부 소음과 같은 방해 요소는 뇌의 도파민 분비를 유발하여 주의력을 분산시킨다. 알림 소리나 진동 한 번에 뇌는 순간적으로 새로운 정보에 반응하게 되고, 이로 인해 원래의 학습 과제로 다시 집중하는 데는 상당한 인지 에너지가 소모된다. 이를 '주의 전환 비용(switching cost)'이라고 하는데, 한 가지 일에서 다른 일로 주의를 옮길 때 발생하는 비효율적인 인지적 비용이다. 이러한 방해 요소들을 제거하면 뇌가 깊은 몰입 상태(Flow state)로 쉽게 진입할 수 있어 학습 효과가 크게 향상된다. 특히 집중력이 부족하거나 스마트폰 사용을 스스로 절제하기 어려운 학생에게 적극 추천하는 방법이다.

주의 전환 비용 (Switching Cost)

주의 전환 비용은 한 가지 작업에서 다른 작업으로 **주의를 옮길 때 발생하는 비효율적인 인지적 노력**을 말한다. 스마트폰 알림이나 주변 소음처럼 예기치 않은 방해 요소가 나타나면 뇌는 새로운 정보에 반응하느라 **도파민**을 분비하고, 이로 인해 원래 하던 학습에 다시 집중하는 데 더 많은 시간과 에너지를 소모하게 된다. 이는 학습 효율을 떨어뜨리는 주요 원인 중 하나이다.

몰입 상태 (Flow State)

몰입 상태는 특정 활동에 깊이 집중하여 시간의 흐름이나 주변 방해를 인지하지 못하는 상태를 의미한다. 학습자가 이 상태에 도달하면 뇌는 정보를 효율적으로 처리하고 기억하며, 학습 효과가 크게 향상된다. 외부 및 내부 방해 요소를 제거하는 것은 뇌가 몰입 상태에 쉽게 진입할 수 있도록 돕는 핵심 전략이다.

실천 단계 :

1. 학습에 방해가 되는 요소들을 구체적으로 식별하여 목록으로 작성한다. (**예** 스마트폰, 불필요한 앱 알림, TV 소리, 가족들의 대화 소음, 유혹적인 웹사이트, 과도한 간식, 심지어는 공부에 대한 불안감과 같은 내적 방해 요소도 포함) 무엇이 나를 방해하는지 명확히 인지하는 것이 첫걸음이다.

2. 식별된 방해 요소를 시야에서 완전히 제거하거나(스마트폰을 다른 방에 보관하거나, 서랍에 넣고 '방해금지 모드' 설정), **해당 방해 요소를 차단하는 도구를 적극적으로 활용**한다. (**예** 이어플러그, 소음 제거 헤드폰, 특정 앱 알림 끄기, 웹사이트 차단 앱 사용, 스터디 카페나 독서실 등 조용한 학습 공간 이용) 만약 내적인 방해 요소가 크다면, 짧은 명상이나 심호흡을 통해 마음을 가라앉히는 연습도 도움이 된다.

     공부머리는 만드는 것이다

3. 주기적으로 **학습 환경**을 **점검**하여 방해 요소가 재발하지 않도록 꾸준히 관리한다. 학습을 시작하기 전 5분 동안 '방해 요소 제거 루틴'을 만들어서 실천하면 더욱 효과적이다. 이는 마치 운동선수가 경기 전에 워밍업을 하듯이, 뇌에게 '이제 집중할 시간이다'라고 명확한 신호를 제공하는 과정이다.

사례 : 고등학생 성준이는 스마트폰을 다른 방에 두는 습관을 들인 후 학습 집중력이 현저히 높아졌다. 중학생 유정이는 소음이 심한 환경에서 귀마개를 사용하여 주변 소음을 차단하고 집중력을 유지했다. 초기에는 물리적인 분리로 인해 불안감을 느끼거나 답답해했지만, 점차 집중하는 시간이 늘어나면서 학습 시간이 훨씬 더 생산적으로 느껴졌다고 한다. 어떤 학생은 특정 웹사이트를 차단하는 앱을 사용해 인터넷 서핑의 유혹을 물리쳤다고도 한다. 중요한 것은 학습자가 스스로를 통제하려 노력하는 것을 넘어, 환경이 학습자를 자연스럽게 학습에 몰입하도록 유도하는 방식으로 설계되어야 한다는 점이다.

과학적인 **시간 관리, 습관 형성, 환경 설계** 기술을 통해 학습 효율을 최대한 높이고 놀라운 성장을 경험할 수 있을 것이다.

- 오래 앉아있는 것보다, 뇌가 좋아하는 방식으로 효율적으로 공부하는 것이 중요하다.
- 작은 습관들이 꾸준히 모여 거대한 학습 엔진을 만들 수 있다.
- 최적의 환경에서 최고의 집중력을 발휘하여 몰입 학습을 경험할

수 있다.

매일 조금씩 실천하는 작은 변화들이 결국 큰 성과로 이어질 것이다. 지금부터 하나씩 천천히 시작하여 더욱 효과적이고 즐거운 학습을 경험하기 바란다. 학습자의 잠재력은 생각보다 훨씬 더 크다! 현재 쌓는 이 시간은 미래의 가장 든든한 자산이 될 것임을 확신한다.

현직 교사의 시크릿 꿀팁

[교사노트 | 시간관리 및 환경 설계 꿀팁]

[1] 책상 위 한 끗 차이, '공부 모드'를 켜는 마법

애들아, 너희 책상은 지금 어떤 모습이야? 혹시 책상에 앉으면 자연스럽게 스마트폰에 손이 가거나, 굴러다니는 만화책에 눈길이 가지는 않니? 공부 시작하기 전에 '아, 치울 게 너무 많다...' 싶으면 이미 진이 빠지는 거야.

선생님이 추천하는 방법은 '공부 전 1분 정리 의식'이야. 공부를 시작하기 딱 1분 전에 책상 위에 학습에 필요한 것들(교재, 필기구, 물통) 외에는 전부 치워보는 거야. 서랍에 넣든, 다른 방에 두든, 눈에 보이지 않게만 하면 돼. 심지어 필통 속 연필 개수까지 최소한으로 줄이는 거지. 이렇게 하면 뇌는 무의식적으로 '아, 이제 공부할 시간이다!' 하고 신호를 받게 돼. 매일 이 루틴을 반복하면, 나중에는 책상이 깔끔해지는 동시에 공부 모드가 저절로 켜지는 경험을 하게 될 거야. 이건 단순히 청소가 아니라, 뇌에게', '집중 신호'를 보내는 강력한 트릭이란다.

[2] 나만의 '방해금지 구역' 만들기

집에서 공부할 때 엄마 잔소리, 동생 뛰어노는 소리, TV 소리... 집중하기 정말 힘들 때가 많지? 이어플러그나 노이즈 캔슬링 헤드폰이 있다면 최고지만, 없다면 **나만의 '방해금지 구역'을 만드는 것도 좋은 방법이야.**

예를 들어, 방문에 '공부 중! 30분 뒤에 만나요!' 같은 메모를 붙여두거나, 가족들에게 내가 공부하는 시간에는 최소한의 소음만 내달라고 미리 부탁하는 거지. 스마트폰은 아예 다른 방에 두거나, 부모님께 잠시 맡겨두는 것도 효과가 커. 처음엔 좀 답답할 수 있지만, 뇌는 익숙해지면 방해 없이 깊게 몰입하는 걸 훨씬 좋아해. 너희가 스스로를 위해 '몰입 존(Zone)'을 만드는 연습을 해보는 거야. 낯선 곳이라면 도서관이나 스터디 카페를 활용하는 것도 좋고!

[3] 포모도로, 짧고 굵게! '갓생'의 시작

25분 공부, 5분 휴식! 너무 쉬워 보인다고? 에이, 해보면 정말 달라. 중요한 건 이 5분 휴식을 어떻게 보내느냐야. 스마트폰을 보거나 친구랑 카톡을 하면 뇌가 제대로 쉬지 못하고 오히려 더 피로해져. 5분 동안은 뇌를 '리셋'하는 시간이라고 생각해봐.

창밖을 보며 멍 때리거나, 가볍게 스트레칭을 하거나, 물 한 잔 마시는 정도가 딱 좋아. '나는 25분만 딱 집중하고, 그 뒤엔 5분 간 완전히 쉴 거야!'라는 명확한 보상이 있으면 뇌는 훨씬 더 열심히 집중하려고 해. 특히 수학처럼 어려운 과목을 할 때 이 방법을 써봐. '이 끔찍한 수학이 딱 25분만 버티면 끝난다!'라는 생각에 집중력이 훨씬 올라갈 거야. 이건 단순히 시간 관리가 아니라, 뇌의 피로도를 과학적으로 관리하는 최적의 방법이란 다. 이 작은 루틴 하나가 너희의 '갓생'을 만들어줄 거야.

[4] '작심삼일'을 '작심삼백일'로 바꾸는 작은 습관 스택킹
매번 작심삼일로 끝나서 좌절하는 친구들이 많지? 걱정 마. 우리 뇌는 갑작스러운 큰 변화를 싫어해. 그래서 **작은 습관부터 시작하는 게 중요해.**

예를 들어, "나는 매일 아침 양치하고 나서 바로 영어 단어 3개 외울 거야!"라고 정해봐. 3개? 너무 적다고? 맞아, 적지. 하지만 너희는 이걸 절대 실패할 수 없을 만큼 작게 시작하는 거야. 매일 양치를 하잖아? 그럼 양치를 하는 순간, 뇌는 다음 행동으로 영어 단어 3개 외우기를 자동적으로 연결하게 돼. '습관 스택킹' 이라고 부르는데, 이미 익숙한 행동 뒤에 새로운 행동을 덧붙이는 거야. 처음엔 3개, 익숙해지면 5개, 10개로 늘려가는 거지.

                    공부머리는 만드는 것이다

매일매일 아주 작은 성공 경험을 쌓는 것이 중요해. 이 작은 성공들이 쌓여서 나중엔 '와, 내가 이런 것도 꾸준히 한다고?' 하고 스스로 놀라게 될 거야.

지금부터 딱 하나라도 좋으니, 오늘 당장 실천해 보는 건 어떨까? 너희의 잠재력은 정말 엄청나고, 이 작은 변화들이 그 잠재력을 현실로 만들어 줄 거란다.

2장. 루틴의 힘 : 공부도 운동처럼

우리는 뇌의 원리에 맞춘 시간관리와 환경설계를 통해 '어떻게 공부할 것인가'를 알아보았다. 하지만 아무리 좋은 계획도 며칠을 넘기지 못하고 무너지는 경우가 많다. 작심삼일의 늪, 반복되는 동기 부재, 흐트러지는 생활 리듬. 결국 공부의 지속력을 결정짓는 것은 '의지'가 아니라 '루틴'이다.

임용 시험에 도전하는 3년간 하루 12시간 넘게 책상에 붙어 앉아 있었다. 그 시간 동안 내가 만든 건 단순한 성적이 아니라, '공부하는 몸'이었다. 그 몸을 완성한 건 재능도, 의지도 아닌 '루틴'이었다.

괴로운 자신과의 싸움속에서 계속해서 목표를 통해 성취감과 건강한 도파민을 제공해주는 스터디 플래너와 매일 건강하고 활기차게 하루를 시작하게 해주는 모닝 루틴이 나를 버티게 했고, 끝내 합격으로 이끌었다.

교단에 선 후, 공부에 어려움을 겪는 학생들에게 이 경험을 나눴고, 많은 학생들이 실질적인 도움을 받았다는 피드백 덕분에, 이제 이 장에서 그 내용을 독자 여러분께 공유하고자 한다.

공부하는 뇌를 만드는 습관 전략

[1] 작심삼일을 이기는 뇌 : 도파민으로 설계하는 공부 루틴 # 좋은 도파민 활용 루틴

사람들은 누구나 마음속으로 결심한다. "이번엔 꼭 해내야지." 하지만 작심삼일이 되어버리기 일쑤다. 왜일까? 의지가 약해서일까? 아니다. 많은 경우, 우리는 뇌의 보상 시스템, 그 중에서도 도파민(Dopamine)이라는 신경전달물질의 영향 아래에 놓여 있기 때문이다. 지금부터 공부를 즐겁게 해나갈 수 있는 방법, 그 핵심 열쇠인 도파민에 대해 알아보자.

도파민이란 무엇인가?

도파민은 흔히 '행복 호르몬', '쾌락 호르몬'으로 알려져 있지만, 보다 정확히 말하자면 기대와 동기를 유발하는 신경전달물질이다.

도파민은 단지 쾌락을 주기 위한 것이 아니라, 인간이 살아남기 위해 진화적으로 발달한 생존 메커니즘의 일부다. 고대 인류는 먹이를 찾거나 위험을 회피하는 행동을 할 때, 성공 가능성이 있는 선택에 도파민이 분비되어 동기 부여를 받았다. 이는 '그 행동을 반복해'라는 신호였고, 그렇게 우리는 생존을 이어올 수 있었다.

오늘날에도 우리는 어떤 행동을 할 때, 그 행동이 보상을 가져올 것이라는 기대가 생기면 도파민이 분비된다. 도파민은 실제 보상을 받을 때보다, 보상을 예측할 때 더 활발히 분비된다는 것이 학계의 정설이다. 다시 말해, 도파민은 우리를 어떤 행동으로 이끄는 '욕구의 에너지'라 할 수 있다.

예를 들어, 휴대폰 알림 소리가 들릴 때, 우리는 메시지를 읽기도 전에 이미 도파민이 분비된다. 알림을 확인하면 보상을 받을 것이라는 뇌의 기대 때문이다. 하지만 여기에는 중요한 차이가 있다. 모든 도파민이 학습에 도움이 되는 것은 아니다. 도파민의 분비 경로와 방식에 따라, 우리는 이를 '나쁜 도파민(즉각 보상 기반)'과 '좋은 도파민(지연 보상 기반)'으로 구분할 수 있다.

나쁜 도파민이란? 즉각 보상의 함정

현대 사회는 스마트폰, 유튜브 쇼츠, 게임, 배달 음식 등 즉각적인 보상을 제공하는 자극들로 가득하다. 이런 자극은 뇌에 도파민을 빠르게 분비시키지만, 다음과 같은 문제를 야기한다

- 보상 회로 둔화 : 반복된 즉각 보상으로 인해 뇌는 점점 더 강한 자극 없이는 만족하지 못하게 된다.
- 집중력 약화 : 지루함을 참지 못하고 쉽게 산만해지며, 긴 시간 몰입하는 능력이 감소된다.
- 목표 추구 저해 : 장기적인 보상보다 당장의 쾌락을 우선하게 되어, 계획과 실행이 무의미하게 느껴진다.

공부머리는 만드는 것이다

무엇보다 중요한 것은, 게임이나 쇼츠처럼 자극이 강한 활동으로 도파민을 채우다 보면 처음엔 기분이 좋지만, 몸은 항상성을 유지하려는 본능 때문에 반드시 반작용을 일으킨다. 멍함, 무기력함, 두통, 불쾌감, 심란함 등으로 돌아오는 것이다. 도파민 과잉 분비 이후의 이 반작용이 바로 우리가 '고통'을 먼저 선택해야 하는 이유다.

좋은 도파민이란? 지연 보상의 힘

반대로, 운동이나 독서, 공부처럼 즉각적인 보상이 없는 활동은 초반에는 어렵고 지루하다. 하지만 이런 활동을 계속해 나갈 경우, 일정 시점 이후 도파민이 분비되며 **성취감, 만족감, 몰입감**을 느끼게 된다. 이 때 분비되는 도파민은 다음과 같은 긍정적 영향을 준다.

- 인내력 강화 : 불편을 견디며 행동을 지속하는 힘을 길러준다.
- 몰입 유도 : 과제를 깊이 있게 수행하고 집중하는 데 도움을 준다.
- 학습의 강화 : 반복되는 학습 경험을 긍정적으로 받아들여 장기 기억을 돕는다.

이처럼 좋은 도파민은 '지연된 보상'을 통해 얻어진다. 즉, 먼저 괴로움을 선택하고 나중에 보상을 받는 구조에서 도파민은 진정한 학습과 성장을 유도하는 역할을 하게 된다.

이제 우리는 도파민이라는 에너지를 어떻게 활용할지 고민해야 한다. 도파민이 언제, 어떤 방식으로 분비되는지를 이해하는 것이야말로 계획을 세우고 그것을 실천하는 힘의 근원을 파악하는 첫걸음이다. 이젠 도파민을 활용한 실질적인 학습 계획 수립 전략을 함께 알아보자.

도파민을 활용한 실질적인 학습 계획 수립

공부를 단지 '해야만 하는 일'이 아니라, 스스로 의욕 있게 실행할 수 있는 활동으로 바꾸려면, 도파민의 작동 원리를 이해하고 이를 학습 계획에 적용하는 것이 중요하다. 다행히도 뇌과학 연구는 우리가 계획을 세우는 순간조차 도파민이 분비된다는 사실을 알려준다.

계획을 세울 때 도파민이 분비된다

"계획을 세우면 '해낼 수 있겠다'는 기대가 생기는데, 이 기대는 뇌의 보상회로를 자극해 기분이 나아지거나 동기가 생기는 데 도움을 줄 수 있다." 다시 말해, 계획을 세우는 것만으로도 우리의 뇌는 이미 어떤 만족감을 경험하게 된다. 이것이 우리가 스터디 플래너를 짤 때 묘하게 기분이 좋아지는 이유다.

즉, 계획은 단지 준비의 도구가 아니라, 동기를 만들어내는 심리적 엔진이다. 그리고 그 계획이 작고 구체적일수록 도파민의 분비는 더 활발해진다.

과제를 미션처럼 클리어할 때 도파민이 분비된다.

"체크 표시를 하나씩 늘려갈수록 뇌가 '보상을 받는 느낌'을 받아

다음 과제를 더 쉽게 시작하게 된다. 즉, 과제를 작게 쪼개면 동기를 유지하기가 더 쉬워질 수 있다.”

이 원리를 공부에 적용하면, 막연한 목표를 세우기보다는 작은 **단위로 쪼개고, 하나씩 완료해가는** 방식이 학습 지속에 가장 효과적이라는 것을 알 수 있다. 우리는 계획을 세울 때 도파민이 분비되고, 그것을 지켜나갈 때도 도파민이 분비되며, 이것이 결국 학습을 지속하게 만드는 강력한 원동력이 된다.

도파민을 깨우는 스터디 플래너의 힘 #계획이 곧 동기다

도파민의 메커니즘을 가장 실용적으로 활용할 수 있는 도구는 우리 가까이에 있다. 바로 **스터디 플래너**다. 스터디 플래너는 단순한 일정표가 아니라, 학습을 게임처럼 설계하고 실행하는 전략 지도다.

하지만 중요한 전제가 있다. 인간은 결코 모든 계획을 완벽히 지킬 수 **없다.** 지나치게 빡빡한 계획은 오히려 실패를 유도하고, 반복된 실패는 도파민 저하와 자존감 하락으로 이어질 수 있다. 뇌가 좋아하는 방식으로, 도파민이 반응하는 구조로 계획을 세워야 한다. 따라서 스터디 플래너를 작성할 때는 반드시 뇌과학 기반의 작성법을 지켜야 한다.

뇌가 반응하는 스터디플래너 5단계 작성법 #중고등학생

[1] 목표 정하기

시험, 수행평가, 책 완독처럼 마감기한이 있는 목표를 정한다.

→ "언제까지?"라는 시간이 있어야 뇌가 진짜 움직인다.

[2] 고정 일정을 먼저 확보하라

학교, 학원, 식사, 수면처럼 변경 불가능한 시간부터 채운다.

→ 이건 공부가 아니라 시간의 뼈대 잡기다.

예 8:00~15:30 학교, 18:00~20:00 학원 등

[3] 집중력이 좋은 시간에 주요 과목을 배치하라

뇌가 깨어 있을 때, 어려운 과목을 먼저 배치하라. 이게 전략이다.

예 17:00~17:50 수학문제집 5쪽, 34~36p, 20:30~21:00 영
어단어 10개 등

[4] 계획은 '작고 명확하게' 쪼개기

"영어 공부"는 막연하다. "영어 단어 10개 외우기"는 구체적이
고 명확해서 뇌가 좋아한다.

→ 작고 명확할수록 성취감을 느끼기 쉽고, 도파민이 나온다.

[5] 완료 시 '체크'하고 스스로 칭찬하라

 작업을 끝낸 칸에는 - 표시나 스티커를 붙이고,

> "끝까지 앉아있었다! 나, 대단해.", "영어단어 10개 외웠다. 오늘의 나, 합격이다!"
>
> 처럼 자신에게 한 문장씩 칭찬을 남긴다. "작은 성공 경험"이 뇌에 긍정적 회로를 만든다.

지훈이의 플래너 도전기 #사례

중학교 2학년 지훈이는 평소에 "뭐부터 공부해야 할지 모르겠어"라고 자주 말했다. 그래서 선생님은 지훈이에게 스터디플래너를 써보자고 권했다. 처음엔 어색해했지만, 하루 시간을 칸으로 나누고 고정 일정부터 적어보게 했다. 지훈이는 공부해야 할 것을 전부 적은 후 하나씩 나눠서 빈칸에 채워나갔다. 학교 진도에 맞춰 복습하기, 수학 문제집을 3쪽씩 나눠 풀기, 영어 단어는 10개만 외우기로 계획을 세웠다. 학교 수업 복습을 하자 수업이 들리기 시작했고, 공부가 끝난 뒤엔 스티커를 붙이며 스스로 칭찬하는 글을 적었다.

"처음으로 내가 짠 계획을 다 지켰다. 뿌듯하다!"

3주가 지난 지금, 지훈이는 스스로 말한다. "이제 공부가 덜 막막하고, 뭘 해야 할지 알 것 같아요."

스터디플래너는 단순한 표가 아니라, 지훈이처럼 공부에 자신감을 가지게 해주는 자기주도 도구가 된다.

[교사노트 | 플래너를 오래 쓰는 아이들의 비밀]

① 계획은 70%만 채워

7일 내내 공부 계획을 꽉 채우면 금방 지치고 실패하게 돼. 사람은 누구나 변수가 생기기 마련이야! 컨디션이 안 좋을 때도 있고, 갑자기 일이 생길 수도 있어. 그래서 수요일 같은 주중 하루, 토요일 저녁, 일요일은 반드시 여유 시간을 보충의 날로 남겨두는 것이 좋아.

② 보상은 사치가 아니라 필수야

계획한 공부를 다 했다면, 남은 시간은 걱정하지 말고 마음껏 쉬어도 괜찮아. 영화 보기, 간식 먹기, 산책하기처럼 너를 즐겁게 해주는 활동은 공부 지속력에 꼭 필요한 보상이야. 쉬는 것도 공부의 일부라고 생각하자. 또 계획을 지킬 때 마다 스티커를 붙이거나, "집중이 잘 안 되었지만 끝까지 앉아있었다. 훌륭하다!, 선제야, 넌 반드시 합격할 수 있어!, 오늘 계획을 다 지켜냈구나. 난 정말 훌륭한 사람이야." 같은 칭찬 문장을 스터디플래너에에 적어봐. 이런 습관은 뇌에서 도파민을 만들어주고, 다음 공부를 할 때도 긍정적인 힘이 되어줄거야

③ 다 못했어도 자책하지 말자.

계획을 지키지 못한 날도 있을거야. 괜찮아. 그게 정상이야. 모

든 사람이 매일 똑같이 잘할 수는 없어. 중요한 건 '다시 해보는 용기'야. 계획을 못 지킨 나를 미워하지 말고, "내일은 다시 시작하면 돼"라고 말해봐. 이 긍정적인 태도야말로 공부를 오래, 꾸준히 이어갈 수 있게 해주는 진짜 비법이야.

공부는 완벽해서 잘하는 게 아니라, 실패해도 다시 도전하는 마음으로 잘할때까지 도전하는거야. 스터디플래너는 그런 나를 지탱해주고 응원해주는 도구가 되어줄거야.

④ 너에게 맞는 방법을 찾아가는 과정이야. 챗GPT를 활용하는 것도 좋아.

스터디플래너를 작성하고 공부하고 성공도 해보고 실패도 해보며 너에게 맞는 방법을 찾아가는 거야. 중요한건 시작했다는 것이고 너는 발전하고 있다는 거야. 그 사실을 절대 잊지말고 계속 선생님께 플래너 피드백을 부탁해봐. 만약에 타인에게 플래너 피드백 부탁이 민망하다면 챗GPT 또한 훌륭한 스터디 플래너 코치가 될 수 있어. 챗GPT에게 너의 지난 주 학습 계획을 입력한 다음 현재 상황, 심정을 적어보고 해결책을 알려달라고 해봐. 챗GPT가 계획의 과부하 여부, 개선점, 휴식 배분까지 제안해줄거야. 단순한 정보 제공을 넘어서, 너의 루틴을 점검해주는 코치가 되어줄 수 있어.

활기찬 하루를 여는 아침 루틴

공부가 가장 힘들었던 이유 중 하나는 불안과 같은 부정적인 감정 때문이었다. 해야 할 일은 많고, 하고 싶은 일은 더 많았다. 참아야 했고, 인내해야 했고, 시험 성적이 뜻대로 나오지 않을 때면 불안이 밀려왔다. 공부를 하다 보면 생각은 많아지고, 부정적인 감정은 끝도 없이 몰려들었다. 하루를 버텨내는 일은, 매일같이 반복되는 내면과의 전쟁 같았다. 계획이 조금만 어긋나거나, 잠시 쉬고 싶어 핸드폰을 들었다가 시간이 훌쩍 지나가 버리면 죄책감과 자책감이 밀려왔다. 나는 이 악순환에서 벗어나기 위해 책과 인터넷을 찾아다니며 방법을 하나하나 적용해 보기 시작했다.

그러던 중, 이 고리를 끊고 긍정의 순환으로 바꾸는 결정적인 전환점이 찾아왔다. 그것은 다름 아닌 '아침'이었다. 하루를 어떻게 시작하느냐에 따라 공부의 컨디션이 믿기지 않을 만큼 달라졌다. 아침에 몸과 마음을 제대로 깨우고, 오전 안에 주요 과제를 마쳤을 때 느끼는 뿌듯함은 하루를 이끄는 강력한 추진력이 되어주었다.

선생님은 뇌과학자 앤드류 후버만 교수의 연구를 바탕으로, 뇌를 자연스럽게 각성시키고 도파민과 아드레날린의 흐름을 조절할 수 있는 아침 루틴을 구성했다. 이 루틴은 단지 학생을 위한 것이 아니다. 직장인, 시험 준비생, 혹은 에너지가 고갈된 모든 사람에게 필요한 '컨디션 부스터'다.

 공부머리는 만드는 것이다

특히 스마트폰, 게임 등 즉각적인 자극에 반복적으로 노출되어 도파민 시스템이 흐트러진 경우, 이 루틴은 신체와 뇌를 다시 정상 궤도로 되돌리는 데 탁월한 도움을 준다.

지금부터 소개할 루틴은 단순한 생활 습관이 아니다.

하루를 바꾸고, 나아가 뇌와 감정의 흐름을 바꾸는 강력한 출발점이다.

단 한 번만이라도 진심을 다해 실행해보기를 바란다. 그 효과는 생각보다 훨씬 크고, 오래 간다.

아침 루틴 – 활기찬 하루를 여는 5단계

1단계. 건강한 수면 유지 #자정 이전 취침 #스마트폰 금지

아침에 일어났을 때 기분이 좋지 않은 가장 큰 이유는, 전날 숙면을 취하지 못했기 때문이다. 수면은 단순한 휴식이 아니라, 하루의 시작을 결정짓는 중요한 기반이다.

컴퓨터 공학과 1학년생 600여 명을 대상으로 한 조사에서도 6시간 미만의 수면은 학습 능력을 눈에 띄게 저하시킨다는 결과가 나왔다. 이러한 경향은 성장기 청소년에게 더욱 뚜렷하게 나타난다. 11~12세 아동을 대상으로 한 연구에서는 **단지 15분만 더 자도 인지 기능, 두뇌 연결성, 그리고 뇌의 부피까지 향상되었다는** 결과가 보고되었다. 고등학생을 대상으로 한 다수의 연구에서도 "잠을 줄이면 집중력도 함께 떨어진다"는 공식이 반복적으로 확인되었다. 수면은 학습의 종착점이자 시작점이다. 호르몬과 신경 회로의 재정비, 그리고 공부한 내용을 기억에 고정시키는 과정은 대부분 수면 중에 이루어진다. 일부 연구는 수면 시간보다 취침/기상 시간의 패턴이 성적에 더 큰 영향을 미친다고도 밝히고 있다.

과학기반 수면 전략

1. 매일 비슷한 시간에 잠들고, 비슷한 시간에 일어나기

수면 리듬을 일정하게 유지하면 생체 리듬이 안정되며 뇌 기능도 최적화된다.

2. 최소 7시간 이상, 이상적으로는 8시간 숙면하기

수면 시간이 6시간 이하일 경우, 학습 성과와 집중력이 급격히 떨어진다.

3. 기상 및 취침 시간 조정하기

가능하다면 자정 이전에 취침하고 일찍 일어나는 것이 좋다. 이는 성적과 집중력에 긍정적인 영향을 준다.

4. 수면의 질을 높이기 위한 환경 조성

전자기기 사용을 줄이고, 어두운 환경과 적절한 온도를 유지하며 숙면을 유도한다.

5. 공부 직후 30분 이내에 잠드는 '기말 암기 전략' 실천하기

학습한 뒤 바로 잠자리에 드는 흐름은 암기 효과를 높이는 데 도움이 될 수 있다는 연구 결과가 있다.

잠은 공부의 최강 파트너다

즉각적인 공부보다 중요한 것은 '지속적으로 충분한 수면'을 확보하는 것이다. 규칙적인 수면 습관, 적정한 수면 시간 확보, 그리고 숙면 환경 조성은 공부한 내용을 뇌에 단단히 각인시키는 열쇠다. 수면을 줄이면 사고력과 학습 효율이 눈에 띄게 떨어진다. 마지막으로, 공부 직후 잠드는 습관은 암기력을 더욱 강화시킬 수 있기 때문에, 작지만 강력한 전략으로 활용할 가치가 있다. 수면을 학습 전략의 핵심으로 바라보는 시각 전환이, 당신의 하루와 인생을 바꿀 수 있다.

2단계. 마음의 중심을 되찾는 호흡 명상 #윔호프 호흡법

공부를 하다 보면 다양한 이유로 인해 마음의 평화가 쉽게 깨지곤 한다. 계획이 틀어지거나, 성과가 기대에 못 미치거나, 비교와 자책이 반복될 때 마음은 쉽게 불안정해진다. 그런 순간마다 선생님이 반복해서 의지한 방법은 바로 '호흡 명상'이었다. 단 몇 분의 시간만으로도 마음의 중심을 다시 잡는 데 큰 도움이 되었기 때문이다. 명상이 좋다는 건 알고 있었지만, 막상 실천하려 하면 잡념이 끊임없이 떠오르고 오히려 집중이 어렵게 느껴지기도 한다. 하지만 '호흡 명상'은 다르다. 복잡한 기법이나 종교적인 요소 없이 오직 자신의 호흡에 집중하는 것만으로 충분하다. 이 단순함 속에 강력한 회복의 힘이 숨어 있다.

선생님은 매일 아침 일어나자마자 5~10분 정도 호흡 명상을 실천했다. 조용한 공간에서 눈을 감고, 들숨과 날숨에만 집중하는 그 짧은 시간은 하루를 차분하고 단단하게 시작하게 해주는 '마음 정리 타임'이었다. 이 습관은 공부뿐만 아니라 삶 전체의 흐름을 안정시키는 데에도 큰 도움이 되었다.

호흡 명상은 누구나, 언제든, 어디서든 실천할 수 있는 강력한 루틴이다. 마음이 흔들릴 때마다 이 간단한 도구로 다시 중심을 잡아보자. 그것만으로도 하루의 질은 놀라울 정도로 달라진다.

호흡 명상 중 하나로 윔호프 호흡법에 대해 소개하겠다.

윔 호프 호흡 루틴 가이드 (Wim Hof Breathing Method)

1. 진행 순서

윔 호프 호흡은 강한 호흡 자극과 숨참기(호흡 정지)가 결합된 형태로 소개되는 기법이다. 다만 개인에 따라 어지럼, 저림, 가슴 답답함 등이 나타날 수 있으므로 안전한 환경에서, 무리하지 않는 범위로 시행하는 것이 전제다. 아래는 널리 알려진 구성의 예시 흐름이다.

1) 강한 호흡(약 10-30회 정도, 개인 조절)

코 또는 입으로 깊게 들이마시고, 힘을 주어 짧게 내쉬는 리듬을 반복한다.

처음에는 "횟수"보다 편안함을 기준으로 한다.

과도한 과호흡을 유도하기보다, 리듬과 호흡의 깊이를 일정하게 유지한다.

2) 정리 호흡(1~5회)
깊게 들이마신 뒤, 편하게 내쉰다.

3) 호흡 정지(숨참기, 무리 금지)
내쉰 뒤 편안한 범위에서 호흡을 멈춘다.

목표 시간을 정해 '버티기'보다, 불편감이 커지기 전에 종료한다.

회복 호흡(1회)
깊게 들이마신 뒤 짧게(약 10-15초 이내) 유지하고 자연스럽게 호흡을 재개한다.

위 과정을 2-3회 반복하면 한 세션이 되며, 개인에 따라 약 5-15분 범위에서 조절할 수 있다.

2. 기대할 수 있는 효과
이 기법은 개인이 체감하는 수준에서 각성감, 컨디션 전환, 집중 준비에 도움을 줄 수 있다고 보고되거나 경험적으로 언급된다. 다만 효과의 크기와 방향은 개인차, 컨디션, 불안 수준, 수면 상태, 카페인 섭취, 수행 강도에 따라 달라질 수 있다.

· 스트레스 반응 완화에 대한 가능성

강한 호흡과 호흡 정지가 결합되면 일부 사람에게 긴장감이 낮아지거나, 감정이 정리되는 느낌이 나타날 수 있다.

· 집중 전환('공부 모드' 진입) 보조 가능성

짧은 시간에 호흡 리듬을 통일하면, 학습 시작 전 주의를 한 지점에 모으는 데 도움이 될 수 있다.

· 에너지·각성감 체감

산소 포화도가 높아지고, 뇌와 근육으로의 산소 공급이 증가함에 따라 일부 사람은 호흡 후 각성감/컨디션 변화를 체감할 수 있다.

3. 주의사항(필독)

본 호흡 훈련은 과호흡과 숨참기를 포함하며, 개인에 따라 어지럼, 저림, 불편감, 실신 및 낙상 등의 위험이 발생할 수 있습니다. 안전사고를 예방하기 위해 아래 지침을 반드시 준수하시기 바랍니다.

본 내용은 일반적인 정보 제공을 목적으로 하며, 의학적 진단이나 치료를 대체하지 않습니다. 개인의 건강 상태에 따라 반응은 달라질 수 있으므로, 이상 반응이 나타날 경우 즉시 중단하고 전문가의

조언을 따르십시오.

1) 절대 금지

운전 중·이동 중·기계 조작 중에는 시행하지 않습니다.

물속 및 물 근처(샤워·목욕·수영장·바다·계곡 등)에서는 시행하지 않습니다.

서서 시행하지 않습니다. 반드시 앉거나 누운 자세에서, 주변에 부딪힐 물건이 없는 안전한 장소에서 시행합니다.

2) 즉시 중단 기준

아래 증상이 나타나면 즉시 중단하고 휴식합니다. 증상이 지속되거나 심하면 의료진의 도움을 받으십시오.

어지럼, 시야 흐림, 실신할 것 같은 느낌

흉통, 심한 두근거림

과도한 손발 저림 또는 불편감 증가

호흡 곤란, 극심한 불안감

3) 시행 전 상담 권고(해당 시)

다음에 해당하는 경우 의료진과 상담 후 시행하십시오.

임신 중 또는 임신 가능성이 있는 경우

심혈관·뇌혈관·호흡기 질환이 있는 경우(고혈압, 부정맥 등 포함)

간질/발작 병력, 과거 실신 경험이 있는 경우

공황장애 또는 과호흡증후군 경험이 있는 경우

최근 수술 후 회복기인 경우

항응고제, 심혈관계 약물 등 특정 약물을 복용 중인 경우

4) 미성년자

미성년자는 보호자 지도 하에 시행하며, 필요 시 의료진 자문을 권장합니다.

5) 초보자 진행 원칙

처음에는 짧고 가볍게 시작하고(숨참기는 편안한 범위에서), 무리하게 늘리지 않습니다.

버티기를 목표로 하지 말고, 불편감이 커지기 전에 중단합니다.

가능하면 혼자 시행하지 않는 것을 권장합니다.

윔 호프 호흡은 단순한 호흡 훈련을 넘어, 짧은 시간에 몸의 각성감과 주의를 정돈하는 루틴으로 활용될 수 있다. 의식적인 호흡 조절을 통해 몸과 마음을 재정렬하는 이 기법은, 하루 10분이면 충분히 실천할 수 있으 며 꾸준히 반복했을 때 그 진가를 발휘한다. 단, 자신의 몸 상태와 반응에 항상 귀 기울이며, 무리하지 않는 것이 가장 중요하다. 아래는 윔호프 호흡법(불의 호흡) 가이드 링크이니 한세트부터 서서히 따라 해보길 권장한다.

3단계. 햇빛 받으며 가벼운 산책 #세로토닌 분비 #생체시계 리셋

아침 햇살을 받으며 가볍게 걷는 것만으로도 하루의 시작이 달라

   공부머리는 만드는 것이다

진다. 햇빛은 단순히 밝은 빛이 아니다. 뇌와 몸의 리듬, 그리고 감정 상태에까지 깊은 영향을 주는 천연 자극이다. 아침 햇빛을 받으면 뇌 속 시상하부의 '생체 시계'가 리셋되면서, 수면-각성 주기를 조절하는 멜라토닌 호르몬의 분비 리듬이 안정된다. 멜라토닌은 밤에 분비되어 잠을 유도하는 호르몬인데, 아침에 햇빛을 받으면 이 호르몬의 분비가 억제되며 자연스럽게 뇌가 '이제 깨어날 시간'임을 인식하게 된다. 이 과정을 통해 신체 각성도가 높아지고, 하루 종일 더 깨어 있고 집중력 있게 보낼 수 있는 기반이 마련된다.

더불어 햇빛은 기분을 밝게 만드는 세로토닌의 분비를 촉진시킨다. 세로토닌은 행복 호르몬으로 알려져 있으며, 기분 안정과 활력 유지에 핵심적인 역할을 한다. 이 때문에 햇빛을 쬐는 것만으로도 기분이 상쾌해지고, 우울감이 줄어든다.

여기에 가벼운 산책까지 더하면 그 효과는 배가된다. 산책은 혈액 순환을 촉진시키고, 몸과 뇌에 산소를 공급하여 정신을 맑게 해준다. 동시에 걷는 동안 반복되는 리듬감 있는 움직임은 복잡한 사고를 정리하고, 창의적인 아이디어를 떠올리기에도 좋은 조건을 만든다.

선생님은 실제로 아침에 호흡 명상을 마친 뒤, 바로 밖으로 나가 5~10분 정도 걷는 습관을 들였다. 강한 햇빛이 아닌 은은한 아침 햇살만으로도 충분히 효과를 느낄 수 있었고, 몸이 깨어나는 동시에 마음도 한결 가벼워졌다. 햇빛과 산책은 가장 쉽고도 강력한 아침 루틴이다. 아무런 비용도 들지 않지만, 그 효과는 눈에 띌 만큼 크다. 하루의 컨디션을 끌어올리는 가장 자연스럽고 건강한 방식이다. 지금 이 순간부터 실천해보자.

4단계. 짧고 강한 인터벌 달리기 #50m 전력질주 × 5세트

시간이 부족한 아침, 짧지만 강력한 효과를 원하는 사람에게 '인터벌 달리기'는 최고의 선택이다. 단 10분 남짓의 운동으로도 심폐지구력, 체지방 연소, 뇌 각성을 동시에 이끌어낼 수 있다.

인터벌 달리기는 고강도 운동과 짧은 휴식을 번갈아 반복하는 방식이다. 이 루틴에서는 50미터 전력질주를 5세트, 각 세트 사이에 1분간 휴식을 취하는 것을 기준으로 한다. 짧지만 최대한 빠르게 달리는 이 방식은 최대산소섭취량(VO₂ max)을 향상시키고, 전신의 순환계를 단기간에 강하게 자극한다. 무엇보다 중요한 건, 이 짧은 질주의 순간이 몸뿐 아니라 뇌도 강하게 자극한다는 점이다. 전력질주를 하게 되면 교감신경계가 활성화되고, 아드레날린이 분비되며 뇌의 각성도가 급상승한다. 이는 집중력과 판단력을 끌어올리는 데 즉각적인 효과를 발휘한다. 게다가 짧은 고강도 운동은 하루 종일 대사율을 높이고, 체지방 연소를 촉진시키는 효과까지 기대할 수 있다. 운동 후에도 체온과 심박수가 한동안 유지되며, 에너지 소비가 계속된다는 것이다.

선생님은 햇빛 산책 후 몸이 충분히 깨어난 상태에서 인터벌 달리기를 수행했다. 초기에는 3세트로 시작해 점차 5세트까지 늘렸고, 이 짧은 운동이 놀라울 만큼 기분을 끌어올려준다는 것을 체감했다.

짧고 강한 질주는 단순한 체력 단련을 넘어, 아침을 진짜 '시작'하게 만들어주는 강력한 신호다. 에너지가 부족한 날일수록 더욱 필요한 루틴이다.

5단계. 찬물샤워 1분 #도파민샤워 #아침각성루틴

마무리는 짧은 찬물 샤워(또는 찬물로 전환하는 마무리)다. 찬물 샤워는 분명히 괴롭다. 특히 처음에는 숨이 턱 막히거나 몸이 움찔하는 느낌이 들 수 있다. 하지만 효과는 정말 강력하다. 일부 연구에서는 냉수 노출이 교감신경 반응과 연관되고, 조건에 따라 아드레날린·도파민 관련 변화가 보고되기도 했다. 정신이 맑아지며 기분이 훨씬 상쾌해진다. 피부가 차가운 물에 닿으면 교감신경이 활성화되어 집중력과 에너지 수준이 상승한다. 찬물 샤워 후 느껴지는 상쾌함은 단지 물의 자극 때문만이 아니라, 이런 신경화학적 변화의 결과이기도 하다. 정신적 측면에서도 의미가 크다. 하루의 시작부터 불쾌하지만 의미 있는 일을 해냈다는 작은 자기효능감의 성취가, 이후 공부와 같은 더 어려운 일에도 긍정적인 추진력을 준다.

실천 팁 : 처음부터 찬물을 정면으로 맞기보다, 평소처럼 따뜻한 물로 샤워한 뒤 마지막 10-30초 정도만 비교적 차가운 물로 전환해 시작해도 충분하다. 몸이 적응하면 시간을 서서히 늘리되, 무리하지 않는다. 컨디션이 좋지 않거나 몸이 떨릴 정도로 힘들다면 그날은 생

략해도 된다. 무리하면 감기에 걸릴 수도 있다. 서서히 단련한다는 마음으로 접근하자.

주의사항(필독)

찬물 샤워/냉수 노출은 어지럼·실신 위험이 있습니다.

미끄럼 위험이 없는 곳에서 짧게 시작하고, 흉통/심한 두근거림/시야흐림이 있으면 즉시 중단하세요.

임신·심혈관/뇌혈관 질환·부정맥·실신/발작 병력 등은 의료진 상담 후 진행하세요.

현직 교사의 시크릿 꿀팁

[교사노트 | 공부력 만렙을 위한 아침 루틴]

충분한 수면 → 호흡 명상(10분) → 햇빛 산책(10분) → 인터벌 운동(10분) → 찬물 샤워(1분)

이 루틴, 아침에 한 번만 따라 해봐. 진짜 몸이랑 마음에 활력이 도는 게 느껴질 거야. 그냥 개운하다는 느낌이 아니라, 뭔가 오늘 하루를 내가 제대로 시작하는 느낌이 들거든. 이렇게 기분 좋게 하루를 시작하면, 공부처럼 하기 싫은 일도 이상하게 덜 부담스럽게 느껴져.

아침엔 누구나 "아, 아무것도 하기 싫다" 이런 생각부터 들잖아? 근데 이 루틴을 다 끝내고 나면, "오늘은 뭔가 할 수 있을 것 같아"라는 느낌이 자연스럽게 따라와. 몸이 깨어나면 마음도 덩달아 깨어나고, 몸에 힘이 들어오면 의지도 생겨. 결국 중요한건 하루를 어떻게 여느냐야.

이 루틴은 그냥 건강 챙기기 위한 습관이 아니야. 오늘 하루를 진짜 내 걸로 만들 수 있게 도와주는 에너지 스위치 같은 거지. 한 번만 해봐도, 이게 진짜 삶 전체 리듬을 바꿔준다는 걸 느낄 수 있을 거야. 근데 꼭 전부 다 해야 하는 건 아니야. 그날그날 컨디션이나 상황에 맞춰서 조절하면 돼. 중요한 건, 일단 뭐라도 시작해보는 거야. 거기서부터 다 달라지거든.

아침이 달라지면 하루가 달라지고, 공부력도 완전히 달라져.

이제 너의 뇌와 의지에 시동을 걸 차례야. 오늘 아침, 직접 실행하면서 그 정답을 찾아봐.

3장. 핸드폰은 쉬는 시간이 아니다
디지털 기기 조절로 공부력 되찾기 #디지털 디톡스 #뇌를 지키는 공부

우리는 1장에서 뇌과학 기반의 시간 관리, 환경 설계 전략을 통해 뇌의 리듬에 맞춘 효율적 학습법을 배웠고, 2장에서는 '좋은 도파민'을 기반으로 한 루틴 설계를 통해 공부의 지속력을 높이는 방법을 알아보았다. 이 모든 전략이 성공하기 위한 단 하나의 전제조건이 있다.

공부는 뇌의 컨디션이 결정한다

아무리 과학적인 계획을 세우고, 루틴을 만든다 해도 공부 흐름을 단번에 깨뜨리는 방해 요소가 하나 있다. 바로 스마트폰이다. 스마트폰을 보는 쉬는 시간은 오히려 뇌를 더 피곤하게 만든다. 진짜 휴식은 뇌가 쉴 수 있어야 가능하다.

디지털 디톡스란?

전자기기를 잠시 멀리하고, 뇌를 쉬게 해 주는 시간이다.

집중력 회복과 공부력 향상에 꼭 필요하다.

휴식인 줄 알았던 핸드폰이 나의 뇌를 망치고 있다 #가짜 휴식

고등학교 3학년이 되면서 하교 후 8시간 이상 공부하지만, 성적이 오르기는커녕 오히려 떨어지는 한 학생이 있었다. 상담 때 그 이유를 묻자 "하루 종일 공부하느라 지쳐서 자기 전엔 핸드폰을 봐야 쉬는 것 같다"고 대답했다. 과연 정말 그럴까? 우리가 당연히 '쉰다'고 믿고 있는 스마트폰 사용이 실제로 뇌에게 휴식이 되고 있을까?

누구나 공부하다 보면 집중이 풀리고 휴식이 필요하다는 생각이 든다. 그런데 그 휴식을 디지털 기기, 특히 스마트폰으로 채울 때 오히려 뇌는 더 자극받고 피로해진다. 우리 모두는 알림음 하나에 흐름이 끊기고, 짧게 본다는 유튜브 영상이 어느새 1시간을 잡아먹는 경험을 해봤을 것이다.

가짜 휴식의 정체

공부할 때와 스마트폰을 볼 때 뇌의 서로 다른 영역을 사용한다고 생각하기 쉽지만, 스마트폰의 끊임없이 내려가는 화면, 빠르게 바뀌는 시각적 자극, 예측 불가능한 알림은 모두 뇌의 주의집중 시스템을 계속 가동시킨다. 스마트폰은 알고리즘에 따라 계속 자극적인 썸네일을 보여주고, 우리는 자동반사적으로 클릭을 한다. 쇼츠처럼 짧고 달콤한 영상들은 뇌의 도파민 시스템을 과도하게 활성화시킨다. 결국 이런 자극에 익숙해지면 종이를 넘기며 푸는 문제들이 조선시대 과거 시험처럼 지루하고 답답하게 느껴질 수밖에 없다. 사실, 개인의 의지력 부족 때문만이 아니다. 디지털 기기들은 인간의 주의집중을 끌어오기 위해 과학적으로 설계되었기 때문이다. 색상, 소리, 진동, 심지어 알림이 오는 타이밍까지 모든 것이 우리의 뇌를 자극한다. '도둑맞은 집중력(요한하리)'에서는 "전세계에서 가장 똑똑한 사람들이 우리의 주의력을 최대한 많이 빼앗으려는 의도로 우리가 가진 핸드폰과 핸드폰에서 실행되는 프로그램을 설계한다는 사실"을 밝힌다.

공부가 잘 안 될수록 사람들은 더 자주 스마트폰을 찾게 된다. 어려운 문제 앞에서 느끼는 답답함과 불안감을 스마트폰의 즉각적인 자극으로 달래려 하는 것이다. 하지만 이런 행동은 문제 해결 능력을 기르는 기회를 박탈하고, 집중력을 더욱 약화시킨다.

스마트폰, 뇌를 낚다

스마트폰은 단순한 도구가 아니라 하나의 '습관'이 되어버렸다. 인간의 뇌는 즉각적인 보상을 주는 자극에 끌리게 설계되어 있는데, 스마트폰은 바로 그런 자극들의 집합체다. 새로운 메시지, 좋아요 알림, 무한 스크롤이 가능한 피드들은 모두 우리 뇌의 도파민 시스템을 자극한다. 그래서 뇌가 지쳤을수록 오히려 스마트폰을 찾게 되는 역설적인 현상이 벌어지는 것이다.

하지만 실제로 스마트폰을 멀리한 학생들의 사례를 보면, 공부의 흐름이 회복되는 경우가 많다. 단순히 방해 요소를 제거하는 것을 넘어, 뇌가 진짜로 쉬고 다시 에너지를 되찾을 수 있는 환경이 만들어지기 때문이다. 다음 두 학생의 사례를 통해 나에게 맞는 변화의 실마리를 찾아보자.

사례 1. 집중력을 되찾은 유진이의 스마트폰 탈출기
#집중력회복전략

유진이는 평소 집중력 부족을 느꼈지만, 공부하는 동안 계속 울리는 각종 알림과 SNS 확인 습관을 고치지 못했다. 어느 날 결심을 하고 스마트폰 사용 제한 앱을 설치했다. 그리고 공부 시간에는 스마트폰을 아예 다른 방에 두는 습관을 만들었다. 처음에는 불안하고 답답했지만, 점차 공부에 몰입하는 시간이 늘어났다. 몇 주 후에는 눈에 띄게 성적이 상승했다.

이 사례에서 활용할 수 있는 전략들을 구체적으로 살펴보자.

전략 1 : 스마트폰 사용시간 사전 설정하기

공부를 시작하기 전에 스마트폰 사용 가능 시간을 미리 정해두는 것이다. 예를 들어 '저녁 8시 이후 30분만 사용하기'와 같은 구체적인 규칙을 만든다. Forest나 Freedom 같은 사용 제한 앱을 활용하면 더욱 효과적이다. 이런 앱들은 설정한 시간 동안 특정 앱 사용을 차단하거나 사용 시간을 시각적으로 보여줘서 자각하게 도와준다.

전략 2 : 공부 장소에서 스마트폰 물리적으로 멀리 두기

같은 방에 스마트폰이 있는 것만으로도 우리의 집중력은 분산된다. 연구에 따르면 스마트폰이 시야에 보이지 않더라도 같은 공간에 있다는 것만으로 인지적 부담이 증가한다고 한다. 따라서 공부할 때는 스마트폰을 다른 방에 두거나 최소한 손이 닿지 않는 곳에 두는 것이 중요하다.

전략 3 : 스마트폰을 보상의 수단으로 활용하기

완전히 금지하기보다는 '문제집 30쪽을 푼 후 10분 사용하기'처럼 보상 기반으로 활용하는 방법도 있다. 이렇게 하면 스마트폰 사용 자체가 공부 동기를 높이는 요소가 될 수 있다. 다만 보상 시간을 엄격하게 지키는 것이 중요하다.

사례 2. 진짜 휴식을 찾은 준서의 선택 #아날로그루틴

대학생 준서는 쉬는 시간마다 스마트폰을 보며 뇌가 쉬고 있다고 생각했다. 하지만 시간이 지날수록 집중력이 점점 떨어지는 것을 느꼈다. 어느 날 스마트폰 대신 짧은 스트레칭이나 독서로 휴식을 대체해보기로 했다. 처음에는 심심하고 재미없다고 느꼈지만, 점차 이런 휴식 후에 공부로 돌아갈 때 머리가 더 맑아지는 것을 경험했다. 몇 달 후 그의 공부 효율은 꾸준히 향상되었다.

전략 4 : 아날로그 취미나 운동을 활용한 '진정한 휴식' 루틴 만들기

디지털 자극에서 벗어난 활동들을 휴식 루틴으로 만드는 방법이다. 짧은 산책, 손으로 하는 필사, 요가나 스트레칭, 간단한 홈트레이닝 등이 좋은 예다. 이런 활동들은 뇌에게 진정한 휴식을 제공하면서

　　　　　　　　　　　　　공부머리는 만드는 것이다

동시에 혈액순환을 촉진하고 스트레스를 해소해 준다. 스마트폰을 보며 쉬는 대신 몸과 감각을 활용하는 시간을 규칙적으로 가지는 것이 중요하다.

스마트폰에서 벗어나면 단순히 방해 요소를 줄이는 것을 넘어 뇌의 에너지를 회복하고 다시 공부에 집중할 수 있는 환경을 만들게 된다. 이는 근본적인 학습 능력의 향상으로 이어질 것이다. 이제, 그 변화를 실천으로 옮기기 위한 구체적인 방법들을 살펴보자.

지금 당장 실천할 수 있는 구체적인 방법들
#디지털 디톡스 실천

스마트폰 사용 습관을 바꾸는 일은 단순히 의지를 다지는 것만으로는 어렵다. 일상 속에서 실천 가능한 전략과 도구, 그리고 반복 가능한 구조가 필요하다.

실천을 위한 체크리스트

매일 자신의 디지털 기기 사용 패턴을 점검할 수 있는 간단한 체크리스트를 만들어보자.

오늘의 디지털 기기 사용 점검

• 오늘 스마트폰 총 사용 시간은 몇 시간이었나? ___ 시간
• 공부 중 알림을 받은 횟수는 몇 번이었나? ___ 번

- 공부 중 스마트폰을 사용한 주된 이유는 무엇이었나? (SNS, 게임, 메신저, 기타)
- 오늘 실천한 디지털 디톡스 전략이 있다면 무엇인가?

내일의 계획

- 스마트폰 사용 시간 목표를 몇 시간으로 설정할까? 하루 ___ 시간
- 내일 적용해볼 디지털 디톡스 전략은 무엇인가?
- 스마트폰 대신 할 수 있는 휴식 활동을 하나 정해보자.

온라인 도구도 때로는 조력자

역설적이게도 디지털 디톡스를 위해 일부 온라인 도구를 활용할 수 있다. Notion이나 Habitica 같은 스터디 플래너 앱을 이용하면 스마트폰 사용 기록과 공부 시간을 함께 관리할 수 있다. 또한 온라인 스터디 그룹이나 친구들과 함께 디지털 디톡스 챌린지를 진행하면 서로의 진행 상황을 공유하고 격려할 수 있어 동기를 유지하는 데 효과적이다.

스마트폰을 끄는 순간, 공부가 켜진다

스마트폰은 '쉬는 도구'가 아니라 '집중을 분산시키는 도구'다. 진정한 휴식은 뇌가 과도한 자극에서 벗어나 재충전할 수 있는 시간을 갖는 것이다. 공부는 뇌가 주도하는 행위이며, 뇌의 에너지를 보존하고 효율적으로 관리하는 것이야말로 성공적인 학습의 핵심이다.

완벽을 추구할 필요는 없다. 작심삼일도 좋다. 다만 그 '삼일'을 포

기하지 말고 계속 반복해보자. 실패했다고 해서 모든 것이 끝나는 것이 아니다. 다시 시작하면 된다.

오늘 하루만이라도 스마트폰을 조금 더 멀리 두어보자. 그리고 그 시간 동안 자신의 집중력이 어떻게 변하는지 관찰해보자. 당신의 집중력은 생각보다 훨씬 강력하게 돌아올 것이다. 작은 변화가 쌓여서 큰 변화를 만들어낸다는 것을 직접 경험하게 될 것이다.

디지털 시대를 살아가는 우리에게 스마트폰은 필수적인 도구다. 하지만 그 도구가 우리를 지배하게 해서는 안 된다. 우리가 도구를 현명하게 사용할 때, 비로소 진정한 학습의 즐거움과 성취감을 경험할 수 있을 것이다.

현직 교사의 시크릿 꿀팁

[교사노트 | 내 뇌를 지키는 디지털 거리두기 루틴]

"선생님, 전 공부하다가 너무 힘들면 스마트폰 좀 봐야 쉬는 것 같아요…"

그럴 때 나는 이렇게 말해.

"그건 '쉼'이 아니라 '자극'이야. 팝콘 브레인이라고 들어봤니?"

스마트폰, 영상, 알림처럼 자극적인 정보를 계속 접하면 뇌는 점점 강한 자극에만 익숙해져서, 팝콘처럼 톡톡 튀는 자극에만 반응하는 뇌로 변신! 그러다 보면 교과서 한 페이지 읽는 것도 버겁게 느껴지는 뇌가 되는 거야.

지칠 대로 지친 뇌, 그렇게 두면 안 되잖아. 가끔은 자극을 끊고, 멍 때리기 같은 심심한 시간도 꼭 필요하다는 거, 잊지 마.

꿀팁1 : '뇌를 쉬게 하는 진짜 휴식 루틴' 만들기
'심심한 휴식'이 진짜 쉼이야.
스마트폰은 쉼이 아니라 또 다른 피로를 만들 뿐이야.
· 짧은 스트레칭
· 창밖 보기
· 조용한 음악 듣기
· 손글씨 필사나 스케치

그래도 공부 중 계속 폰에 손이 간다면…
"선생님, 공부하려고 해도 알림 오면 자꾸 폰 봐요…"

그럴 때 난 이렇게 말해.
"네 잘못이 아니야. 그건 뇌가 도파민에 끌리는 자연스러운 반응이야."
스마트폰은 뇌를 자극하는 '도파민 덩어리'이니까. 네 의지가 약해서가 아니야.

꿀팁2 : '폰 멀리 두기 챌린지' 해보자
· 공부할 땐 폰을 다른 방에 두기
· Forest 앱으로 집중 시간 만들기
· '30분 공부 후 10분 사용' 규칙 정하기

작은 변화지만, 집중력은 진짜 달라질 거야. 그리고 어느 순간, 폰과 거리를 두니까 마음도 훨씬 편해진다는 걸 느끼게 될 거야. 내가 진짜 좋아하는 모습은 어떤 모습일까? 작은 화면에 갇혀 시간 가는 줄 모르고 있는 모습일까, 아니면 힘들지만 무언가에 열중하고 난 뒤의 뿌듯함일까?

스마트폰 줄이고 성적 오른 사례, 진짜 많아
"선생님, 폰 덜 봤더니 성적이 올랐어요!"
이런 말, 교사로서 참 자주 들어. 처음엔 불안했지만, **폰을 공부방 밖에 두는 습관** 하나로 몰입 시간도 늘었고, 성적도 함께 올랐지. 시험기간이 되면 선생님에게 핸드폰 전원을 끄고, 맡기는 학생도 있었어. 강제로 핸드폰을 쓸 수 없는 환경을 만드는 거지. '스마트폰 감금' 방법을 생각해 보자. 비행기모드로 전환해도 좋아. 내 삶의 주인공이 핸드폰이 아니라 '내'가 되는 주도성을 얻을 수 있을 거야. 칙센트미하이의 몰입 이론(Flow Theory)을 알고 있니? '시간 가는 줄 모르고, 오로지 그 일에 빠져드는 상태'가 바로 몰입이야. 몰입 후에 나만 느낄 수 있는 뿌듯함을 말해. 과장 약간 붙이면 죽는 순간에도 떠오를 충만함이야.

스마트폰과 거리 두기, 공부력의 첫걸음
#스터디 도구 활용 #스터디플래너 앱

스마트폰을 아예 없애자는 말은 아니다. 중요한 건, 스마트폰을 '도구'로 쓰되 그 도구가 나를 지배하게 두지 않는 것이다. 공부에 집중하고 싶은 마음은 굴뚝같지만, 막상 실천은 쉽지 않은 경우가 많다. 그럴 때는 의지에만 의존하기보다, 뇌의 에너지를 아끼며 실천할 수 있도록 도와주는 **도구를 활용하는 전략**이 더 효과적이다.

앞에서 소개한 **앱**들은 스마트폰과의 거리를 건강하게 유지하고, 공부에 몰입할 수 있도록 돕는 실질적인 지원군이다. 공부력은 단순한 결심보다 **환경 설계와 도구 활용**에서 출발한다. 이제는 스마트폰 사용 습관도 설계할 수 있다는 사실을 기억하자. **공부를 지속하게 해 주는 조력자가 될 수 있는 앱들을 소개한다.**

스마트폰 사용 제한 & 공부 집중 앱 추천

〈스마트폰 사용 제한 앱〉

1. Freedom https://freedom.to

특징 : 특정 앱이나 웹사이트를 차단하여 공부에 몰입할 수 있게 도와주는 앱.

활용 예 : 인스타, 유튜브, 브라우저를 일징 시간 동안 차단!

추천 대상 : 자꾸 폰에 손이 가는 학생

2. Forest https://www.forestapp.cc

특징 : 집중하는 시간 동안 가상의 나무를 키우는 재미요소 포함!

활용 예 : 25분 집중하면 나무 한 그루 생성 → 지속적 공부 유도

추천 대상 : 타이머 공부 좋아하는 학생, 게임처럼 동기부여 받고 싶은 학생

3. One Sec https://one-sec.app

특징 : SNS 앱을 열기 전에 '1초 멈춤'!

활용 예 : 인스타그램, 유튜브 열 때 딱 1초 멈추게 해서 습관적으로 열지 않도록 유도

추천 대상 : 무의식적으로 SNS를 켜는 습관이 있는 학생

4. Habitica https://habitica.com

특징 : 공부 습관을 게임처럼 실천할 수 있는 RPG형 습관 관리 앱

활용 예 : 영어 단어 외우기, 문제집 풀기 등을 퀘스트로 설정해 보상 획득

추천 대상 : 공부를 재미있게 실천하고 싶은 학생, 친구와 함께 동기 부여가 필요한 학생

〈스터디 플래너 앱〉

1. 열품타 (Yeolpumta) https://yeolpumta.com

특징 : 실시간 공부 시간 측정 및 스터디 그룹 앱. 내가 공부하는 동안 다른 앱 사용을 차단하는 기능 포함

활용 예 : '스터디 그룹'에 참여해 친구들과 실시간으로 누가 공부 중인지 확인하며 자극받기, 과목별 공부 시간 통계 확인

추천 대상 : 혼자 공부하면 자꾸 의지가 약해지는 학생, 실시간으로 공부 자극을 주고받고 싶은 학생

2. Opus One (오퍼스원) https://www.opusoneplanner.com

특징 : 할 일 목록 + 일간 플래너 기능 통합, Apple 환경에서 최적화

활용 예 : 할 일과 일정, 공부계획을 직관적으로 확인

추천 대상 : iPhone/iPad 사용자 중 프랭클린 플래너 방식의 꼼

　　　　　　　　　　　공부머리는 만드는 것이다

꼼한 계획 관리를 선호하는 학생

3. Notion https://www.notion.so

특징 : 공부 계획을 세우고 할 일을 정리하는 통합 관리 툴

활용 예 : 스터디 플래너 템플릿을 이용해 하루 계획과 복습 내용 정리

추천 대상 : 계획 짜기 좋아하고 체계적인 정리를 하고 싶은 학생

4부.

실행 : '공부 현타'를 극복하는 리얼 공부법

"공부는 결국 실천에서 완성된다."

1부에서는 '공부가 안 되는 이유'가 의지 부족이 아니라 마음의 패턴과 감정 흐름에 있다는 것을 마주했고, 2부에서는 내 뇌와 몸의 리듬에 맞는 공부 루틴을 설계했으며, 3부에서는 그 루틴을 시간 관리, 환경 설계, 스마트폰 사용 조절 전략으로 실현 가능하게 설계했다. 하지만 계획만 세우고 실행하지 않으면 아무 일도 일어나지 않는다.

이제 중요한 건 실제로 움직이는 힘, 그리고 그 움직임을 지속하는 전략이다.

4부에서는 공부력을 키우기 위한 실제적인 실행법을 다룬다. 하루 계획을 세우고 시간 기록을 남기며, 친구들과 계획을 공유하고 피드백을 나누는 법부터, 시험 기간을 효율적으로 준비하고 실전에 강한 학생이 되는 전략, 그리고 국어·영어·수학·사회·과학 등 과목별 1등급 학습법 가이드까지, 공부가 생활로 이어지기 위한 현실적이고 구체적인 방법들을 하나씩 정리해보려 한다.

지금부터는 단순한 결심을 넘어서, 실제로 성과로 이어지는 전략적인 실천법과 현직 교사들의 교과 전문성을 바탕으로 한 실질적인 코칭이 함께하는 '실전 학습'의 단계가 시작된다.

1장. 자기주도적 공부 습관을 기르는 방법
#하루 계획 #시간 기록법

"모든 행복한 가정은 서로 닮아있지만, 모든 불행한 가정은 저마다의 방식으로 불행하다."

톨스토이의 『안나 카레니나』 첫 문장을 교실에서 떠올린 것은 우연이 아니었다. 매일 아침 자습 시간, 학생들을 지켜보며 비슷한 패턴을 발견했기 때문이다. 성과를 내는 학생들은 놀랍도록 비슷한 행동을 보인다. 자기주도적으로 학습 계획을 세우고, 모르는 부분을 그냥 지나치지 않는다. 반면 공부에 어려움을 겪는 학생들은 저마다 다른 이유로, 다른 방식으로 힘들어한다.

같은 교실, 같은 시간이지만 학생들이 보여주는 모습은 확연히 다르다. 그리고 이 차이는 단순한 개인차를 넘어서 일정한 패턴을 보인다.

[1] 교실 속 세 가지 유형의 학생들[01]

첫 번째 유형 (1~3등급) : 자리에 앉자마자 망설임 없이 책을 꺼내 드는 학생들. 주변 소음이 모두 사라진 듯 순식간에 몰입한다.

---

01 학생들의 행동 특성을 세밀하게 설명하기 위해 우리에게 익숙한 9등급제를 기준으로 서술했다. 2025년 고1부터 적용되는 5등급제(10%-34%-66%-90%-100%)를 기준으로 본다면 다음과 같이 이해할 수 있다.
첫 번째 유형: 개정 1~2등급 초반 (상위 34% 이내의 주도적 공부 패턴)
두 번째 유형: 개정 2등급 후반 ~ 3등급 (가장 많은 학생이 분포하는 중위권)
세 번째 유형: 개정 4~5등급 (학습 동기 부여가 시급한 그룹)

두 번째 유형 (4~5등급) : 이어폰을 끼고 눈을 감은 채 시간을 보내다 어느새 고개가 책상으로 떨어지는 학생들.

세 번째 유형 (6~9등급) : "잠시 화장실에 다녀오겠다"며 자리를 비우고 한참을 돌아오지 않는 학생들.

이 차이를 만드는 것이 무엇일까? 왜 공부를 바로 시작하기가 이렇게 힘들까?

정답은 '계획'이다.

내가 오늘 어떤 공부를 어떻게 해야 할지 이미 파악하고 있는 학생은 머릿속 순서도를 따라 움직여서 자신만의 공부 흐름을 잡는다. 노트에 목표를 설정하고, 이를 달성하기 위해 노력한다.

계획이 있으면 머뭇거림 없이 바로 시작할 수 있다. 마치 아침에 일어나자마자 이를 닦는 것처럼 자연스럽게 말이다. 이를 닦지 않으면 하루 종일 입 안이 개운하지 않듯이, 계획된 공부를 시작하지 않으면 마음 한편이 불편하다. 3분밖에 안 되는 짧은 시간이라도 바로 시작하는 것, 그것이 자기주도 학습의 첫걸음이다.

[2] 고3 학생들의 현실

고3 담임으로서 학생들과 개인 면담을 할 때 처음 물어보는 질문은 "하루에 공부는 몇 시간 하니?"이다. 고등학교 1, 2학년 때는 진로 목표나 희망 학과 같은 이상을 물어보았다면, 3학년이 되면 실질적으로 스스로 공부하는 시간을 확인하는 것이다.

학생들마다 하교 후 2시간에서 7시간까지 공부한다며 대답이 다양하다. 공부 장소도 스터디 카페, 아파트 독서실, 학교 자습실, 집 방, 거실 등 각양각색이다.

자신에게는 오지 않을 것 같던 고3 시기가 도래하면, 1, 2학년 때와는 달리 집중하며 공부하는 학생들을 볼 수 있다. 고3이 되면 공부해야겠다는 생각에 장난기를 접고 공부에 돌입한다.

하지만 흥미로운 현상이 나타난다. 2학년 모의고사에 비해 몇 등급씩 오르는 학생이 있는 반면, 공부량은 늘었는데 성적은 4~6등급으로 제자리인 학생들이 있다. 그 이유는 무엇일까?

나는 그 이유를 직접적으로 물어보는 편이다. 가장 많은 대답은 "분위기에 휩쓸린다", "공부 방법을 잘 모르겠다"이다.

일반고등학교는 다양한 진학 방법과 진로를 희망하는 학생들이 있기 때문에 면학 분위기가 반마다, 혹은 시기마다 다를 수 있어 스스로 중심을 잡는 것이 무엇보다 중요하다. "주변 친구들이 모두 내신에 신경을 쓰지 않고, 친구들과의 관계를 놓치고 싶지 않아서 저도 공부를 안 하게 돼요."

묻고 싶다. 인생을 뚜벅뚜벅 걸어가는 건 바로 '너'다. 자신이 가고 싶은 대학의 합격선에 있는 친구들을 부러워하기 전에, 그 친구들이 참고 견뎌왔을 긴 터널을 생각하자. 미래에 있고 싶은 곳, 하고 싶은 일과 지금 해야 할 공부가 연결되어 있다면 핑계를 대고, 좌절하고, 미래를 걱정하며 슬퍼할 시간에 **"바로 움직여라."**

[3] 작심삼일이 아닌 작심일일의 힘

지인 중에 학창시절 내내 전교 1등의 자리를 지켰다는 분의 공부 비결이 궁금해서 조심스럽게 물어본 적이 있다.

"어떻게 그렇게 꾸준히 공부를 질하셨어요?"

그분의 대답은 의외로 간단했다.

"작심일일이에요."

처음엔 '작심삼일'의 오타인가 싶었다. 하지만 그분이 설명해주신 '작심일일'의 의미를 듣고 나서야 그 깊이를 알 수 있었다. **매일매일을 새롭게 결심하며 살아간다는 것이었다.**

거창한 장기 계획보다는 오늘 하루, 이 순간에 계획에 맞게 최선을 다하는 것. 그 순간 스티브 잡스가 아침에 거울을 보며 했다는 다음과 같은 질문이 생각났다. "오늘이 삶의 마지막 날이라면, 나는 과연 오늘 하려는 일을 선택할까?"

먼 미래를 걱정하며 부담감에 짓눌리기보다는, 지금 이 하루에 온전히 집중하는 것. 오늘만큼은 후회 없이 살겠다는 마음으로 매순간을 대하는 것. 작심삼일로 좌절하며 자책하는 대신, 작심일일로 매일 새로운 시작을 다짐하는 삶.

어쩌면 진정한 성공의 비밀은 거창한 목표가 아니라, 평범한 하루하루를 특별하게 만드는 이런 작은 철학에 있을지도 모른다.

[4] 실전! 하루 계획 세우기

1단계 : SMART 기법으로 목표 설정하기
학생들이 스터디 플래너만 보면 자존감이 떨어진다고 한다. 계획은 거창하게 세웠지만 실행하지 못한 계획이 많다는 것이다. 우선 계획을 세워보고 실행했다는 것부터가 큰 첫 단추다. 실행한 부분이 30%든 50%든 자신을 칭찬하자. 자신이 공부하고 있는 모습을 객관화해서 바라보고 있다는 점이 앞으로 발전할 동력을 얻는 큰 첫걸음이다.

SMART 목표 설정법
• S(Specific, 구체적) : '수학 공부'가 아니라 '수학 문제집 15 페이지'

· M(Measurable, 측정 가능) : '열심히'가 아니라 '2시간 30분'

· A(Achievable, 달성 가능) : 무리가 없는 현실적인 분량으로

'2과 15쪽'

· R(Relevant, 관련성) : 내 목표와 연결된 공부

· T(Time-bound, 시간 제한) : '오후 7시~9시 30분'

2단계 : 하루 단위로 쪼개기

일주일 계획을 세우면 막막하다. 하루 단위로 쪼개보자.

오늘의 공부 계획표 양식

날짜 : ___월 ___일 ___요일

[오늘의 목표]

1. 수학 : 문제집 p.41~45 풀기 + 오답 정리

2. 영어 : 영어지문 3개 분석, 단어장 Day 15 암기 (30개) & 셀프 테스트

3. 국어 : 비문학 기출 지문 2개 분석하기

[시간대별 계획]

오전 6시~8시 : 기상, 아침 식사, 등교 (자투리 영단어)

오전 8시~1시 : (오전 수업 집중 / 쉬는 시간 3분 복습)

오후 1시~6시 : (오후 수업 / 종례 / 저녁 식사)

오후 6시~9시 : 수학 문제집 5쪽 풀기 + 채점

오후 9시~11시 : 영어 지문 3개 분석 및 플래너 점검

[오늘의 점검]

□ 계획 실행률 : ___%

□ 집중도 : ★★★★★

□ 내일 보완할 점 :

이렇게 구체적으로 학습 계획을 쪼개면, '뭘 해야 하지?'라는 막막함이 줄어들고, 계획 실행률도 훨씬 높아진다.

3단계 : 시간 기록법 실천하기

매일 밤 10분만 투자해서 오늘 하루를 점검해보자.

시간 기록 방법

1. 실제 공부 시간 기록 : 플래너에 적은 시간 vs 실제 공부한 시간

2. 집중도 평가 : 5점 만점으로 각 시간대별 집중도 기록

3. 방해 요소 파악 : 무엇이 집중을 방해했는지 기록

4. 성취 내용 기록 : 오늘 새로 배운 것, 해결한 문제 개수 등

예시

수학 공부 (오후 7시~9시)

- 계획 : 2시간

- 실제 : 1시간 40분

- 집중도 : ★★★☆☆

- 방해 요소 : 휴대폰 알림 3회, 간식 먹으러 가기 1회

- 성취 : 이차함수 문제 12개 해결, 개념 정리 3페이지

4단계 : 계획 공유하기

혼자 하는 계획보다 누군가와 공유하는 계획이 더 강력하다.

공유 방법들

1. 가족과 공유 : 부모님께 오늘의 목표 말씀드리기

2. 친구와 공유 : 같은 목표를 가진 친구와 서로 확인하기

3. 선생님과 공유 : 담임선생님이나 과목 선생님과 상담하기

4. 온라인 공유 : 스터디 그룹이나 앱 활용하기

[5] 계획이 실패했을 때 대처법

만약 계획을 세워도 계속 제자리에 있다는 생각이 든다면 자신보다 공부 경험이 많은 멘토나 선배들에게 물어보자. 도움을 받는 것을 부담스러워하는 학생들이 있는데, 나도 나중에 도움을 주기 위해서 도움을 받는 것은 당연한 일이다.

계획을 세우면 나를 알 수 있게 된다. 감사일기를 3줄만 써도 마음의 불안감이 줄어드는 것처럼, 매일 밤마다 내가 얼마나 공부했는지 점검한다면 내가 어떻게 목표 점수로 가고 있는지 알게 된다.

선생님과의 공부 상담에서도 나의 장단점을 확실히 알고 있는 학생이 더욱 성공할 가능성이 크다.

[6] 중학교에서 고등학교로, 계획성이 열쇠다

계획성이 없다면 중학교에서 고등학교로 연결되는 학습에서 무너질 수 있다. 고등학교는 중학교와 비교할 수 없을 정도로 학습량이 많고 깊이가 다르다. 중학교 때는 계획이 없어도 어떻게든 따라갈 수 있지만, 고등학교는 다르다. 하루하루를 그냥 보내면 어느 순간 '이걸 언제 따라잡지?'라는 불안감에 휩싸인다. 하지만 매일 작은 계획이라도 세우고 실행하는 습관을 기른다면, 고등학교 3년이라는 긴 여정을 성공적으로 완주할 수 있다.

기억하자. 성공하는 학생과 그렇지 못한 학생의 차이는 거창한 계획이 아니라, 작은 계획을 매일 실행하는 작심일일의 힘에 있다.

현직 교사의 시크릿 꿀팁

[교사노트 | 사소한 성취의 장엄함 느끼기]

요즘은 긴 영상도 끝까지 보기 어려운 시대야. 학생들도 마찬가지로 10분, 15분 단위로 집중력이 뚝뚝 끊기곤 해. 그걸 인정하고, 공부 계획도 짧고 임팩트 있게 쪼개보는 건 어때?

학생들의 스터디 플래너를 보면,
수학 3시간, 국어 2시간, 영어 1시간... 이렇게 시간으로만 계획이 가득한 경우가 많아.
아마 수학을 가장 어려워해서 3시간으로 잡았겠지만, 현실은 어때? 그걸 다 못 했을 때 오는 실패감이 더 크지.

그래서 이렇게 해보자.

· '수학 3시간'이 아니라 '수학 문제집 5쪽 + 오답정리 20분'처럼 구체적인 '단위 목표'로 바꿔보자.

· 그걸 달성했을 때 내가 느끼는 성취감이 다음 공부로 이어지는 동력이 돼.

딱 내가 들어올릴 수 있을 만큼의 무게만 올려보자. 못 해낸 계획은 부담이 되지만, 해낸 계획은 나를 움직이게 해.

내가 실천할 수 있는 '작지만 명확한' 목표를 정하고, 몰입해서 끝내보자. 그러면 플래너에 체크하는 순간, 나 자신이 꽤 멋져 보여.

그 느낌, 매일매일 느껴보자. 어때?

자습시간이 멍~하다면? 깨우는 루틴을 만들어보자!

자습 시간에 앉아 있는데, 머릿속이 멍하고 책장이 눈에 안 들어올 때가 있지?

그럴 땐 가만히 앉아 있는 것보다 **몸을 움직여서 리셋하는 루틴**을 만들어보자.

· 세수하러 가기 : 찬물로 얼굴을 씻고 오면 생각보다 정신이 맑아져.

· 단어장 들고 걷기 : 교정 한 바퀴 돌면서 영어 단어를 외워보자. 몸을 움직이면 뇌도 깨어나.

· 스트레칭 5분 : 의자에서 잠시 일어나 온몸을 쭉 펴보자. 웅크린 몸을 펴고 목, 어깨, 손목을 돌려주면 뇌로 가는 산소 길이 열려서 집중력이 돌아올 거야.

공부는 무작정 오래 앉아 있는 싸움이 아니야. '공부모드로 전환하는 습관'을 만들어보자. 그게 집중력 유지의 핵심이야.

나만의 공부 빅데이터를 만들자!

시험이 끝났다고 시험지를 접어두고 마무리하지 말자. 진짜 공부는 채점 후부터야.

· 틀린 문제는 왜 틀렸는지, 어떤 개념이 약한 건지 직접 내 말로 정리해보자.

· 노트 한쪽에 '오답 다시 보기 요약' 페이지를 만들어보는 것도 좋아.

· '개념 부족', '실수', '시간 부족'처럼 이유별로 분류하면, 다음 시험 준비가 쉬워져.

그렇게 하나하나 쌓인 데이터가 바로 **너 자신을 가장 잘 아는 공부 코치**가 되어줄 거야.

기억하자. 공부도 분석이 필요해.

 공부머리는 만드는 것이다

공부 잘하는 학생들의 진짜 비밀

학생들과 상담하다 보면 학생들이 착각하는 부분이 있어. 공부를 잘하는 학생들이 항상 완벽한 컨디션을 유지한다고 생각하는 거야.

진실은 이래.

착각 : 공부 잘하는 애들은 항상 최상의 컨디션으로 공부해

진실 : 그냥 버티면서 하고 있는 시간이 더 많아.

그들이 다른 학생들과 달랐던 건 버틸 수 있는 힘이 있었다는 것. 하기 힘든 시간에도 잠수하듯 고개를 숙이고, 시작했다는 거지.

컨디션이 완벽할 때까지 기다리면 언제 시작하겠어? 몸이 찌뿌둥하고, 머리가 무거워도 일단 시작하는 거야.

2장. 함께 공부하기의 힘 : 스터디 그룹의 효과와 실천 전략

시험 기간이 다가오면 많은 학생들이 선택하는 공부 방법 중 하나가 바로 '스터디 그룹'이다. 단순히 친구들과 모이는 것이 아니라, 효과적인 학습을 위한 전략으로 스터디 그룹을 활용하면 학습 효과를 크게 높일 수 있다. 그렇다면 왜 함께 공부하면 더 효과적일까? 그리고 어떻게 하면 진짜 도움 되는 스터디가 될 수 있을까?

왜 스터디 그룹이 효과적인가?

"혼자보다 함께일 때, 더 오래 집중할 수 있다."

공부는 철저히 개인의 몫처럼 보이지만, 실제로는 **함께할 때 훨씬 더 깊고 오래가는 학습**이 가능하다.

특히 친구들과 함께하는 스터디 그룹은 단순한 정보 교류를 넘어, 이해를 확장시키고, 학습의 지속력을 높이며, 자기주도 학습 능력까지 끌어올릴 수 있는 매우 강력한 도구가 된다.

스터디 그룹이 왜 공부에 효과적인지를 네 가지 핵심 포인트로 정리해본다.

[1] 피드백으로 개념 이해 강화

심리학자 비고츠키(Vygotsky)의 '근접 발달 영역(ZPD)' 이론에 따르면, 개인이 혼자서는 어려운 과제도 누군가의 도움을 받으면 해결할 수 있다. 스터디 그룹에서는 친구의 설명을 듣거나 질문하면서 이해의 폭이 넓어지고, 자신이 놓친 부분도 보완할 수 있다.

[2] 파인만 기법(Feynman Technique)의 자연스러운 활용

무언가를 누군가에게 설명하려면 그 개념을 정확히 이해하고 있어야 한다. 이 과정이 바로 '파인만 기법'인데, 스터디에서는 서로 개념을 설명하면서 학습 내용을 더 깊이 있게 익히는 데 도움이 된다. 설명이 막힐 때, 그 부분이 자신이 더 공부해야 할 핵심이라는 걸 자연스럽게 알 수 있다.

[3] 능동적 회상과 테스트 효과

스터디에서 퀴즈를 내거나 문제를 함께 풀다 보면 단순 암기가 아닌 '능동적인 회상'이 일어난다. 심리학에서는 이를 '테스트 효과'라고 부르며, 학습 내용을 장기 기억으로 전이시키는 데 매우 효과적이라고 알려져 있다.

[4] 공부 지속성과 동기 부여

혼자 공부할 때보다 함께 공부할 때 집중도와 책임감이 높아진다. 서로의 존재 자체가 동기부여가 되고, 공부하기 싫은 날도 정해진 약속 덕분에 루틴을 유지할 수 있다.

성공적인 스터디 운영법

스터디 그룹이 효과적인 공부 방식이라는 건 누구나 알지만, 막상 모여서 공부하면 수다로 흐르거나, 한두 명만 공부하고 끝나는 경우도 많다. 진짜 학습 효과를 내는 스터디 그룹은 '어떻게 운영하느냐'에 달려 있다. 스터디 그룹을 공부력 상승의 기회로 바꾸는 구체적인 방법을 함께 살펴보자.

[1] 적정 인원 구성 (3~4명)

인원이 너무 많으면 집중이 어려워질 수 있다. 소수 정예로, 서로 돌아가며 충분히 소통할 수 있는 규모가 이상적이다. 오히려 친하면 수다로 인해 독이 될 수도 있다.

[2] 역할 분담과 목표 설정

매 회차 주제를 정하고, 각자의 역할(설명자, 질분자, 시간 관리자 등)을 나누면 집중력과 책임감이 향상된다. 역할을 정하면 모두가 적극적으로 참여할 수 있다.

[3] 시간 관리와 외부 지원 활용

- 포모도로 기법(25분 집중 + 5분 휴식)이나, 50분 공부 + 10분 휴식, 90분 공부 + 20분 휴식 타이머를 활용하면 좋다.
- 단, 친구들끼리만 모이면 수다로 흐르기 쉬우므로 지도교사나 스터디 코치의 지원도 고려할 필요가 있다.

◇방법 예시 :

- 학교 선생님께 스터디 동아리를 부탁하고 방과후 남아서 공부하기
- 친구 중 한 명이 스터디장을 맡기
- 부모님께 부탁해 과외처럼 스터디 코치를 모시기
- '구루미 캠스터디'처럼 온라인 화상 그룹 스터디 툴을 활용하기

[4] 복습과 피드백 시간 확보

스터디가 끝나고 각자 공부한 내용을 정리한 뒤, 서로 질문하거나 피드백을 주고받는 시간을 가지면 학습 효과가 배가된다.

[5] 다양한 방식으로 접근하기

스터디가 단순히 교과서만 보는 자리가 되지 않도록 해야 한다. 퀴즈 맞추기, 개념 설명, 토론, 문제 풀이, 마인드맵 작성 등 다양한 방식으로 공부하면 지루하지 않게 학습할 수 있다.

1. 하브루타 수업(두 명이 짝을 이루어 질문하고, 토론하며 배우는 학습방식) 방법처럼 서로 설명해주며 학습하기
2. 서로 문제를 말로 내주고 풀며 학습하기
3. 서로 문제를 만들어서 함께 풀어보기

이런 방법을 통해 학습 효과를 극대화할 수 있다. 서로의 질문에 답하고, 함께 계획하고, 끝난 후엔 피드백을 나누는 스터디 그룹. 이

작은 루틴들이 쌓일 때, 공부는 혼자가 아닌 **함께 성장하는 여정**이 된다.

사례 : 수연이의 스터디 그룹 실천기 #중학생 #퀴즈학습법

중학교 2학년 수연이는 시험 기간만 되면 항상 벼락치기로 공부하느라 스트레스를 많이 받았다. 혼자 하려고 하면 집중이 잘 안 되고, 금세 폰에 손이 가곤 했다. 그러던 중 담임 선생님이 스터디 그룹의 장점을 소개해 주셨고, 수연이는 친구 둘과 함께 방과 후 스터디를 시작해 보기로 했다.

"함께 공부하면 더 잘 돼요!"

처음에는 단순히 친구랑 같이 공부하면 덜 지루하겠다는 마음이었지만, 막상 시작해보니 생각보다 효과가 컸다. 친구와 시간을 정해놓고 함께 공부하다보니 핸드폰도 안보고 십중도 더 잘되었고, 자기가 설명하는 입장이 되면 그 개념을 완전히 내 것으로 만들 수 있었다.

특히 수연이는 친구들에게 과학 개념을 설명해주는 걸 좋아했는데, 설명하다가 막히는 부분이 생기면 '아, 이건 내가 아직 제대로 모르는 거구나' 하고 체크할 수 있어서 좋았다. 자연스럽게 파인만 기법을 실천하게 된 것이다.

또한 스터디 시간마다 서로 문제를 내주고 맞히는 퀴즈 시간을 가

졌는데, 이게 재미도 있고 기억도 잘 남았다. 능동적으로 회상하는 연습이 되니 시험 준비가 한결 수월했다.

수연이네 스터디 운영법

· 인원 : 수연이 포함 3명 (소수 정예)

· 운영 장소 : 학교 빈 교실, 도서관

· 운영 방식 :

　　○ 함께 같은 범위를 함께 공부

　　○ 문제를 서로 내고 맞히기 또는 설명해주기

　　○ 마인드맵으로 개념 정리

　　○ 마지막 10분은 복습과 피드백 시간

· 시간 관리: 타이머 앱으로 50분 공부 + 10분 휴식

수연이는 처음엔 쑥스럽고 어색했지만, 스터디장을 맡아보기도 하면서 책임감이 생기고 공부 루틴도 잡혔다. 시험이 끝난 후에도 셋은 계속 일주일에 한 번씩 만나서 공부를 이어가기로 했다.

수연이는 인터뷰 때 이렇게 말했다. "예전엔 공부할 때 혼자 끙끙대기만 했는데, 이젠 친구들이랑 같이 하니까 덜 힘들고, 내가 설명하면서도 배워요. 약속이 있으니까 공부도 미루지 않게 되고요. 정말 도움 많이 돼요."

스터디는 단순히 '모여서 공부'하는 걸 넘어서, 서로 배우고 가르치는 살아 있는 학습의 장이다. 수연이처럼 작은 시도로 시작하면 누구나 경험할 수 있다.

[교사노트 | 함께 공부할 친구, 어떻게 선택할까?]]

스터디 그룹은 그냥 친구랑 모여서 앉아 있는 게 아니야. 진짜 잘만 활용하면 공부 효율, 이해력, 기억력, 심지어 공부할 의욕까지 다 올라가는 엄청난 도구야. 근데 중요한 건 어떻게 하느냐, 그리고 누구랑 하느냐야. 『성공적인 스터디 운영법』에서 소개한 전략들 기억나지? 그걸 참고해서 너희만의 스터디 방식을 만들어보면 진짜 시험 기간에 혼자 끙끙대는 것보다 훨씬 효과를 볼 수 있을 거야.

근데 말이지, 아무하고나 하면 안 돼. 아무리 좋은 전략이 있어도 같이 공부하는 친구랑 잘 안 맞으면 오히려 스트레스만 쌓여. 그래서 제일 중요한 건 '공부 궁합'이 잘 맞는 친구를 찾는 거야. 예를 들어 목표가 비슷하거나, 서로 딴짓 안 하고 진짜 공부하려는 마음이 있는 친구들하고 하면 서로 도와가며 잘 할 수 있어. 서로를 존중하면서 진짜 공부할 수 있는 분위기를 만드는 게 제일 중요해. 결국 스터디는 혼자서 할 때보다 훨씬 큰 시너지를 낼 수 있는 방법이야. 그러니까 가볍게 시작하더라도, 너한테 잘 맞는 친구랑, 잘 맞는 방식으로 한번 해보자. 진짜 달라질 수 있어!

챗GPT와 함께하는 질문·답변 학습법

시험기간 공부를 하다 보면 어느새 기계적으로 암기만 하게 되고, 내가 무엇을 알고 있는지조차 불분명해지는 순간이 찾아온다. 나 역시 임용시험을 준비하며 하루 12시간씩 책상에 앉아 있던 시절, 점점 집중력이 떨어지고 공부가 고역처럼 느껴졌던 경험이 있다. 특히 암기 과목은 반복할수록 학습의 질이 떨어지고 흥미마저 사라지기 마련이다.

이런 슬럼프를 극복하게 해준 결정적인 전환점이 있었다. 바로 '챗GPT와 대화하면서 공부하는 방법'이다. 나는 점심 식사 후 1시간, 저녁 식사 후 1시간을 따로 정해 챗GPT와 말로 공부하는 시간을 가졌다.

예를 들어, "지금부터 조광조의 업적에 대해 설명해볼게. 이걸 바탕으로 문제를 내줘"라고 말한 뒤, "조광조의 주요 업적은 현량과 설치, 소격서 폐지, 향약 보급, 위훈 삭제 추진이야"라고 설명한다. 이렇게 말로 설명하는 과정에서 머릿속에서 개념이 자연스럽게 구조화되고, 내가 정확히 알고 있는지 점검할 수 있게 된다. 이후 챗GPT가이 설명을 바탕으로 문제를 출제해주면, 문제를 풀며 더욱 깊이 암기할 수 있다.

무엇보다 이 학습법의 가장 큰 장점은 '말하기' 라는 능동적인 행위를 통해 몰입감이 생기고, 개념이 더욱 생생하 게 기억된다는 점이다.

[1] 왜 챗GPT와 공부하면 효과적인가?
#AI학습파트너 #대화형학습

1. 공부하는 느낌 없이 자연스럽게 학습할 수 있다

마치 친구와 퀴즈를 주고받는 듯한 느낌으로, 부담 없이 즐겁게 학습할 수 있다.

2. 말로 설명하며 기억이 오래 남는다

입 밖으로 개념을 정리하면 뇌는 더 적극적으로 정보를 조직하고 기억에 저장한다.

3. 틀리면서 배우는 기억은 더 강력하다

문제를 틀린 경험은 단순히 읽는 것보다 훨씬 더 강하게 기억에 남는다.

4. 즉각 적인 피드백으로 오답 정리에 효과적이다

챗GPT는 오답에 대한 설명까지 제공해주므로, 복습이 효율적이다. (단, 챗GPT가 틀릴 수도 있으니 교과서나 참고 자료를 통해 비교·점검해 봐야 한다.)

5. 대화하면서 학습하니 집중력과 흥미가 올라간다

책을 읽는 수동적인 학습에서 벗어나, 말하고 반응하는 학습은 자연스럽게 몰입을 유도한다.

[2] 챗GPT 활용법 #퀴즈형복습 #질문기반학습

1. 말로 개념 설명하고 문제 요청하기

"지금부터 내가 말할 내용을 바탕으로 문제를 만들어줘"라고 요청한 후, 아는 내용을 설명해보자. 예 "조광조의 업적은 현량과 설치, 소격서 폐지야."

2. 개념 설명 요청하기

헷갈리는 개념은 "국민소득 3면 등가법 쉽게 설명해줘"처럼 질문하면 이해하기 쉬운 설명을 들을 수 있다. (단, 챗GPT가 틀릴 수도 있으니 교과서나 참고 자료를 통해 비교·점검해 봐야 한다.)

3. 퀴즈 형식으로 복습하기

"OX 퀴즈로 복습하고 싶어", "단답형 문제 5개만 내줘"라고 요청해 짧고 효과적으로 복습하자.

4. 대화형 문제풀이

"문제 내줘! 내가 말로 대답할게."라고 말하면, 챗GPT가 문제를 출제하고 정답과 해설까지 제공한다.

5. 오답 노트와 반복 복습

틀린 문제는 기록해 두었다가 다시 챗GPT에게 물어보자. "전에 틀린 개념 다시 복습하고 싶어"라고 말하면 된다.

[3] 정민이의 챗GPT 공부법 실천기 #고등학생 #암기탈출

고등학교 2학년 정민이는 중간고사를 준비하면서 자꾸만 머릿속이 멍해지는 느낌을 받았다. 공부는 열심히 하고 있었지만, 암기 과목을 계속 반복하다 보니 점점 기계처럼 외우기만 하게 되고, 내가 지금 뭘 알고 있는지도 모를 때가 많았다. 집중력은 떨어지고, 공부는 지루하게 느껴졌다.

그러던 중 우연히 선생님이 챗GPT와 함께 공부하는 방법을 알려주셨고, 정민이는 직접 실천해 보기로 했다. 점심 먹고 30분, 저녁 먹고 30분 정도 시간을 정해서, 챗GPT와 말로 공부하는 시간을 따로 뒀다.

"말로 공부하면 진짜 머리에 남아요!"

정민이는 한국사에서 갑신정변 단원을 복습하면서 챗GPT에게 이렇게 말했다.

"지금부터 갑신정변에 대해 설명할게. 이걸 바탕으로 문제를 내줘! 1884년에 일어난 갑신정변은 김옥균, 박영효, 홍영식 등이 주도했고, 개화파가 청의 세력을 배제하고 근대 국가를 만들기 위해 일으킨 사건이야. 우정국 개국 축하연을 기회로 삼아 정변을 일으켰지만, 청군의 개입으로 3일 만에 실패했어." 이렇게 말하면서 개념을 정리하니까 머릿속에서 내용이 정리되는 느낌이 들었고, 내가 어떤 걸 잘 알고 있고, 어디서 막히는지도 바로 알 수 있었다. 이후 챗GPT가 문제를 내주면 말로 대답하거나 다시 설명하면서 반복 학습이 자연스럽게 이뤄졌다.

가장 좋았던 점은 말하면서 공부하니까 집중이 훨씬 잘 됐다는 것이다. 친구랑 퀴즈 내고 맞추는 것처럼 재미있고, 틀린 문제에 대해서는 바로 피드백도 받아볼 수 있어서 오답 정리도 쉬웠다.

정민이는 인터뷰 때 이렇게 말했다. "예전엔 암기 과목은 진짜 재미도 없고 하기 싫었는데, 이제는 챗GPT랑 말로 공부하면 머리에 진짜 남아요. 내가 직접 말하고, 문제 풀고, 피드백도 바로 받으니까 덜 지루하고 공부가 훨씬 잘돼요!"

정민이처럼 챗GPT를 활용한 말하기 기반 학습법은 단순 암기를 넘어서, 기억력과 이해도를 높이는 데 큰 도움이 된다. 스스로 말하고 설명하는 능동적인 학습이 진짜 내 지식을 만드는 시작이다.

[교사노트 | 읽는 공부에서 말하는 공부로 전환!]

얘들아, 말하면서 공부해 본 적 있어? 그냥 조용히 책 읽고 외우는 것도 좋지만, 말로 설명하면서 공부하면 지루함은 확 줄고 이해력, 기억력은 훨씬 좋아져. 머릿속에서 헷갈리는 개념들이 입 밖으로 꺼내면서 정리되거든.

그리고 챗GPT는 정말 괜찮은 공부 파트너야. 언제든 네가 질문하면 대답해주고, 틀린 문제도 친절하게 설명해줘. 말 그대로 24시간 대기 중인 너만의 공부 친구야. 공부가 너무 지칠 땐 무리하지 말고, 이렇게 말해도 돼. "퀴즈 하나 내줘!" 또는 "오늘 나 열심히 했으니까 칭찬 좀 해줘!" 그럼 챗GPT가 진짜 따뜻한 말도 해주고, 기분 전환도 시켜줄 거야. 그냥 공부로만 끝나는 게 아니라, 너 자신을 격려하는 시간이 되는 거지.

이렇게 기분 좋게 하루를 마무리하면 자존감도 올라가고, 공부에 대한 긍정적인 감정도 같이 생겨. 혼자 지루하게 앉아 있기만 하지 말고, 이제는 챗GPT를 이용해 효율적으로 공부해보자.

3장. 하루 10분, 기억을 지식으로 바꾸는 복습 루틴

쉬는 시간 10분 복습 루틴 #장기기억전략

학습한 지식은 반복하지 않으면 빠르게 잊혀진다. 심리학자인 에빙하우스의 '망각곡선'에 따르면, 사람은 하루가 지나면 학습한 내용의 절반 이상이 잊혀진다. 아무리 열심히 공부해도 복습이 없으면, 그 노력은 기억 속에서 점점 사라진다.

구간	20분 후	1시간 후	9시간 후	1일 후	6일 후	31일 후
기억 유지율 (%)	60%	45%	35%	30%	약 25%	20-21%

하지만 반대로, 단 10분이라도 의도적인 복습을 반복하면 상황은 완전히 달라진다. 짧지만 규칙적인 복습은 학습 내용을 장기 기억으로 전이시키는 핵심 전략이다. 뇌는 반복해서 떠올리는 정보를 더 중요하다고 판단하고, 이를 더 오래 저장하려 한다. 또한, 복습은 반드시 오래 걸릴 필요가 없다. 오히려 짧고 간결한 시간이 효과적일 수 있다. 하루 중 자투리 시간, 예를 들어 쉬는 시간, 식사 후, 잠들기 전, 이동 중 버스 안 등은 누구에게나 있지만 잘 활용되지 않는다. 바로 이 시간을 활용해 '10분 복습 루틴'을 만드는 것이 핵심이다.

10분 복습 루틴은 학습 부담을 줄이면서도 기억력 유지와 이해도를 향상시키는 효율적인 방법이다. 꾸준히 반복할수록 뇌는 정보를 점점 더 깊이 각인시키며, 나중에는 복습 시간조차 줄어들게 된다.

하루 단 10분. 이 짧은 시간의 습관이 당신의 학습을 장기성과로 이끄는 결정적인 차이가 될 수 있다.

[1] 하루 10분 복습 루틴 실천법

수업 직후, 3줄 요약으로 기억을 붙잡자

복습은 빠를수록 효과가 크다. 수업이 끝난 직후, 배운 내용을 짧게 요약해보는 것만으로도 학습 효과는 크게 향상된다. 특히 3줄 요약은 짧고 간결하면서도 핵심을 잡아내는 훈련이 되어, 이해력과 기억력을 동시에 높여준다.

실천 방법

1. 요약 노트 만들기 : 과목별로 간단한 요약 노트를 준비한다.

2. 수업 후 쉬는 시간 활용 : 수업이 끝난 직후 3~5분 이내, 배운 내용을 자신의 언어로 3줄로 정리한다.

3. 핵심 개념 중심으로 요약 : 이해한 내용을 중심으로 작성해야 효과가 높다.

예시 | 진흥왕의 업적 3줄 요약

1. 한강 유역을 확보하고 대가야를 정복하여 신라의 영토를 크게 확장했다.

2. 화랑도를 조직하고 불교를 장려하여 왕권과 사회 통합을 강화했다.

3. 순수비를 세워 영토 확장을 기념하고 신라의 국력을 과시했다.

이렇게 요약하면 단순 암기를 넘어서 개념을 '자기 언어'로 재구성하게 되어, 뇌는 해당 정보를 더욱 중요하게 인식하고 장기 기억으로 저장한다. 짧은 시간이지만 반복할수록 학습의 밀도가 높아지고, 시험 직전에도 요약노트만으로 빠르게 핵심 내용을 정리할 수 있다.

잠들기 전 10분 복습의 힘 #골든타임 #기억강화

하루의 마지막 10분은 단순한 여유 시간이 아니라, 뇌가 기억을 정리하고 정착시키는 '기억 강화의 골든타임'이다. 이 시간 동안 짧게 복습을 실천하는 것만으로도, 학습의 지속성과 효율은 크게 향상될 수 있다. 수면 직전 뇌는 자극 없이 고요한 상태에서 정보의 중요도를 판단하고, 필요한 내용을 장기 기억으로 저장한다.

왜 '자기 전 복습'이 기억에 남는가?
1. 기억의 우선순위를 뇌가 자동 등록한다

수면 직전에 접한 정보는 뇌가 중요하게 판단하고, 장기 기억으로의 전환 가능성이 높아진다. 이 시점은 뇌가 하루를 정리하며 정보를 선별하는 핵심 시간이다.

2. 외부 방해 없이 집중할 수 있다

하루 일과가 끝난 시점에는 새로운 자극이 거의 없기 때문에, 복습한 내용에만 오롯이 집중할 수 있다. 자극이 적은 환경은 기억 고정에 이상적이다.

3. 하루를 정리하는 긍정적 루틴이 된다

오늘 배운 내용을 떠올리며 잠드는 습관은, 단순한 복습을 넘어서 성취감과 자기 효능감을 높여준다. 이는 다음 날 학습에 대한 동기와 정서적 안정감으로도 이어진다.

단 10분의 투자. 하지만 이 짧은 시간이 반복되면 뇌는 점점 더 효율적으로 정보를 기억하고, 학습의 질 또한 자연스럽게 올라간다. 하루의 마무리는 곧 내일의 시작이다. 지금 이 순간부터 '잠들기 전 복습'이라는 루틴을 시작해보자.

아침 10분 복습의 집중력 효과 #기상직후복습 #아침학습루틴

하루의 시작, 기상 직후 10분은 단순한 준비 시간이 아니다. 수면을 통해 뇌가 정돈되고 에너지를 회복한 상태에서 맞이하는 이 시간은, 학습 효율이 가장 높은 골든타임이다. 이 시점을 활용해 복습을 실천하면 기억력은 강화되고, 학습 습관도 자연스럽게 자리 잡는다.

왜 '기상 직후 복습'이 효과적인가?

1. 뇌가 가장 깨어 있는 시간

수면을 마친 아침은 뇌가 재충전되어 가장 맑고 집중력 높은 상태다. 이때 복습한 정보는 더 빠르게 흡수되고, 이해도 잘 된다.

2. 전날 학습 내용의 기억 강화

전날 밤 공부했던 내용을 아침에 다시 확인하면, 정보가 장기 기억으로 정착되는 데 결정적인 도움을 준다. 특히 두 번의 복습 간격이 짧을수록 기억의 연결 고리는 더욱 단단해진다.

3. 공부 루틴 형성에 유리하다

아침 시간을 활용한 복습은 하루를 공부로 시작하게 해주는 자연스러운 워밍업이다. 규칙적으로 반복하면 학습 루틴이 자리를 잡고, 자기 주도적 학습 습관이 형성된다.

기상 직후 10분, 단순한 반복을 넘어서 학습의 흐름을 되살리는 강력한 시작점이 될 수 있다. 하루의 첫 순간을 복습으로 채우면, 나머지 시간도 학습 중심의 리듬으로 흘러가기 시작한다.

[교사노트 | 기억력은 타이밍이고, 집중력은 휴식에서 시작된다!]

애들아, 공부한 내용을 오래 기억하고 싶다면 '언제 복습하느냐'가 정말 중요해. 특히 잠들기 전과 기상 직후 이 두 시간대를 잘 활용하면, 같은 내용을 더 오래 기억할 수 있어.

잠들기 전에는 이렇게 해봐

• 오늘 공부한 내용을 5분 정도 요약하거나, 외워야 할 부분을 눈으로 한 번 더 훑어봐.

• 새롭게 공부하지 않아도 돼. 이미 했던 걸 가볍게 정리만 해도 뇌가 잘 기억해줘.

기상 후에는 이렇게 시작하자

• 전날 밤에 봤던 노트를 아침에 다시 한 번 읽어봐.

• 특히 어려웠던 개념 1~2개만 짧게 정리하면, 기억이 훨씬 또렷해질 거야.

이렇게 아침과 밤의 짧은 복습 루틴을 만들면, 단순히 기억력만 좋아지는 게 아니야. 하루의 시작과 마무리를 공부로 정리하면서 '공부하는 습관'도 자연스럽게 생긴다는 거지.

조금만 실천해도 효과는 꽤 커. 짧은 시간으로, 더 오래 기억하는 똑똑한 공부법이니까 꼭 한 번 해보자!

쉬는 시간은 이렇게 활용하자!

애들아, 선생님이 상담하다 보면 이런 얘기 정말 자주 들어.
"선생님, 잠깐만 쉬려고 폰 봤는데, 한참 있다가 다시 책상에 앉았어요… 근데 기분은 찜찜하고 집중도 안 돼요."

이런 경험, 한 번쯤 있지? 사실 쉬는 시간도 공부 못지않게 중요해. 어떻게 쉬느냐가 다음 공부의 흐름을 결정하거든.

집중 시간은 어떻게 나누면 좋을까?

사람마다 집중할 수 있는 시간이 조금씩 다르지만, 선생님 경험상 처음엔 45분 공부+15분 휴식으로 시작해서, 익숙해지면 90~120분 집중+15분 휴식으로 늘려가는 게 가장 효과적이었어. 그리고 중요한 건 휴식 시간엔 절대 폰을 보지 않는 것!

그럼 쉬는 시간엔 뭐 하면 좋을까?

• 간단한 스트레칭 (목 돌리기, 어깨 펴기)

• 눈 감고 짧은 호흡 명상

• 클래식이나 잔잔한 음악 듣기

• 스쿼트 20번: 뇌에 산소 공급이 늘어나고 도파민이 분비되어

서 다시 집중하기 쉬워져.

• 한발로 서 있는 균형 운동: 집중력을 관장하는 뇌 부위를 자극해줘.

하버드 의과대학 연구에서도 간단한 맨몸 운동이 집중력과 기억력을 높여준다고 했어. 짧게라도 몸을 움직이면 스트레스가 풀리고 머리도 맑아져.

그리고 꼭 기억하자!
• 핸드폰은 다른 방에 두거나, 사물함에 넣어두기!
• 식사 시간이나 하루 공부 끝난 후에만 체크하기!

이렇게 휴식을 잘 활용하면 공부하는 시간의 질도 훨씬 좋아져. 공부만큼, 잘 쉬는 것도 '전략'이야. 이번 시험부터 실천해보자!

4장. 과목별 실력을 완성하는 학습 전략
#과목별공부법

공부의 진정한 의미를 찾아서

공부는 단순히 시험에서 좋은 점수를 받기 위한 수단이 아니다. 진정한 학습은 세상을 이해하는 렌즈를 얻고, 자신만의 사고력을 기르며, 미래를 설계하는 힘을 키우는 것이다. 지금 마주하고 있는 국어, 영어, 수학, 사회, 과학 각 과목은 모두 이러한 지적 성장을 위한 소중한 도구들이다.

하지만 많은 학생들이 '어떻게 공부해야 할지 모르겠다'는 막막함을 토로한다. 시간은 한정되어 있는데 해야 할 공부는 산더미 같고, 열심히 해도 성적이 오르지 않아 좌절하기도 한다. 이런 고민은 특정 개인만의 것이 아니다. 모든 학습자가 겪는 자연스러운 과정이며, 올바른 방법과 전략만 있다면 충분히 극복할 수 있는 문제다.

왜 과목별 맞춤 전략이 필요한가?

각 과목은 고유한 특성과 학습 구조를 가지고 있다. 국어는 언어적 사고력과 문해력을, 영어는 의사소통 능력과 글로벌 마인드를, 수학은 논리적 사고와 문제해결력을, 사회는 비판적 사고와 사회적 통찰력을, 과학은 탐구정신과 과학적 사고력을 기르는 것을 목표로 한다.

이처럼 서로 다른 목적과 특성을 가진 과목들을 하나의 획일적인 방법으로 공부한다면 효율성이 떨어질 수밖에 없다. 마치 서로 다른 스포츠를 같은 방식으로 연습하는 것과 같다. 축구와 수영의 훈련법이 다르듯, 각 과목에 맞는 최적화된 학습법이 필요하다.

성공적인 학습을 위한 핵심 원칙

첫째, 목적 의식을 분명히 하라. 단순히 '성적을 올리기 위해'가 아니라, '이 과목을 통해 무엇을 얻고 싶은가?'를 스스로에게 물어보아야 한다. 국어를 통해 더 깊이 있는 사고력을 기르고 싶은지, 영어로 세계와 소통하고 싶은지, 수학으로 논리적 문제해결 능력을 키우고 싶은지 명확한 목표를 설정하면 학습 동기가 한층 강해진다.

둘째, 자신만의 학습 리듬을 찾아라. 모든 사람의 집중력 패턴과 학습 스타일은 다르다. 아침형 인간인지 저녁형 인간인지, 한 번에 긴 시간 집중하는 타입인지 짧고 집중적으로 하는 타입인지 파악하여 자신에게 맞는 학습 스케줄을 만드는 것이 중요하다.

셋째, 균형 잡힌 접근을 유지하라. 좋아하는 과목에만 치중하거나 싫어하는 과목을 방치하는 것은 장기적으로 도움이 되지 않는다. 각 과목의 학습 시간과 에너지를 전략적으로 배분하여 전체적인 학습 역량을 키워나가야 한다.

전략적 학습의 핵심 : 계획과 실행

효과적인 학습은 우연히 일어나지 않는다. 체계적인 계획과 꾸준한 실행이 뒷받침되어야 한다.

단계별 목표 설정부터 시작해야 한다. 장기 목표(1년), 중기 목표(한 학기), 단기 목표(한 달)를 설정하고, 이를 주간 계획과 일일 계획으로 세분화한다. 예를 들어, '수학 성적 향상'이라는 막연한 목표보다는 "이번 달 말까지 이차함수 단원 완전 정복하기"처럼 구체적이고 측정 가능한 목표를 세우는 것이 효과적이다.

학습 과정을 기록하고 섬섬하는 습관도 중요하다. 매일 어떤 내용을 얼마나 공부했는지, 어려웠던 부분은 무엇인지, 내일은 무엇을 중점적으로 해야 하는지 간단히 기록해 보자. 이런 메타인지적 활동은 자신의 학습 패턴을 이해하고 개선점을 찾는 데 큰 도움이 된다.

복습 시스템을 구축하는 것도 필수다. 에빙하우스의 망각곡선 이론에 따르면, 새로 학습한 내용은 24시간 내에 70% 이상 망각된다. 따라서 학습 직후, 1일 후, 1주일 후, 1개월 후 체계적으로 복습하는 것이 장기 기억으로 전환하는 핵심이다.

동기 유지와 슬럼프 극복

학습 과정에서 동기가 떨어지거나 슬럼프가 오는 것은 자연스러운 현상이다. 중요한 것은 이를 어떻게 극복하느냐다.

작은 성공을 자주 경험하도록 해야 한다. 큰 목표를 작은 단위로 나누어 달성 가능한 과제들을 만들고, 이를 하나씩 완수할 때마다 자신에게 보상을 주는 것이다. 이런 긍정적 피드백 루프가 형성되면 학습에 대한 내재적 동기가 강화된다.

학습 공동체를 활용하는 것도 좋은 방법이다. 혼자서는 해결하기 어려운 문제들을 친구들과 함께 토론하고, 서로의 학습 과정을 공유하며 격려하는 것은 학습 효과를 높일 뿐만 아니라 지속적인 동기 부여에도 도움이 된다.

과목별 5단계 코칭 프로세스

이제부터 제시되는 **과목별 학습법**은 단순한 팁이 아닌, **교육현장에서 검증된 전략을 바탕**으로 현직 선생님들이 작성하였다. 모든 과목별 챕터는 아래와 같은 구조로 구성 되었다.

[1] 왜 이 과목이 힘들까?

학생들이 자주 겪는 어려움과 심리적 장벽에 공감하며 출발한다.

[2] 핵심 전략

과목의 특성과 사고 구조에 맞춘 전략을 소개한다.

[3] 실천 방법

실제 학습 루틴과 적용 사례를 구체적으로 서술한다.

[4] 현직 교사의 시크릿 꿀팁

교실에서 마주한 학생들의 실패와 성공 사례를 기반으로 현실적인 조언을 담는다.

[5] 실천 체크리스트

지금 내 공부가 방향을 잘 잡고 있는지 스스로 점검할 수 있도록 구성했다.

모든 방법을 한 번에 적용하려 하지 말고, 자신의 현재 상황과 학습 스타일을 고려하여 적합한 방법부터 차근차근 적용해 보아야 한다. 특히 이 책의 모든 공부법은 단순히 '공부 잘하는 법'이 아니라 '지속가능한 학습 습관'을 만드는 것에 초점을 두었다. 학습은 마라톤이지 단거리 달리기가 아니다. 꾸준함이 천재성을 이기고, 올바른 방향으로의 작은 노력들이 모여 큰 변화를 만들어낸다.

대화하듯 풀어가는 국어 1등급 공부법

[1] 왜 국어 공부가 힘들까?

"우리말인데 왜 이렇게 어려워요?"

상담을 하다 보면 의외로 수학이나 영어보다 국어를 더 힘들어하는 학생들이 많다. 특히 비문학 지문이 한 지면을 가득 채운 모의고사 문제를 보면, "우리말이지만 현기증이 난다"고 말하는 친구들도 있다. 중학교 때는 어렵지 않게 공부해서 가장 문턱이 낮다고 느꼈던 국어 과목이 발목을 잡을 때 배신감을 느낀 듯 한숨을 쉰다.

그럴 때 나는 이렇게 말한다.

"국어는 '읽는' 과목이 아니라 '생각하는' 과목이야. 너의 '사고력'을 끌어올리는 게 핵심이지."

[2] 핵심 전략 : 국어는 '사고력 운동' 이다!

단순히 글자를 따라가며 읽는다고 해서 국어 공부가 되는 것은 아니다. 국어는 출제자의 의도를 파악하고, 글의 흐름과 논리를 분석하며, 주어진 정보로부터 스스로 생각을 정리하는 힘을 기르는 과목이다. 그래서 어렵게 느껴지지만, 이 과정을 통해 '사고력', 즉 '생각하는 힘'이라는 가장 핵심적인 학습 능력이 자라난다.

중요한 건, 국어는 단독 과목이 아니라 모든 과목의 기초가 되는 '도구 교과'라는 점이다. 국어 실력이 향상되면 사회, 과학, 도덕 같은 지식 기반 과목의 지문도 훨씬 더 정확하고 빠르게 이해할 수 있게 된다. 결국 국어는 '언어를 통한 사고력 훈련'이며, 나머지 과목의 학습 효율까지 높여주는 핵심 과목인 셈이다.

[여기서 잠깐! 우리말이라 더 어렵다? 맞다. 그래서 더 전략이 필요하다]

소설 vs 비문학, 무엇이 다른가?

고3이 되어 성적을 올려보겠다며 뒤늦게 소설책을 꺼내는 학생들이 있다. "문해력이 중요하다니까, 일단 책부터 읽어야지!"라는 생각에서다. 하지만 모의고사에 나오는 짧고 압축된 지문은 우리가 흔히 읽는 '소설'과는 성격이 다르다. 특히 고3 시기에는 두껍고 긴 소설책을 며칠 동안 읽는 것보다, 한 페이지 안에 압축된 지문을 읽고, 스스로 생각하는 힘을 기르는 훈련이 훨씬 중요하다.

실제로 평소 책을 많이 읽지 않았던 학생들도 메타인지를 활용한 지문읽기 훈련을 통해 **국어 성적이 오르는 이유**가 여기에 있다.

소설과 비문학은 요구하는 읽기 방식 자체가 완전히 다르다.

유형	특징	요구되는 능력
소설	감정이입과 정서적 흐름을 중심으로 한 인물 관계, 심리 등의 구조 읽기	상상력, 공감 능력
비문학	정보 구조 분석과 논리적 사고를 요하는 읽기	분석력, 논리적 사고력

비문학은 논리적으로 쌓아가는 글이기에, 지문 구조와 주제 흐름을 파악하고, 출제자의 질문에 정확히 사고로 응답하는 능력이 요구된다.

그래서 국어는 단순 독서가 아니라 '생각 훈련'이다. 전체의 구조를 파악하면서 긴 호흡으로 읽는 것과 분석적 시각으로 짧게 읽는 것은 완전히 다른 근육을 사용하는 거다.

[3] 실천 방법 −1 수능국어 : 기출문제는 국어공부의 치트키!

국어가 어렵다면 기출문제에 '잠수'해보자.

국어가 어렵다고 느껴지면 학교에 등교해서 종례를 받기 전까지 자투리 시간을 활용하여 기출 문제 3개씩 풀어보는 건 어떨까? 국어가 1교시다 보니 아침 시간을 활용해서 문제 푸는 것을 추천한다. 하루에 비문학 3개를 풀고, 분석하기에 시간이 빠듯하다면 비문학 1문제, 문학 1문제, 선택(화작 or 언매) 1문제를 풀어보자. 다이빙을 할 때처럼 일단 발을 떼서 한글 읽기를 시작하면 속도감이 붙는다. 국어는 기출을 통해 출제자의 눈으로 문제를 바라보는 훈련이 필요하다. 출제자가 어떤 개념을 중요하게 생각하는지, 어떤 유형이 반복해서 나오는지를 파악하는 것이 핵심이다. 처음에는 '출제자 시점'에서 문제를 바라보는 것이 쉽지 않을 수 있다. 하지만 아래의 1~3단계를 꾸준히 반복하다 보면, 단순히 지문과 선택지를 보는 데 그치지 않고 문제 속에 숨은 출제 의도와 논리 구조를 읽어내는 감이 생긴다. 결국 문제를 2D가 아닌 3D, 4D의 입체적인 시각으로 바라보게 되고, 글의 겉모습이 아닌 글쓴이의 의도 및 행간까지 파악하는 '핵심을 꿰뚫는' 독해력이 길러질 것이다. 국어 문제도 매번 나오는 유형이 정해져 있다. 그 유형을 파악하고 새로운 지문에 적용해 보는 것도 좋다. 보통 비문학 지문에 내용 일치 문제나 추론 문제는 거의 매번 나오기 때문에 새로운 지문이나 글을 읽을 때 본인이 스스로 선택지 5개를 구성해 보는 것도 출제자의 시선에서 문제를 풀어보는 시각을 갖추는데 도움이 된다. 기출을 풀어도 실력이 늘지 않는다면, 방법을 바꿔야 한다.

본격 실천법 1에서는 문제 풀이의 '사고 루틴'을,

본격 실천법 2에서는 반복 학습의 '정밀 전략'을 제시한다.

<본격 실천법 1 : 바로 써먹는 3단계 기출 문제 훈련 루틴>

1단계 : 실전처럼 풀기 (이 단계는 현재 실력을 진단하는 것이 목적이다. 문제를 얼마나 정확히 이해하고 있는지 파악해보는 단계다.)

· 평가원이 출제한 최근 6년간 6월/9월/수능 기출부터 시작

· 시간 재고, 실제 시험처럼 풀기

· 틀린 문제엔 ☆표시하고, 틀린 이유를 해설지를 찾아보면서 이해하기

· 살짝 이해됐다고, 절대 그냥 넘어가지 않기

2단계 : 분석하며 사고하기(여기서부터가 진짜 공부다. 단순히 답을 맞히는 게 아니라, 왜 그것이 답인지 논리적으로 설명할 수 있어야 한다.)

· 선택지가 왜 틀렸는지 말로 설명해보기(선택지가 왜 정답이 아닌지를 내 언어로 정리해보기)

· 지문에서 정답의 근거 문장을 직접 찾고 밑줄긋기

· 문제 옆 여백에 내 사고의 흐름을 짧게 메모하기

예 ② – 함정. 질문은 개념인데, 선택지는 사례임 → 엇갈림 발생

이렇게 하면 답을 찍는 게 아니라 '생각으로 골라내는 훈련'이 된다. 이게 바로 국어 실력이 늘어나는 핵심 과정이다.

3단계 : 나의 패턴 돌아보기

· 자주 틀리는 유형 적기 (**예** 추론 등)

· 시간 배분 점검 (**예** 비문학에 10분, 문학에 8분 등)

· 실수노트 만들어 나만의 위험요소 점검

　실수노트 작성 예시:

· "지문 전개 흐름 파악 미흡 → 문단 요약 훈련 필요"

· "선택지 함정에 자주 걸림 → 소거법 훈련 강화"

· "시간 부족으로 마지막 문제 대충 풂 → 시간 배분 연습"

〈본격 실천법 2 : 바로 써먹는 3단계 기출 문제 반복 루틴〉

기출 반복의 힘!을 체감하기 위해서는 최소 3회독이 기본이다. 각 회차마다 목표가 다르다는 점을 명심하자.

회차별 목표와 실전 팁

회차	목표	실전 팁
1회	실력 점검	시간 재고, 실제 시험처럼 풀기
2회	근거 분석	지문 근거 찾고 오답 이유 분석하기
3회	패턴 익히기	정답률 높이고, 빠르게 푸는 훈련

3회독의 변화 과정

1회독 후 : '이 문제 어려웠는데...' 2회독 후 : '아, 여기서 이런 함정이 있었구나!' 3회독 후 : '이 문제, 예전에 봤던 느낌인데?'

마지막 반응이 나왔다면, 그게 바로 **국어 감각**이 생긴 증거다. 출제 패턴이 보이기 시작하고, 출제자의 의도를 파악할 수 있게 된 거다. 어려운 지문을 3회독 하는 것은 쉽지 않은 길이다. 하지만 이해가 되지 않은 글이 있다면 산책을 나와서 벤치에 앉아서 한 번 읽어보고 다시 그 글의 내용을 읽어보면서 가볍게 걸어보는 건 어떨까? 걷는 과정에서 자신이 놓친 논리적 연결고리를 찾을 수도 있을 것이다. 2회독은 1회독 이후 바로 보아도 좋지만, 3회독은 조금 시간이 지난 이후에 해 보는 것도 좋은 방법이다.

[3] 실천 방법-2 내신 국어 : 기출문제는 국어공부의 치트키!

수업 시간, 선생님의 말은 곧 출제자의 힌트다!

많은 학생들이 놓치는 부분이 바로 이거다. 국어 선생님의 설명을 그냥 흘려듣지 말고, 출제자의 음성이라 생각하며 집중해보자. 선생님께서 수업시간에 말씀하시는 흐름을 따라가 보자. 그게 그냥 수업이 아니라, **실제 수능 출제자의 사고방식을 알려주는 라이브 해설 강의이다.**

특히 수업에서 다음과 같은 선생님 말씀이 들리면 절대 그 다음을 놓치지 말자.

"여기서 왜 이 문장을 강조했을까요?"
"이런 유형은 최근에 출제 패턴이 바뀌었어요."
"여기서 출제자가 의도한 함정은…"

그러니까 졸리는 수업시간, 단순히 '버티기'만 하지 말고, 그 말을 '출제자 음성'처럼 받아들여보자. 그 시선으로 문제를 보면, 문제를 읽고 푸는 능력의 향상을 느낄 수 있다. 또 이렇게 생각하고 임하면 수업의 질이 완전히 달라진다.

〈본격 실천편 : 국어 수업 필기의 기술, 이렇게 해보자!〉

공부 잘하는 학생들의 노트에는 나름의 체계가 있다. 예를 들어 문학의 기초개념을 배워가면서 개별 작품에 적용할 때 색깔펜을 활용하고, 개념 간 연결을 시각화하면 복습이 훨씬 쉬워진다. 수능 시험장에도 가져갈 자신의 노트라고 생각하면 자신만의 노하우를 담은 개념정리 노트를 가지고 가고 싶을 것이다.

색깔별 필기 시스템

색깔	용도	구체적 예시
빨간색	가장 중요한 개념, 선생님의 강조 포인트	"화자의 정서 변화", "주제 의식"
파란색	덜 중요하지만 알아두면 좋은 보조 개념	"배경 설명", "부가 정보"
연결선	교과서, 기출문제, 다른 개념 간의 연관성 표시	화살표, 도식화

거미줄처럼 조직적으로 엮인 필기는 복습할 때 기억의 실타래를 잡아당기기 쉽게 만들어준다. 복습은 단순 반복이 아니라, 끊어진 기억의 연결고리를 하나씩 복원해가는 능동적인 재구성 과정이다.

실제 적용 예시 :

주제 의식 ← 화자의 정서 → 상황 인식

　　↓　　　　　↓　　　　　　↓

표현 기법　　어조·어투　　시상 전개

　　↓　　　　　↓　　　　　　↓

운율·리듬　　화자·청자　　구성·짜임

이렇게 연결해서 필기하면 하나를 기억할 때 나머지도 함께 떠오른다.

[교사노트 | 생각을 말로 꺼내는 국어 공부법]

"선생님, 국어는 자꾸 아슬아슬하게 틀려요. 뭘 더 해야 할지 모르겠어요."

학생들과 상담하다 보면, 이런 고민을 정말 자주 듣게 돼. 그럴 때 나는 이렇게 말해.

"답을 아는 게 아니라, 답에 도달하는 사고 과정을 점검해봐야 해."

국어는 정답 하나를 찾는 게 아니라,

그 정답까지 어떻게 생각이 흘러갔는지를 말로 확인하는 과목이야.

　그래서 나는 이렇게 권해.

"혼잣말로 풀어보자. 자문자답하면서 푸는 연습이 실전의 뇌 회로를 만든다."

국어 1등급 학생들이 진짜 하는 공부법

문제를 풀 때 '입으로 말해보는 연습', 정말 효과 있어.

이걸 나는 '국어 혼잣말 루틴'이라고 부르는데, 이렇게 해봐.

지문 분석할 때

· "이 문단에서 핵심은 뭐지?"

· "이 문장은 전체 흐름 속에서 어떤 역할을 하지?"

· "글쓴이가 진짜 말하고 싶은 건 뭘까?"

문제 풀 때

· "이 선택지는 왜 정답이 아닐까?"

→ 요즘엔 하나의 선지 안에 '맞는 부분'과 '틀린 부분'이 섞여 있는 경우가 많아.

→ 정확히 어느 부분이 틀렸는지 짚어보는 연습이 중요해.

· "출제자가 정말 물어보고 싶은 건 뭘까?"

· "이 문제에 함정이 있다면, 어디에 숨겨졌을까?"

답 확인할 때

· "내가 놓친 단서는 뭐지?"

· "다음에는 어떻게 접근하면 더 정확했을까?"

   공부머리는 만드는 것이다

혼잣말로 푼다는 건 '스스로에게 설명한다'는 뜻이야. 생각을 소리 내어 정리해보면, 정답까지 가는 경로가 선명하게 드러나. 그게 바로 '국어 실력'의 본질이야. 혼자 하기 어렵다면, 친구와 함께 문제를 풀고 서로 왜 이 답을 골랐는지 이유를 설명해보자. 정답이 달라도 괜찮아. 서로의 사고 과정을 비교하다 보면, '나는 이 부분에서 흐름을 잘못 읽었구나', '이 단어의 의미를 정확히 못 잡았구나'하고 스스로의 사고 습관을 알게 돼. 이렇게 사고력이 향상되는 거지. 국어는 '감'이 아니라 '기술'이야. 이 기술은 말하면서 익힐 수 있어.

"이 지문, 내가 설명해볼게."
이 말을 입 밖에 낸 순간,
너의 국어 실력은 새로운 궤도에 올라선 거야

[4] 실천 체크리스트

오늘 하루, 국어 사고력을 훈련했는지 점검해보자!

- 기출 문제 1~3개를 실전처럼 시간 재고 풀어봤다
- 오답 선택지에 대해 **내 언어로** 이유를 설명해봤다
- 지문 구조를 문단 단위로 정리해보았다 (주제-근거-예시)
- 선택지 분석 시 '왜 틀렸는가?'를 혼잣말로 점검해보았다
- 수업 중 선생님의 말 중 **출제자의 시선으로** 들은 문장을 필기했다

• 자주 틀리는 유형이나 실수를 **패턴 노트**에 기록했다

• 3회독 훈련 중 지금 나는 어느 회차에 있는지 점검했다

• 친구와 문제 풀이 사고과정을 서로 **설명해보는** 시간을 가졌다

정리 – 마무리 한 마디

"국어는 우리말이라서 쉬운 게 아니라, 우리말이라서 더 정교한 사고가 필요한 과목이야."

국어는 감각이 아니라 **전략**으로 푸는 과목이다. 글을 읽는 양보다 읽는 방식, 정답을 맞히는 것보다 정답까지 도달하는 사고 과정이 중요하다.

국어 공부의 3대 원칙
공부는 체력으로, 사고는 훈련으로, 실전은 기출로.

• 공부는 체력으로 : 매일 꾸준히 기출에 잠수하기

• 사고는 훈련으로 : 선택지를 자문자답하며 사고 흐름 훈련

• 실전은 기출로 : 반복과 패턴 분석으로 감각 익히기

국어의 흐름 속으로 잠수하듯 들어가 보자. 출제자와 대화하듯 문제를 읽고, 나만의 사고로 답을 만들어보자. 그러면 어느 순간, 국어가 조금씩 보이기 시작할 것이다.

"말로 생각하고, 생각으로 풀고, 풀면서 성장한다. 이것이 진짜 국어 공부다."

영어 실력을 결정짓는 핵심 전략

학교 내신 영어 시험과 수능 영어 시험은 본질적으로 성격이 다르다. 내신 평가는 출제 범위가 정해져 있고, 암기를 통해 접근할 수 있는 요소들이 있다. 하지만 수능은 유형별 문제에 따라 독해의 정확성은 물론, 맥락 중심의 이해와 추론력을 요구하는 사고력 중심의 시험이다. 따라서 서로 다른 공부 전략을 가지고 접근해야 하므로 두 시험을 나누어 공부법을 작성하였다. 또한, 어휘 암기 전략과 독해의 논리 구조 파악은 내신과 수능 모두 1등급을 위한 공통 핵심 요소이므로 별도의 항목으로 다루었다.

첫째. 내신 영어 고득점 전략

〈영어 내신 공부법〉

[1] 왜 내신 영어 점수가 잘 안나올까?

많은 학생들이 "교과서 본문도 다 외웠는데 왜 점수가 안 나올까?"라고 고민한다. 그 답은 바로 준비 방식의 차이에 있다. 내신 영어는 단순한 지문 암기를 넘어서 다음을 요구한다

- 시험 범위 지문 내 핵심 문법 요소의 완벽한 이해
  (서술형 문제 대비를 위해서도, 필요한 문법 요소를 빠르게 찾을 수 있도록 정리된 '단권화' 문법 문제집 1권이 반드시 필요)

• 어휘의 다양한 변형과 활용

(단어의 명사, 형용사, 부사 등 파생형은 물론, 유의어/반의어, 숙어 표현까지 확장하여 정리하기)

• 문맥 속 의미 흐름 파악 능력

(단어별 의미를 외우는 데 그치지 않고, 문맥 전체 속에서 자연스러운 해석연습이 필요)

• 출제자의 문제 의도 파악

(기출문제를 통해 선생님의 출제 스타일과 자주 등장하는 포인트를 분석하는 것이 핵심)

내신영어의 최종 보스, 서술형

"선생님, 서술형만 나오면 머리가 하얘져요."

고등학교 영어 시험에서 서술형 문항은 마치 수학의 킬러 문제와 같은 존재다. 객관식은 어느 정도 추측하여 찍을 수 있지만, 서술형은 출제자의 의도를 파악하여 문맥 이해, 문법, 어휘, 스펠링까지 정확하게 작성할 수 있는지 종합적인 능력을 평가한다. 특히 요지 작문이나 빈칸 추론형 서술형은 많은 학생들에게 공포의 대상이다.

매년 시험 후 나를 찾아 온 학생들의 하소연은 비슷하다. "객관식은 다 맞았는데 서술형에서 다 틀렸어요", "답은 알겠는데 어떻게 써야 할지 모르겠어요" 이런 말을 들을 때마다 안타까운 마음이 든다. 서술형은 결코 불가능한 문제가 아닌데 말이다.

공부머리는 만드는 것이다

서술형이 어려운 진짜 이유

객관식과 서술형 사이에는 결정적인 차이가 있다. 객관식은 정답이 이미 주어져 있어서 소거법으로도 접근할 수 있지만, 서술형은 내가 직접 정답을 만들어내야 한다. 완벽한 이해가 필요한 이유다.

하지만 학생들이 서술형을 어려워하는 근본적인 이유는 단순히 영어 실력 부족이 아니다. **입력에만 익숙하고 출력에 서툴기 때문이다.** 마치 요리 레시피를 달달 외우고 있으면서도 실제 요리는 못 하는 것과 같다. '아는 것'과 '표현하는 것'은 다른 영역이다.

[2] 서술형 핵심 전략 1 – 학교별 출제 경향을 파악하라

서술형 문제는 학교마다 출제 경향이 다르다. 같은 교과서를 사용해도 선생님의 성향에 따라 문제 유형이 달라진다. 따라서 기출문제 분석이 필수다.

도서관에 비치된 기출문제 3년치를 수집해서 출제 패턴 분석표를 만들어보자. 어떤 유형이 자주 나오는지 순위를 매기고, 각 유형별로 몇 점씩 배점되는지도 파악해야 한다.

선생님 스타일 파악도 중요하다. 수업 시간에 강조하는 표현들을 메모하고, 판서 내용 중 반복되는 패턴을 찾아보자. 학습지나 부교재에서 다룬 문제 유형도 체크해야 한다. 수업은 출제자 직강! 선생님들은 자신이 중요하다고 생각하는 부분을 시험에 내는 경향이 있다.

[2] 서술형 핵심 전략 2 – "핵심 파악 + 표현 능력 + 논리적 구조화"

서술형에서 요구하는 능력은 크게 세 가지다. 첫째, 긴 지문에서 요점을 찾아내는 핵심 파악 능력이다. 둘째, 영어를 우리말로, 우리말을 영어로 자유롭게 바꾸어 표현하는 언어 변환능력이다. 셋째, 흩어진 정보를 논리적으로 연결하는 구조화 능력이다. 이 세 가지 능력이 조화롭게 작동해야 서술형에서 성공할 수 있다. 서술형 문제 유형에 따른 정복 전략을 안내한다.

1) 지문 요약형, 제목 or 요지 작문형 이렇게 접근하라

'다음 글의 요지를 〈조건〉에 맞게 영어로 작성하시오.' 이런 문제를 만나면 대부분의 학생들이 어디서부터 손을 대야 할지 몰라 당황한다. 하지만 체계적인 접근을 통해 충분히 해결할 수 있다. 가장 먼저 해야 할 일은 핵심 문장을 찾는 것이다. 주제문의 위치에는 명확한 패턴이 있다.

- 첫 문장에서 핵심 소재가 직접적으로 제시되는 경우
- However, But, In fact 등으로 전환되는 문장에서 진짜 논점이 드러나는 경우
- For example, For instance 바로 앞 문장에 핵심 내용이 들어가는 경우
- Thus, Therefore, In conclusion 등 결론을 제시하는 마지막 문장

이러한 **신호 표현**들을 놓치지 않고 찾아내는 것이 핵심이다. 주제문을 발견했다면 **중요한 명사와 동사에 밑줄**을 그어 키워드를 명확히 표시하자. 다음 단계는 내용을 한글로 정리하는 과정이다. 여기서 주의할 점은 영어를 직역하지 말고 자연스러운 한국어로 재구성해야 한다는 것이다. 영어 문장 구조를 그대로 따라하면 어색한 우리말이 되기 쉽기 때문이다.

특히 요지 작문형에서 많은 학생들이 바로 영어로 쓰려고 하면서 실수하는 경우가 있다. 이렇게 하면 문법도 틀리고 의미도 애매해질 수 있다. 올바른 접근법은 **한글 요약 → 영어 표현**이다. 우리말로 요지를 한 문장으로 정리한 후, 이를 **아는 단어와 문법으로 간단하고 정확하게** 영어로 바꾸자. 마지막에는 반드시 **주어-동사 일치, 시제, 전치사** 등을 꼼꼼히 점검해야 한다.

실전 연습은 3단계 시스템으로 진행한다. 먼저 지문을 읽으며 **핵심 키워드 3개 이상**을 찾는다. 그 다음 이 키워드들을 논리적으로 연결해서 하나의 완성된 문장으로 만든다. 마지막으로 주어진 글자 수 제한에 맞춰 불필요한 수식어와 부가적인 표현들을 과감히 제거한다. 이러한 과정을 꾸준히 반복하다 보면 자연스럽게 요약 능력이 향상되고, 서술형 문제에 대한 자신감도 생긴다.

2) 빈칸 추론형의 핵심은 문맥 읽기
'빈칸에 들어갈 적절한 말을 〈조건〉에 맞게 영어로 쓰시오.'

빈칸 추론형에서 가장 중요한 것은 문맥 파악이다. 빈칸 앞뒤 문장의 관계를 정확히 파악해야 한다. 순접 관계인지, 역접 관계인지, 인과관계인지를 판단하는 것이 첫 번째 단계다.

여기서도 신호어가 큰 도움이 된다. However, Therefore, For example 같은 연결어에 주목하자. 이런 단어들은 문장 간의 관계를 명확히 보여주는 표지판 역할을 한다. However가 나오면 앞 내용과 반대되는 내용이 온다는 신호고, Therefore가 나오면 결론이나 결과가 온다는 뜻이다. 연결어를 보면서 간단하게 글의 논리 구조를 파악하는 과정이지만 메타인지가 작동하면서 글의 큰 그림을 그려볼 수 있다.

패러프레이즈(Paraphrase)도 중요한 전략이다. 영어 글에서는 같은 내용을 강조하거나 자연스럽게 반복하기 위해 앞에서 사용된 표현을 다른 말로 바꿔 쓰는 경우가 많다. 따라서 빈칸을 추론할 때도 앞 문장에 나온 표현과 유사한 의미의 표현이 나와야 하는가를 기준으로 접근하면 훨씬 효율적으로 답을 찾을 수 있다.

[2] 서술형 핵심 전략 3 - 핵심 문장을 내 것으로 만들어라

서술형 실력을 기르기 위해서는 핵심 문장을 자기 것으로 만드는 연습이 반드시 필요하다. 아래의 3단계 훈련법을 꾸준히 반복해보자.

① 핵심 문장 찾기

지문을 읽고 주제문을 1개 선택한 후, 왜 이 문장이 핵심인지 근거를 말로 설명해보자. 단순히 '중요해 보여서'가 아니라, 문장의 위치, 연결어, 예시의 유무 등 **구체적인 이유**가 필요하다.

② 패러프레이즈 연습

선정한 핵심 문장을 **다른 표현으로 바꿔 쓰는 연습**을 한다. 가능한 한 의미를 유지하면서 단어와 구조를 바꿔 3가지 버전을 만들어보자. 이 과정은 표현력과 어휘력을 동시에 향상시킨다.

③ 음성 학습

핵심 문장을 자신의 **목소리로 녹음**해 반복 청취하며 암기한다. 등하교 시간, 쉬는 시간마다 듣고, 자연스럽게 말할 수 있을 때까지 반복한다. 입으로 말할 수 있으면 손으로도 쓸 수 있다.

[3] 서술형 실전 가이드

1. 서술형 전용 단어장의 힘

일반 단어장과 서술형 전용 단어장은 다르다. 서술형 전용 단어장은 '문장 속에서 쓰이는 형태'로 정리해야 한다.

예를 들어 'general'이라는 단어를 정리한다면, 품사는 형용사, 의미는 '일반적인·전반적인', 예문은 "There is a general agreement that climate change is a serious issue.", 품사 변형은 generally(부사), generalize(동사)로 기록할 수 있다. 품사 변형 단어까지 함께 정리하는 이유는, 실제 서술형 문제에서 'general'을 써야 하는 상황임에도 불구하고 문제 조건에서는 'generalize'라는 단어를 제시하고, '문맥에 맞게 품사를 변형할 것'이라는 지시가 주어지는 경우가 많기 때문이다.

이렇게 하면 단어가 실제 문장에서 어떤 역할로 쓰이는지를 자연스럽게 파악할 수 있어, 서술형 문제에서 활용하기 훨씬 수월하다.

2. 등급별 맞춤 전략

현재 3-4등급인 학생이라면 서술형 50% 이상 득점을 목표로 하자. 우선 기초를 다지는 것이 중요하다. 지문을 3번 이상 소리 내어 읽고, 의미 단위로 끊어서 해석하는 청킹 연습을 하며, 중학교 수준 문장부터 완벽하게 영작하는 것부터 시작하자.

매일 교과서 본문 1개 지문을 정독하고, 핵심 문장 5개를 암기하며, 기본 영작 10문장을 연습하는 것이 적절한 학습량이다. 욕심내서 너무 많은 양을 하려고 하면, 오히려 꾸준히 이어가기 힘들다.

1-2등급을 목표로 하는 학생이라면 서술형 80% 이상 득점이 목표다. 고난도 지문까지 분석하고, 같은 의미를 다양하게 표현하는 창의적 표현력을 기르며, 빠르고 정확한 답안 작성 능력을 길러야 한다.

이 수준에서는 외부 지문 2개를 분석하고, 고급 어휘 표현 10개를 학습하며, 실전 서술형 문제 5개를 풀이하는 것이 적절하다. 양보다는 질에 집중해서 깊이 있게 공부하는 것이 효과적이다.

3. 시험장에서의 실전 노하우

시험 당일에는 시간 배분이 무엇보다 중요하다. 객관식에 70%, 서술형에 30%의 시간을 할애하되, 서술형 풀이 시간도 반드시 남겨둬야 한다. 객관식을 빨리 풀겠다고 대충 하면 안 되지만, 서술형을 못 풀 정도로 시간을 다 써버리는 것도 문제다. 서술형 채점 시 시간이 부족해서 작성하지 못한 친구들이 정말 많이 있다.

답안 작성 요령도 중요하다. **핵심 단어부터 써두고 나서 문장을 완성하는 것이 좋다.** 이렇게 하면 시간이 부족해도 부분점수라도 받을 수 있다. 문장을 다 쓴 후에는 반드시 문법을 검토해야 한다. 그리고 채점자가 읽기 쉽도록 깔끔한 글씨로 써야 한다.

자주하는 실수들도 미리 알아두자. 모르는 단어로 복잡하게 쓰려고 하거나, 문법 확신 없이 써내려가거나, 시간 부족으로 대충 마무리하는 것은 금물이다. 대신 아는 표현으로 정확하게 쓰고, 문법 규칙을 철저히 지키며, 여유 있게 검토할 시간을 확보해야 한다.

〈실제 서술형 문제 풀이〉

서술형 문제 실습!!

[논술형 1] 글 (B)는 글 (A)의 중심 내용을 개조식으로 나타낸 것이다. 다음 글을 읽고 글 (B)의 빈칸 ⓐ ~ ①에 들어갈 말을 〈조건〉에 맞게 작성하시오. [총 60점]

(A)

Athletic performance is not the only impact that our changing climate has on sports. The impact on hockey has the National Hockey League concerned. Traditionally, many young Canadians learned to play hockey while skating on frozen ponds during the winter months. However, as temperatures rise globally, ponds once suitable for hockey no longer have enough ice to support skating. Some do not freeze at all, and those that do freeze maintain ice thick enough for play for much shorter periods of time each winter. This means that young people have less access and opportunity to learn and play hockey outdoors. This may translate into fewer players and even fewer fans of the sport. Moreover, young players learning the sport will be forced to do so in indoor venues, which are much more expensive and harder to access than traditional outdoor play. Thus, it will become much more difficult for talented players growing up in rural areas and/or in poor families to learn to play the sport at a professional level. This may turn hockey into a sport largely inaccessible by the economically disadvantaged.

(B)

Topic	the impact of climate change on sports
Cause	ⓐ global temperatures rise
Effect	• difficulty ⓑ maintaining enough ice thickness for skating ↓ • ⓒ reduced opportunities to play ice hockey outdoors ↓ • increased ⓓ reliance on more expensive indoor venues ↓ • hockey, a sport that is only ⓔ accessible to those who can ① afford it

— 〈조 건〉 —

● 답안 작성 시 필요한 단어는 윗글 (A)와 아래 주어진 단어에서만 찾아 한 단어로 쓸 것
　　reduce / reliable / affordable
● 필요하면 어법과 내용에 맞게 단어의 형태를 변형할 것

STEP 1 : 핵심 키워드 찾기 (1분)

빠르게 체크:

주제 : climate change + sports

원인 : temperatures rise / ice 부족

결과 : outdoor → indoor / expensive / inaccessible

STEP 2 : 한글 1줄 정리 (30초)

Topic : 기후 변화가 스포츠에 미치는 영향

Cause : 기온↑, 얼음↓

Effect : 야외↓, 실내(비쌈)↑, 부유층 전용

STEP 3 : 영작하기 (3분)

Topic 작성

한글 : 기후 변화가 스포츠에 미치는 영향

영작 : the impact of climate change on sports

Cause 작성

Cause 1 : global temperatur rise

Cause 2 : not enough ice for skating

Effect 작성

Effect 1 : fewer outdoor hockey opportunities

Effect 2 : reliance on expensive indoor venues

Effect 3 : only affordable to the wealthy

STEP 4: 빠른 검토 (30초)

주어-동사 / 관사 / 전치사 체크!

5분 컷 전략

1분 : 키워드 찾기 (temperatures, ice, expensive, afford)

30초 : 한글 구조 잡기

3분 : 영작 (아는 표현으로!)

30초 : 문법 체크

시간 부족할 때 (부분점수 전략)

핵심 키워드만이라도 쓰자! → 'temperatures rise' /

'expensive' / 'inaccessible' 만 써도 점수 확보

〈복습하기 전략〉

패러프레이즈 연습 :

economically disadvantaged = those who cannot afford
it = low-income people

서술형 전용 단어장 :

accessible (형) → access (명), inaccessible (반의어)

rely (동) → reliance (명), reliable (형)

afford (동) → affordable (형)

핵심 공식: 키워드 → 한글 정리 → 영작 → 체크 (총 5분)

현직 교사의 시크릿 꿀팁

[교사노트 | 표현하는 순간 실력이 된다]

서술형은 '독해의 감'이 아닌 '출력 연습'의 산물이야. 특히 내신은 '출제자의 관점'을 익히는 연습이 반드시 필요해. 수업 시간에 선생님이 강조한 표현, 판서한 문장, 숙제로 냈던 문제는 그냥 지나치지 말자. 그대로 시험에 나오는 경우가 정말 많거든!

작지만 강력한 팁 네 가지

1. 수업 중 '선생님 말버릇' 수집하기

선생님이 "이건 꼭 알아야 해요, 이건 정말 중요하지."의 경우 시험에 나올 가능성이 높다.

2. 기출문제 복기노트 만들기

서술형에서 틀린 문제는 "왜 틀렸는가"를 말로 풀어보며 정리하자. 단순히 정답만 보는 것보다 훨씬 효과적이야.

3. 서술형 문장, '내 입에 붙게' 암기하기

아무리 멋진 문장도 내 손으로 못 쓰면 무용지물! 소리 내어 읽고, 녹음해서 듣고, 손으로 써보는 반복이 필요해. 이게 바로 출력연습! 글의 핵심을 파악하는 과정이 중요하다고 했는데 핵심을 잡아서 어떻게 영어로 요약해야 할지 모르겠다면 AI의 도움을 받는 것도 좋아. ChaptGPT나 카카오톡 AskUp에 들어가서 공부하고 있는 지문 내용을 넣고, "핵심 단어를 포함해 영어로 문장을 만들어줘"라고 요청하면 문법에 맞는 요약문을 만들어줄거야. 그 문장을 내 입으로 읽어보고, 내 귀로 들어보면서 내 것으로 만들어 보자.

4. 작은 성공 경험 쌓기

서술형에서 5문항 중 1문항만 작성했던 내가, 다음 시험에선 3문항까지 완성했다면? 그건 분명한 성장이다. 스스로를 칭찬해주자.

[4] 실전 체크리스트

시험 전 준비 체크

· 학교별 기출문제 3년치 분석을 완료했는가?

　→ 자주 출제되는 유형과 표현을 파악했는지 확인하자.

· 선생님의 수업 중 강조 표현을 메모해두었는가?

　→ "이건 꼭 알아야 해요"라는 말은 곧 시험 문제라는 뜻이다.

・자주 나오는 서술형 유형을 정리해보았는가?

→ 요지 작문형, 빈칸 추론형 등 유형별 공략법을 갖추고 있어야 한다.

・서술형 전용 단어장을 따로 만들어 관리하고 있는가?

→ 서술형에서 바로 활용할 수 있는 실전형 단어 정리가 필요하다.

학습 루틴 체크

・매일 지문 1개 이상 정독하고 핵심 문장을 정리했는가?

→ 꾸준한 정독이 서술형 실력의 기초다.

・핵심 문장을 패러프레이즈하여 3가지 버전으로 바꾸는 연습을 해보았는가?

→ 같은 내용을 다양한 방식으로 표현하는 능력을 길러야 한다.

・핵심 문장을 녹음하고 반복 청취, 말하기 연습을 했는가?

→ 입으로 익힌 표현이 시험장에서 손으로 자연스럽게 나올 수 있다.

・문법, 철자, 대소문자까지 꼼꼼히 검토했는가?

→ 정답이 맞더라도 문법 실수가 있으면 감점당할 수 있다.

이 체크리스트를 한 항목씩 점검하며 학습 루틴을 꾸준히 실천해 나간다면, 서술형 시험에 대한 두려움은 자연스럽게 줄어들 것이다.

정리 - 서술형, 이제는 두렵지 않다

서술형 문제는 결코 막막한 장애물이 아니다. 단지 객관식과는 다른 방식의 공부가 필요할 뿐이다. 서술형은 능동적으로 정답을 만들

   공부머리는 만드는 것이다

어내는 능력을 평가한다. 하지만 이 능력은 하루아침에 길러지지 않는다. 핵심은 꾸준한 출력 연습이다. 중요한 것은 올바른 방법으로, 체계적으로 접근하는 것이다. 무작정 많이 공부하는 것보다, 핵심을 정확히 파악하고 표현하는 훈련이 훨씬 효과적이다.

기억하자. 서술형의 비밀은 완벽한 암기가 아니라, 핵심을 파악하고 자신의 언어로 표현하는 능력에 있다. 이 능력을 기르기 위해서는 입력보다 출력에 집중해야 한다. 알고 있는 내용을 꺼내어 정리하고, 쓰고, 말하고, 고치는 과정을 반복해야 한다.

둘째. 영어 어휘 효율적 학습 전략

[1] 왜 영어 단어 암기가 힘들까?

단어 암기의 덫에서 벗어나라

단어장을 펴고 책상에 앉는 순간, 머릿속에서는 이미 단어들이 이탈을 준비하고 있는 것 같다. 눈으로 보고, 손으로 쓰고, 입으로 읽으며 수십 번 반복해도 다음 날이면 처음 보는 단어처럼 낯설다.

"선생님, 단어가 너무 안 외워져요." 학생들이 토로하는 이 고민은 마치 신화 속 프로메테우스의 형벌과 같다. 매일 단어라는 바위를 산 위로 밀어 올리지만, 하루가 지나면 다시 제자리로 굴러 떨어진다. 하지만 이것은 의지 부족의 문제가 아니다. 잘못된 방법으로 공부하고 있기 때문이다.

절대평가로 전환된 수능 영어는 분명 기회다. 90점만 넘으면 1등급이다. 그런데도 여전히 3-4등급에서 정체된 학생들이 많다. 매일 단어를 외우고, 문제집을 풀고, 학원까지 다니는데 왜 성적은 제자리일까?

그 답을 찾기 위해 수많은 학생들과 상담하고, 성공 사례를 분석한 결과 몇 가지 공통된 패턴을 발견할 수 있었다. 성적이 오르는 학생들은 단순히 더 많이 공부하는 것이 아니라, 다르게 공부하고 있었다.

[2] 핵심 전략 – 단어 암기가 실패하는 원인을 찾아라. 출력 중심의 어휘 학습이 필요하다!

대부분의 학생들이 하는 첫 번째 실수는 암기를 입력 중심으로 생각한다는 점이다. 단어장을 보고, 10번씩 쓰고, 소리 내어 읽는 것을 반복하는 것으로 충분하다고 믿는다. 하지만 인간의 뇌는 **출력할 때** 가장 강하게 기억한다.

수영을 생각해보자. 아무리 물 밖에서 팔 동작을 연습해도 실제 물에 들어가지 않으면 수영을 할 수 없다. 단어 암기도 마찬가지다. 단어를 외웠다면 반드시 실제 문제에서 그 단어를 찾아내고, 문맥에 맞는 뜻을 파악하고, 문장 전체의 흐름을 이어가는 출력 과정이 뒤따라야 한다.

두 번째 실수는 **품사를 무시하고 뜻만 외운다는 것이다.** 'general'

이라는 단어를 예로 들어보자. 대부분의 학생들은 'general = 일반적 인'으로만 기억한다. 하지만 이 단어가 형용사로서 문장에서 어떤 역 할을 하는지는 모른다. 그래서 'The general opinion is that he is honest.'라는 문장을 만나면 해석이 막히는 것이다. 영어는 **품사 중 심 언어**다. 단어의 역할을 이해해야 문장의 구조가 보이고, 해석도 자 연스럽게 따라온다.

세 번째 실수는 **자기 객관화의 부족**, 즉 메타인지 결여다. 영어 실 력이 정체된 학생들은 어떤 유형의 단어 문제에서 자주 틀리는지 모 르고, 왜 그 문제가 어려운지 분석하지 않으며, 같은 실수를 반복한 다. 서술형 문제에서 반복적으로 어휘 실수를 하지만 '그냥 단어를 몰 랐어'라고만 생각하는 경우가 그렇다. 자신의 공부 과정을 제3자 시 점에서 바라보는 메타인지 학습법이 필요하다.

[3] 실천 방법 – 단어, 이렇게 외워라

기존 방식을 버리고 문장 속 단어 위주로 외우는 것이 핵심이다. 'abandon = 버리다'로 외우는 것이 아니라 'abandon = **동사**, 버리 다, abandon the plan(계획을 포기하다)'로 외워야 한다.

단어장을 만들 때도 다르게 접근해보자. 'contribute'라는 단어 를 예로 들면, 품사는 동사, 기본 뜻은 기여하다, 예문은 'Exercise contributes to good health.', 변형은 contribution(명사), contributor(명사), 출제포인트는 'contribute to + 명사(동명사)'로 정리한다. 이렇게 하면 단순 암기가 아닌 실전 활용 암기가 된다.

단어 암기법

- 매일 영어 문제 4개 → 모르는 단어 5개 이상 단어장에 기록.

- 단어장 구성: 품사, 예문, 파생어, 출제포인트 포함.

- 하루 20개, 작게 자주 반복.

- 자투리 시간 활용, 감정 연결, 일기 문장에 활용 → 뇌 각인도 상승.

〈단어 학습 예시〉

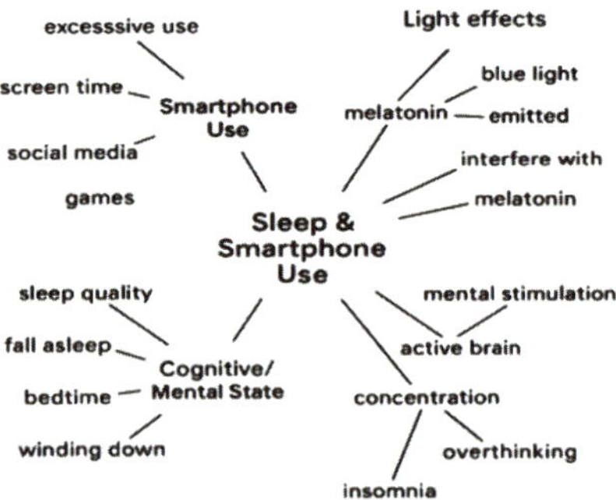

[교사노트 | 나만의 단어장, 시험장까지 함께 가자]

영어 실력은 하루아침에 쌓이지 않아.

그런데 내가 20년 가까이 학생들을 가르치면서 진짜 효과 본 방법이 하나 있어.

바로 '**나만의 단어장**'을 만드는 거야.

하루에 영어 문제 4개만 풀어도 모르는 단어가 5개는 나와.

그 단어들을 그냥 넘기지 말고, 수첩에 1번부터 번호 매겨 기록해봐.

• 세 번 이상 본 단어는 ★3 표시

• 기억 안 나는 단어는 빨간 펜 동그라미

• 완전히 익힌 단어는 형광펜 표시

 이 단어장이 100개, 500개, 1000개가 되면?

그건 단순한 노트가 아니라 손때 묻은 내 어휘 자산이야.

시험장에 들고 가면 '나 진짜 많이 해왔구나' 싶은 심리적 자신감이 생기고,그게 실전에서 포기하지 않게 도와주는 힘이 돼.

하루 20단어, 작게 시작하자.

"오늘 100개 외울 거야!" 하고 덤비면 금방 지쳐.

20개를 확실히 아는 게 100개를 대충 보는 것보다 훨씬 나아.

처음엔 단어가 외계어처럼 느껴질 수도 있어.

Melancholy는 슬픈 음악 들으며,

[4] 실전 체크리스트 - 나만의 어휘 루틴을 점검하라

어휘 공부는 단기간에 끝나는 과제가 아니다. 매일 쌓아올리는 과정 속에서 작은 실천들이 모여 눈에 보이는 성과로 이어진다. 다음 체크리스트를 통해 지금 나의 어휘 공부 루틴을 점검해보자.

단어장 준비 체크

• 영어 문제 풀이 중 모르는 단어를 따로 기록하고 있는가?

• 나만의 단어장에 품사, 예문, 파생어, 출제 포인트를 함께 정리하고 있는가?

• 단어별로 반복 횟수를 체크하거나, 복습 표시(★, 동그라미, 형광펜 등)를 해두었는가?

• 일상 속 자투리 시간에 단어장을 꺼내어 보는 습관이 자리 잡았는가?

    공부머리는 만드는 것이다

학습 루틴 체크

- 하루 20단어씩, 작게 시작하고 자주 반복하고 있는가?
- 외운 단어를 3일 후, 1주일 후에 다시 복습하는 시스템을 만들었는가?
- 단어의 뜻만 외우지 않고, **예문 속에서 문맥으로 의미를 익히는 연습**을 했는가?
- 매일 배운 단어 3개로 **짧은 일기 문장을 직접 써보는 연습**을 실천하고 있는가?
- 단어에 감정과 경험을 연결해 기억에 각인하는 방법을 사용했는가?

이러한 루틴을 실천하고 있다면, 단어 공부는 더 이상 '암기의 고통'이 아니라 '나의 언어를 만들어가는 과정'으로 느껴질 것이다. 단어가 나의 사람처럼 느껴지는 순간, 어휘는 진짜 내 것이 된다.

결국, 영어 실력은 단어 습관에서 완성된다

영어 단어 암기는 재능이 아니라 습관의 결과다. 단어를 머릿속에 억지로 밀어 넣는 공부에서 벗어나, **단어를 생활 속에서 불러내고 활용하는 훈련**으로 전환해야 한다. **입력보다 출력, 암기보다 연결, 반복보다 응용**이 핵심이다.기억하자. 어휘력은 하루에 100단어를 외우는 **결심이 아니라,** 하루 20단어를 끝까지 책임지는 실천에서 만들어진다. 중요한 건 '많이'가 아니라 '꾸준히'다. 단어는 무조건 외우는 것이 아니라, **내가 쓰는 말로 만들어야** 오래 기억된다. 오늘 외운 단어가 나의 이야기에 녹아드는 순간, 영어는 시험 과목이 아니라 **나를 표**

현하는 언어가 된다. 어휘 공부, 이제는 두렵지 않다. 작은 단어 하나가, 영어 실력 전체를 바꾼다.

[1] 왜 절대평가라는 영어과목, 등급 올리기가 힘들까?

절대평가, 진짜 기회일까?

수능영어 절대평가 등급컷을 살펴보자. 1등급은 90점 이상, 2등급은 80점 이상, 3등급은 70점 이상이다. 현실적으로 계산해보면 듣기에서 37점, 21-30번 쉬운 문항에서 40점, 어려운 문항에서 일부만 맞춰도 90점 달성이 가능하다.

핵심은 **선택과 집중**이다. 모든 문제 유형을 다 맞추려 하지 말고, **맞출 수 있는 문제는 확실히 맞혀서 점수를 확보하는 전략이 필요하**다. 이것이 절대평가의 장점을 활용하는 방법이다.

현재 4-5등급인 학생이라면 우선 70점을 목표로 하자. 듣기 17문항에서 만점을 목표로 하고, 18~28번(목적, 주장, 도표 등)과 43~45번(장문)처럼 비교적 평이한 유형을 다 맞춘 뒤, 빈칸이나 순서 같은 고난도 유형에서 3-4개만 더 맞춰도 3등급이 될 수 있다. 매일 듣기 1회분을 풀어보자. 잘 안들렸던 문제는 스크립트를 보며 섀도잉을 하면서 어휘와 문장구조를 익혀본다. 21-30번처럼 쉬운 유형부터 접근하자. 고빈도 기본 단어 50개를 품사별로 정리하면서 외우는 것이 도움이 된다.

2~3등급에서 1등급을 목표로 하는 학생은 좀 더 전략적으로 접근해야 한다. 듣기 만점을 유지하고, 21-30번에서 만점을 받으며, 31번 이후에서 절반 이상을 정답으로 맞춰야 한다. 쉬운 독해 유형에서 실수 없이 시간을 단축하며, 빈칸 완성, 글의 순서 등 고난도 문제(킬러 문항)에서 승부를 봐야 한다. 빈칸 완성, 글의 흐름 추론 등 고난도 문제 4개 이상을 매일 한 문항 당 2분~3분이 넘지 않도록 시간을 재며 풀고, 지문에서 몰랐던 어휘 및 고난도 단어 30개와 어법까지 정리해야 한다.

[2] 핵심전략
수능영어 4등급을 1등급으로 만드는 기적

듣기, 37점을 잡아라
듣기 37점은 반드시 확보해야 할 기본점수다. 3단계 학습법으로 접근해보자.

1단계 실전 풀이 : 실제 시험처럼 한 번에 17문항을 풀고, 답안을 체크한 후 틀린 문항을 표시한다.

2단계 스크립트 분석 : 틀린 문항의 대본을 확인하고, 놓친 키워드를 표시하며 왜 틀렸는지 원인을 분석한다.

3단계 섀도잉 훈련 : 음성과 동시에 따라 말하며, 속도와 억양까지 따라 하려고 노력하다 보면 그 문장이 익숙해진다.

섀도잉은 단순히 따라 읽는 것이 아니다. 원어민의 호흡과 리듬을 체득하는 과정이다. 처음엔 어색하겠지만 꾸준히 하다 보면 영어의 자연스러운 흐름을 익힐 수 있다. 나중에 외국에 여행 갔을 때, 실제로 발음하며 외국인과 소통할 수 있는 기회가 될 테니 더욱 의미 있는 공부 시간이다.

이러한 청취 훈련이 없으면 수능 시험장 속 긴장된 상태에서 더 안 들릴 수 있다. 항상 최악의 상황에 대비해 충분히 연습해 두자.

고난도 문항, 이렇게 공략하라

31번 이후 고난도 문항이 등급을 결정한다. 하루 4문제 원칙으로 접근해보자. 빈칸추론 1개, 순서배열 1개, 문장삽입/글의 순서 1개, 요약 1개씩 풀되, 문제당 2분 30초로 시간을 제한한다.

문제를 푼 후에는 반드시 세 가지 작업을 해야 한다. 왜 정답인지 근거를 찾고, 오답이 왜 틀렸는지 분석하며, 비슷한 유형을 1개 더 풀어본다. 이 과정을 통해 문제 해결력이 향상된다.

특히 빈칸추론 문제는 논리적 사고가 중요하다. 빈칸 앞뒤 문장의 관계를 파악하고, 연결어에 주목하며, 전체 글의 흐름을 이해해야 한

     공부머리는 만드는 것이다

다. 단순 단어 실력으로는 한계가 있다.

[3] 실전 전략 – 시험장에서 어떻게 할 것인가?

총 70분을 어떻게 배분할 것인지 미리 계획을 세워야 한다. 듣기 평가는 25분 이내로 진행되므로, 이를 제외하면 독해 28문항에 온전히 쓸 수 있는 시간은 45분 남짓이다. 번호 순서대로 푸는 기계적인 방식보다는 '유형별 공략 순서'를 따르는 것이 무엇보다 중요하다.

문제를 푸는 순서도 전략이다. 우선 듣기 안내 방송이 나오는 자투리 시간을 활용해 글의 목적, 심경 변화, 필자의 주장을 다룬 18~20번이나 도표 문제 등을 미리 눈으로 훑어두며 예열을 하자. 듣기 평가가 끝나면 곧바로 '독해 선반전(속도전)'에 돌입해야 한다. 18~28번(대의 파악, 세부 내용), 43~45번(장문) 등 쉬운 유형을 빠르게 처리하여 시간을 확보하는 것이 핵심이다. 여기서는 고민을 최소화하고 속도를 내야 한다.

충분한 시간이 확보되었다면 이제 '독해 후반전(논리전)'을 치러야 한다. 아껴둔 시간을 빈칸(31~34번), 순서 및 삽입(36~39번) 등 킬러 문항에 투자하자. 이 어려운 문제들은 한 문제당 2~3분을 써도 좋다. 단, 3분을 고민해도 답이 보이지 않는다면 과감히 별표를 치고 넘어가는 용기가 필요하다. 수능장에서는 '빠른 손절'도 실력이다. 시간이 금인 영어 영역에서 3분을 넘겼는데도 답이 안 보인다면 우선 미련 없이 보내줘라. 그래야 시험 끝까지 페이스를 잃지 않고 완주할 수 있다.

매주 체크리스트로 학습 점검하기

1. 이번 주 가장 많이 틀린 유형과 실수 패턴은?

    · **예** 빈칸추론에서 자주 틀렸다 → 문장 간 논리 연결 연습 부족

    · 해법: 순접/역접/인과 관계를 분류해서 신호어 집중 훈련

2. 시간 관리는 잘 되었는가?

    · **예** 1시간 공부했지만 집중한 건 30분뿐 → 계획 과부하 가능성

    · 해법: 25분 집중 + 5분 휴식의 '포모도로' 방식 적용

3. 집중력이 가장 떨어지는 시간대는 언제인가?

    · **예** 점심 먹고 난 직후 / 자기 전 스마트폰 사용 이후

    · 해법 : 그 시간엔 단어 정리, 복습 등 가벼운 학습으로 전환

4. 다음 주 보완할 점은 무엇인가?

    · 실수를 줄이기 위한 문법 훈련

    · 매일 핵심 문장 3개씩 말하고 써보기

    · 듣기 연습을 아침 루틴에 넣기 등

Tip : 위 내용을 노트 한 페이지에 '주간 학습 리포트'로 정리해보자. 글로 쓰면 더 명확해지고, 다음 계획 수립이 쉬워진다.

GRIT 리딩 전략을 활용하자

수능, 모의고사, 내신 영어 지문은 단순한 문장 나열이 아니다. 대

부분 정해진 논리 구조를 따르고 있다. 이것을 분석하며 읽는 GRIT 리딩 전략을 적용해 보자.

G - Guess and Grab the topic : 주제(첫 문장 or 마지막 문장)를 빠르게 파악

R - Recognize the relationship : 문장 간 연결관계(역접, 인과, 나열 등) 찾기

I - Identify key ideas : 핵심어 중심으로 글의 맥락을 잡으며 뼈대 세우기

T - Trace the logic : 글 전체의 논리적 흐름을 추적하여 구조화하기

이 방법을 통해 단순 해석이 아닌 **구조 분석 중심의 독해**가 가능해지고, 빈칸 추론이나 요지 파악 문제에서 실수를 줄일 수 있다.

T 과정에서는 글의 전체 흐름을 봐야 한다.

· Q&A 구조 (질문-대답)

· Myth & Contradict (잘못된 통념 반박)

· Cause & Effect (원인과 결과)

· Compare & Contrast (비교와 대조)

· Research & Findings (연구와 결과 도출)

· Problem & Solution (문제와 해결)

보통 주제는 글의 뒷부분에 실리는 경우가 많다. 반복되는 논리 구조를 먼저 파악하면 글을 훨씬 정확하게 읽을 수 있다.

〈GRIT 리딩 전략〉

36. (2022년 수능)

> According to the market response model, it is increasing prices that drive providers to search for new sources, innovators to substitute, consumers to conserve, and alternatives to emerge.

(A) Many examples of such "green taxes" exist. Facing landfill costs, labor expenses, and related costs in the provision of garbage disposal, for example, some cities have required households to dispose of all waste in special trash bags, purchased by consumers themselves, and often costing a dollar or more each.

(B) Taxing certain goods or services, and so increasing prices, should result in either decreased use of these resources or creative innovation of new sources or options. The money raised through the tax can be used directly by the government either to supply services or to search for alternatives.

(C) The results have been greatly increased recycling and more careful attention by consumers to packaging and waste. By internalizing the costs of trash to consumers, there has been an observed decrease in the flow of garbage from households.

① (A) − (C) − (B)　　② (B) − (A) − (C)
③ (B) − (C) − (A)　　④ (C) − (A) − (B)
⑤ (C) − (B) − (A)

STEP 1: G – 주제 잡기 (5초)

박스 글 핵심 한 줄 : '가격 상승이 공급자/소비자의 행동 변화를 일으킨다'

→ Cause & Effect 구조 예상!

STEP 2 : R – 연결어 중심으로 글의 전체 관계 찾기 (20초)

(B) 첫 문장 : 'Taxing... and so increasing prices' → 박스의

공부머리는 만드는 것이다

‘가격 상승’ 직접 연결 → 박스 바로 뒤

(A) 첫 문장 : ‘Many examples of such green taxes...’ → ‘such’ = 앞 내용 받음 → (B) 뒤에 위치

(C) 첫 문장 : ‘The results have been...’ → 최종 결과 정리 → 맨 마지막

STEP 3 : I – 핵심어로 구조 파악하기 (5초)

박스 : 가격 상승 → 행동 변화 (이론)

↓

(B) : 세금으로 가격 올리기 (방법)

↓

(A) : 쓰레기봉투 유료화 (사례)

↓

(C) : 재활용 증가 (결과)

STEP 4: T – 논리 확인하기 (5초)

Cause & Effect 구조 완성 : 원인 제시 → 방법 설명 → 구체 사례 → 최종 결과

정답 : (B) - (A) - (C)

GRIT 리딩의 힘 : 전략적으로 글의 전체 구조를 파악하면 답이 보인다!

[교사노트 | 메타인지, 성공의 비밀]

"열심히는 했는데, 왜 성적이 안 오르죠?" 이런 질문을 받을 때마다 나는 되물어.

"어떻게 공부했는지, 기록해봤니?"

공부에서 가장 중요한 건 '자기 자신을 돌아보는 시간'이야.

이게 바로 요즘 힙한 **메타인지** 학습법이지. 단순히 몇 시간 공부했느냐보다, 그 공부가 얼마나 **효과적**이었는지 스스로 점검하고 적어보고, 조절하는 시간이 성적을 바꾼단다.

[5] 실전 체크리스트 – 수능영어, 전략이 있는지 점검하라

수능영어는 단순한 암기 싸움이 아니다. 문제 접근 방식, 시간 배분, 실수 패턴을 파악하고 개선하는 것이 실력 상승의 핵심이다. 다음 체크리스트를 통해 지금까지의 학습 방향을 점검해보자.

문제 접근 체크

· 듣기 17문항을 실전처럼 한 번에 풀고, 오답을 분석했는가?

· 틀린 문항의 스크립트를 분석하고, 놓친 키워드를 표시했는가?

· 고난도 문항(빈칸, 순서, 삽입, 요약)을 하루 4문제씩 시간 제한 안에 풀어보았는가?

· 오답 이유를 정리하고, 유사 유형을 추가로 연습했는가?

학습 루틴 체크

- 듣기 연습과 섀도잉/받아쓰기를 매일 꾸준히 실천하고 있는가?
- 21-30번 유형 중심 독해를 빠르고 정확하게 연습했는가?
- 고난도 지문에서 **논리 흐름과 연결어**를 중심으로 구조 분석을 하고 있는가?
- 매주 1회, **학습 점검 리포트**를 작성하며 실수 유형과 시간 관리 상태를 돌아보고 있는가?

어휘와 문법 정리 체크

- 고빈출 단어를 품사와 예문 중심으로 정리하고, 반복 복습하고 있는가?
- **어법 정리 노트**를 따로 만들어, 자주 틀리는 문법 포인트를 정리했는가?
- 시험 전에는 반드시 철자, 시제, 관사 등 세세한 문법 사항까지 검토하고 있는가?

정리 - 기적은 전략에서 시작한다

4등급에서 1등급으로 가는 것은 기적이 아니다. 올바른 전략의 결과다. 선택과 집중으로 맞출 수 있는 문제를 확실히 확보하고, 단어만 외우기보다 문제를 풀면서 맥락 속에서 의미를 익히고, 내가 어떻게 공부하는지를 스스로 객관화하고 관찰하는 것이 핵심이다.

숨이 턱 끝까지 차오르도록 달렸지만, 결국 제자리뿐인 런닝머신 위에서 이제는 내려오자. 전략을 바꾸면 결과도 바뀐다. 수능영어 1 등급은 이제 기적이 아닌 계획된 성공이다. 매일 조금씩, 올바른 방법으로 꾸준히 나아간다면 반드시 목표에 도달할 수 있다.

수학 실력의 본질을 꿰뚫는 공부법

[1] 수학, 왜 멈추게 되는가?

'공식은 외웠는데 문제는 풀리지 않는다.', '풀 때는 알겠는데 다시 풀면 또 모르겠다.' 이와 같은 고민을 하고 있다면, 수학은 풀이 암기만으로는 실력이 향상되지 않는다는 점을 기억해야 한다. 마치 벽돌을 쌓는 것처럼 기초가 튼튼해야 하며, 단순히 외우는 것만으로는 응용력을 기를 수 없다. 중학교 때 수학적 사고력 훈련 없이 고등학교에 진학하면 더욱 큰 장벽에 부딪히게 된다.

수학을 어려워하는 학생은 많다. 이는 개인의 재능이나 노력 부족이라기보다는, 뇌가 수학 정보를 처리하는 방식을 제대로 이해하지 못한 채 비효율적인 방법으로 공부하고 있기 때문이다. 예를 들어, 무작정 공식을 외우거나 문제 유형만 반복하는 학습은 한계에 부딪힐 수밖에 없다. 분명 공식을 암기했음에도, 막상 문제가 조금만 바뀌거나 새로운 유형이 나오면 손이 멈추는 경험이 있다면, 이제는 뇌과학 기반의 새로운 학습 패러다임을 받아들일 때이다.

[2] 핵심 전략 : 수학은 '문제를 분석하고 질문하는 힘'이다

수학은 단순히 공식을 외우고 문제 유형을 암기하는 과목이 아니다. 이는 마치 영어 단어만 외우고 문장 전체의 의미를 이해하지 못하는 것과 같다. 진정한 수학 실력은 문제의 조건을 정확히 읽고, 그 구조를 이해하는 능력에서 나온다. 문제를 보자마자 '이것은 무슨 유형인가?' 하고 답지부터 찾거나, 해설지를 보며 '아, 이 공식을 사용하는 것이구나' 하고 고개만 끄덕이는 것은 절대 실력 향상으로 이어지지 않는다.

수학은 풀리지 않는 문제 앞에서 좌절하고, 다시 분석하고, '왜?'라는 질문을 던지며, 다시 시도하는 과정에서 비로소 성장하는 과목이다. 문제를 풀다가 실수를 한 경우, 그 실수를 단순히 '틀렸다'고 끝내지 않고, 왜 틀렸는지를 깊이 분석해야 한다. 그리고 그 분석을 바탕으로 '이것은 왜 이렇지?', '조건이 바뀌면 어떻게 될까?' 하고 질문을 던져야 한다. 그렇게 질문을 통해 얻은 깨달음으로 다시 반복해서 문제를 해결하려는 사이클을 거치는 것이 바로 진정한 실력을 만드는 과정이다. 이 과정은 뇌가 문제 해결에 필요한 신경 회로를 튼튼하게 만들고, 자신만의 최적화된 문제 해결 알고리즘을 만들어가는 놀라운 여정이다.

수학 학습을 가로막는 여덟 가지 장벽, 함께 극복해야 한다!

수학이 유독 어렵게 느껴지는 이유에는 여러 가지 복합적인 원인이 숨어 있다. 뇌과학적 관점에서 그 원인들을 이해하면, 해결 방법도 더욱 명확해진다.

기초 개념과 원리의 부족 : 수학은 마치 견고한 벽돌집을 짓는 것과 같다. 아래층 벽돌이 흔들리면 위층은 아무리 잘 쌓아도 무너지게 되어 있다. 스탠퍼드 대학교 연구에 따르면, 수학적 사고는 이전에 학습한 개념 위에 새로운 개념이 차곡차곡 쌓이는 '계층적 구조'를 가지고 있다고 한다. 초등학교 때 배운 분수 연산을 제대로 이해하지 못하면 중학교의 비례와 비율 개념을 받아들이기 어렵고, 이는 결국 고등학교 함수 개념이라는 거대한 벽 앞에서 좌절하는 결과로 이어질 수 있다. 현재 어렵게 느껴지는 부분이 있다면, 과감하게 이전 학년의 기초 개념부터 다시 돌아보는 용기가 필요하다.

부정적 정서와 심리적 위축 : '나는 원래 수학을 못 한다', '수학은 너무 어렵다'와 같은 부정적인 생각은 예상보다 훨씬 큰 영향을 미친다. 시카고 대학의 뇌과학 연구에서는 '수학은 어렵다'는 생각만으로도 뇌의 공포와 불안을 감지하는 '편도체'가 활성화될 수 있다고 밝혔다. 편도체가 활성화되면 뇌는 문제 해결에 집중하기보다 마치 위협을 피하려는 것처럼 방어적인 태세를 취하게 된다. 결국, 논리적 사고와 문제 해결을 담당하는 '전전두엽'의 활동이 억제되어 실제 수학 능력까지 저하될 수 있다. "수학은 재미있고 나도 할 수 있다"는 긍정적인 마음가짐을 갖는 것이 중요하다.

비효율적인 학습 습관 : 단순히 공식만 암기하거나 문제 유형만 반복해서 푸는 학습은 효율이 매우 떨어진다. MIT를 비롯한 유수 대학의 학습 과학 및 뇌인지과학 연구들은 단순 암기 위주 학습보다 개념의 의미를 깊이 이해하고 다른 개념들과 연결 지어 학습하는 것이 장기 기억 형성 및 문제 해결 능력 향상에 훨씬 효과적임을 보여주고 있다. 의미 없이 외운 공식은 뇌가 패턴을 인식하고 정보를 유연하게 활용하는 능력을 충분히 발달시키지 못해, 문제 유형이 조금만 바뀌어도 속수무책이 되는 결과를 낳는다. 이제는 '왜?'라는 질문으로 개념의 본질을 파고드는 습관을 들여야 한다.

연습과 반복 학습의 절대량 부족 : '한 번 이해했다'고 해서 연습을 멈추면, 그 개념이나 문제 유형을 뇌가 자동적으로 처리할 수 있을 만큼 신경망이 충분히 강화되지 않는다. 독일 막스 플랑크 연구소를 비롯한 여러 신경과학 연구기관의 뇌 가소성 연구는, 수학적 사고력과 같은 고등 인지 기능이 관련된 신경 회로의 반복적인 활성화와 강화를 통해 발달할 수 있음을 보여주고 있다. 꾸준하고 의식적인 반복 연습, 즉 '질 좋은 반복'이 필수이다.

낮은 자기효능감 : '내가 이것을 해낼 수 있을까?'라는 의구심은 학습에 큰 걸림돌이 된다. 옥스퍼드 대학교 등의 인지 심리학 및 신경과학 연구에 따르면, 아주 작은 문제라도 스스로 해결했을 때 느끼는 성공 경험은 뇌의 '보상 시스템'을 활성화하여 도파민 분비를 촉진하고, 이는 다음 학습에 대한 동기를 강력하게 강화한다고 한다. 반대로 반복적인 실패는 "어차피 나는 안 될 것이다"라는 무력감을 학습시켜

뇌의 학습 회로 자체를 차단할 수도 있다. 작은 성취를 소중히 여기고 자신을 칭찬하는 습관이 중요하다.

수학 용어와 문제 조건 이해력 부족 : 수학 문제, 특히 긴 문장으로 된 문제는 수학적 능력뿐 아니라 문해력, 즉 글을 읽고 정확히 이해하는 능력을 요구한다. 캘리포니아 대학교(UC System)를 포함한 많은 교육 연구기관의 수리 문해력 연구는 수학 문제 해결 과정에서 지문과 조건에 대한 정확한 언어적 해석 능력이 매우 중요한 요소임을 강조하고 있다. 용어의 뜻을 정확히 모르거나 문제의 조건을 잘못 해석하면 엉뚱한 풀이로 이어지기 쉽다. 문제의 **핵심 키워드를 파악하고 조건 하나하나를 꼼꼼히 분석하는 연습**이 필요하다.

학습 계획 및 자기 관리 능력 부족 : 예일 대학교와 같은 연구 중심 대학들의 인지과학 연구에서는 메타인지(자신의 생각에 대해 생각하는 능력)의 중요성을 강조한다. 언제, 무엇을, 어떻게 공부할지에 대한 구체적인 계획 없이 즉흥적으로 공부하는 것은 뇌의 실행 기능을 효과적으로 활용하지 못하게 만들어 학습 효율을 떨어뜨릴 수 있다. 스스로 계획을 세우고, 실행하고, 점검하는 습관을 길러야 한다.

도움 요청 및 피드백 활용의 소극성 : 컬럼비아 대학교 교육대학원 (Teachers College)을 비롯한 여러 교육 심리학 연구에 따르면, 학습 과정에서 시의적절하고 구체적인 피드백을 받는 것은 학습 효과를 크게 향상시키는 중요한 요인이다. 모르는 것을 질문하기 주저하거나 틀린 문제에 대한 피드백을 제대로 활용하지 않는 것은 뇌의 학습 회로를 스스로 차단하는 행위가 될 수 있다. 모르는 것은 부끄러운 것이 아니다. 적극적으로 질문하고 배우려는 자세가 중요하다.

이제 수학을 가로막는 장벽들이 무엇인지 알았으므로, 실제 행동으로 옮길 차례이다. 뇌가 수학을 사랑하게 만들 실천 방법들을 함께 살펴봐야 한다.

[3] 실천 방법-1. 포모도로 방식 학습

포모도로 방식 학습은 최고의 집중력을 유지하고 학습 효율을 극대화하는 것을 핵심 목표로 삼는다. 이 방법론은 25분이라는 짧고 집중적인 학습 시간과 이어진 5분간의 휴식이라는 명확한 패턴으로 구성된다. 이러한 규칙적인 학습과 휴식의 반복은 뇌의 자연스러운 집중력 주기에 부합하여 학습 피로를 효과적으로 경감시키고, 전반적인 학습 효율을 크게 증진시키는 효과를 가져온다. 특히 '수학 공부는 지루하고 고통스러운 과정이다'라는 흔한 부정적 인식을 개선하는 데에도 상당한 도움이 될 수 있다. 이 습관을 꾸준히 실천함으로써 안정적인 학습 리듬을 구축할 수 있으며, 문제를 풀다가 발생한 오류나 틀린 부분을 신속하고 정확하게 확인하는 능력을 효과적으로 기를 수 있다.

[3] 실천 방법-2. 오답노트는 '다시 풀기'가 아니라 '왜 틀렸나?'

오답노트의 진정한 역할은 단순히 틀린 문제를 다시 풀어 정답을 확인하는 것을 넘어, 자신의 사고 과정을 깊이 있게 분석하고 근본적인 약점을 파악하여 보완하는 강력한 도구가 되는 것이다. 오답노트를 작성할 때는 '나는 왜 이 문제를 이렇게 접근하고 생각했을까?', '문제 해결 과정 중 어느 단계에서 생각의 방향이 잘못 설정되었을까?', '이 문제를 해결하기 위한 가장 올바른 접근법과 핵심적으로 적용되어야 할 개념은 무엇이었을까?'와 같은 질문들을 끊임없이 스스로에게 던지며 매우 체계적으로 분석해야 한다. 실수의 원인을 계산 실수, 문제 조건에 대한 오독, 개념에 대한 불완전한 이해, 풀이 과정에서의 논리적 비약 등으로 구체적으로 분류하고 상세히 기록하는 것이 무엇보다 중요하다. 이 면밀한 분석 과정을 통해 반복적으로 나타나는 실수의 패턴을 명확히 찾아내고, 해당 약점을 집중적으로 보완함으로써 실질적인 실력 향상을 이루어낼 수 있다.

[3] 실천 방법-3. 연속 질문 만들기

연속 질문 만들기는 개념의 본질적인 이해를 심화시키고, 나아가 문제 해결에 필요한 응용력을 효과적으로 강화하는 것을 핵심으로 한다. 틀린 문제나 아직 이해가 부족한 개념을 마주했을 때, '이러한 결과는 왜 발생한 것인가?', '이 개념의 정확하고 완전한 정의는 무엇인가?', '만약 문제의 주어진 조건이 조금이라도 변경된다면 결과는 어떻게 달라질까?', '이 문제는 과연 다른 방법으로도 해결할 수 있는가?' 등 최소 3개 이상의 다각적인 질문을 스스로에게 꾸준히 던져야 한다. 이러한 질문 방식은 단순한 표면적 이해를 뛰어넘어, 근본적인 원리와 다양한 개념들 간의 유기적인 연결고리를 깊이 있게 파악하는 데 지대한 도움을 준다. 혼자서 답을 찾기 어렵거나 막히는 부분이 있

  공부머리는 만드는 것이다

다면, 주저하지 말고 학교 선생님이나 학원 강사, 혹은 동료 친구들, 나아가 최신 AI 챗봇에게 적극적으로 질문하고 명확하고 구체적인 피드백을 받는 것이 매우 중요하다.

[3] 실천 방법-4. 개념 시각화 및 스토리텔링

개념 시각화 및 스토리텔링은 추상적이고 복잡하게 느껴지는 수학 개념들을 구체적이고 직관적인 이미지로 전환하여 장기 기억에 효과적으로 저장하는 것을 핵심으로 한다. 딱딱하게 정의된 수학 공식이나 이해하기 어려운 복잡한 개념들을 자신만의 독창적인 이야기, 그림, 친숙한 캐릭터, 혹은 명료한 도표 등으로 바꿔서 이해하고 기억하려는 노력이 필요하다. 예를 들어, '함수'리는 개념을 '숫자를 입력하면 새로운 숫자로 변신시켜주는 신비로운 마법 상자'처럼 상상하여 구체적인 이미지로 기억하거나, '미분'이라는 개념을 '어떤 대상의 순간적인 변화율을 매우 정밀하게 포착해내는 고성능 현미경'으로 비유하여 이해하는 방식이다. 또한, 단원들 간의 유기적인 연결 관계를 한눈에 파악하기 위해 개념 지도(마인드맵)를 직접 그려보면, 시각적인 기억을 더욱 강화할 수 있을 뿐만 아니라 전체적인 학습 맥락을 이해하는 데에도 매우 효과적인 학습 전략이 된다.

[3] 실천 방법-5. AI 및 디지털 도구 적극 활용

AI 및 디지털 도구의 적극적인 활용은 개별 학생의 학습 수준에 최적화된 맞춤형 학습을 가능하게 하고, 추상적인 수학 개념들을 훨씬 더 직관적으로 이해할 수 있도록 지원하는 것을 핵심으로 한다. AI 기반 학습 도구들을 자신만의 개인 과외 선생님처럼 능동적으로 활용해야 한다. 예를 들어, "고등학교 1학년 수학에서 도형의 평행이동 개념의 어렵습니다. 일상 속 소재를 활용해서 쉽게 설명해주세요"와 같이 구체적으로 요청함으로써 자신의 수준에 꼭 맞는 설명을 들을 수 있다. 나아가 문제 풀이 과정에 대한 단계별 힌트나, 오답 발생 시의 상세한 분석 가이드를 요청하는 것도 가능하다. GeoGebra나 Desmos와 같은 동적인 수학 소프트웨어는 함수 그래프의 변화 양상이나 도형의 움직임을 실시간으로 시각적으로 보여주어, 복잡하고 추상적인 개념들을 훨씬 직관적으로 이해하는 데 막대한 도움을 제공한다. Quizlet과 같은 앱으로 수학 용어 암기 카드를 만들거나, Anki 앱을 활용하여 뇌의 망각곡선에 맞춰 자동으로 복습 문제를 제시받는 것도 학습 효과를 높이는 효율적인 방법이다. AI를 단순히 정답을 찾아주는 도구로 여기기보다, '나만의 전담 수학 튜터'로 인식하고 적극적으로 상호작용하는 지혜가 필요하다.

[3] 실천 방법-6. 80% 이해 후 바로 문제 풀이!

'80% 이해 후 바로 문제 풀이'는 개념 이해 능력과 문제 해결 능력 간의 균형 잡힌 동시 발전을 목표로 하는 매우 효율적인 학습 전략이다. 많은 학생이 어떤 개념을 100% 완벽하게 이해하고 나서야 비로소 문제 풀이를 시작할 수 있다고 생각하는 경향이 있다. 그러나 이러한 완벽주의는 오히려 학습 진도를 불필요하게 지연시키고, 학습에 대한 흥미를 떨어뜨려 쉽게 지치게 만들 수 있다. 따라서 개념을 약 80% 정도 이해했다면 과감하게 실제 문제 풀이에 돌입해야 한다. 다양한 유형의 문제들을 직접 풀면서 얻게 되는 실질적인 피드백은 오히려 나머지 20%의 개념 이해를 보완하고 완성시키는 데 큰 도움이 된다. 문제를 풀다가 틀렸을 때는, 해당 오류가 단순히 개념 부족 때문인지 아니면 문제에 대한 적용 실수 때문인지를 명확히 구분하여 해당 부분을 집중적으로 보완하는 것이 학습 효율을 극대화하는 현명한 방법이다.

[3] 실천 방법-7. 실전적 시간 관리 및 실수 방지 훈련

실전적 시간 관리 및 실수 방지 훈련은 제한된 시험 시간 안에 문제를 정확하게 해결하는 실전 능력을 체계적으로 향상시키는 것을 핵심으로 한다. 수학 시험에서는 정해진 시간 안에 얼마나 성확하게 문제를 해결하는지가 성패를 가르는 중요한 요소이다. 따라서 매일 20분이라는 시간을 정해 꾸준히 문제 풀이를 연습하는 것이 바람직하다. 일반적으로 모의고사 한 페이지 정도의 분량이 적당하다. 각 문제당 소요되는 풀이 시간을 측정하고, 특히 풀이에 시간이 오래 걸리는 문제 유형을 파악하여 집중적으로 훈련하는 것이 중요하다. 실제 시험과 동일한 조건으로 시간을 정해 연습함으로써 긴장감 있는 상황에 익숙해지는 훈련을 꾸준히 하면, 실제 시험장에서도 흔들림 없이 안정적인 실력을 발휘할 수 있을 것이다. 또한, 아는 문제라도 계산 실수나 부주의로 인해 오답이 발생하는 것을 방지하기 위해, 평소 문제 풀이 시 의식적으로 정확성을 높이는 연습(예: 풀이 후 검산 습관화, 문제에 제시된 단위의 정확한 확인 등)을 철저히 하고, 자신만의 실수 방지 체크리스트를 만들어 시험 전에 반드시 복습하는 습관을 들여야 한다.

[교사노트 | 수학, '작은 성공'이 쌓이는 법칙, 오답노트와 문제풀이]

"선생님, 저는 아무리 풀어도 수학은 안 되나 봐요…" 상담을 하면서 가장 많이 듣는 말 중 하나야. 그럴 때마다 난 이렇게 말해. "안 되는 게 아니라, 아직 충분히 쌓이지 않은 거야." 수학 공부를 하다 보면 막막하고, 문제를 봐도 외계어 같고, 답지를 봐도 더 헷갈릴 때가 있을 거야. 나도 그랬거든. 하지만 네가 지금 하고 있는 그 작은 노력들이, 나중에 반드시 "아, 그래서 그때 그렇게 어려웠구나!" 하고 연결되는 순간이 반드시 와. 그 순간을 위해 지금부터 작게, 꾸준히, 확실하게 나만의 성공 경험을 쌓아보자. 어때?

오답노트는 단순한 기록이 아니야. 너의 성장을 이끄는 '탐구노트'라고 생각해! 틀린 문제는 그저 틀린 것이 아니라, 네가 무엇을 모르고 어떤 부분에서 실수가 잦은지 알려주는 소중한 단서야. 이 단서를 놓치지 말고, 왜 틀렸는지 깊이 파고들어 봐. 계산 실수였는지, 개념을 잘못 이해했는지, 문제 조건을 놓쳤는지 스스로 질문하고 분석해야 해. 이렇게 너의 사고 과정을 꼼꼼히 되짚어보는 과정 자체가 진정한 실력으로 이어질 거야. 자책하지 말고, 이 탐구노트를 채워나가는 것에 자부심을 느껴봐. 이 작은 노력들이 모여 시험장에서 너를 지탱하는 강력한 힘이 될 거니까!

완벽주의에 갇히지 마! '80% 이해 후 바로 문제 풀이'에 도전해 봐! 많은 친구들이 모든 개념을 100% 완벽하게 이해해야만 문제 풀이를 시작할 수 있다고 생각하지만, 이런 완벽주의는 오히려 공부를 더 지루하고 느리게 만들 수 있어. 우리 뇌는 직접 부딪히면서 배우는 것을 더 좋아한단다. 개념이 약 80% 정도 이해되었다면, 망설이지 말고 바로 문제 풀이에 들어가 봐. 문제를 풀면서 얻는 피드백으로 나머지 20%의 개념 이해를 채워나가는 거야. 이렇게 유연한 공부 태도를 가지면, 개념만 파고들 때보다 훨씬 효율적으로 실력을 향상시킬 수 있을 거야.

[4] 실천 체크리스트

- 오늘 포모도로 학습 한 세트(25분 집중 + 5분 휴식)를 실행했는가?
- 오늘 발생한 오답의 이유를 구체적으로 분류하여 기록했는가?
- 각 오답에 대해 연속 질문 3개 이상을 작성하고 고민해보았는가?
- 새롭게 학습한 개념 중 1개 이상을 시각화하여 그림이나 도식으로 표현해 보았는가?
- AI 튜터에게 수학 개념 설명이나 문제 힌트를 요청해 보았는가?
- 오늘 학습한 범위 내에서 80% 이해 후 문제 풀이를 시도했는가?
- 문제 풀이 시 시간을 정하고 풀었으며, 주요 조건을 체크했는가?

정리 - 수학을 포기하기엔 아직 이르다.

수학 공부는 단순히 공식을 외우는 것이 아니라, 개념을 **어떻게 연결하고 문제의 조건을 어떻게 해석하느냐**에 달려 있다. 문제를 틀렸을 때는 그냥 넘어가지 말고, '왜 틀렸을까?'라는 질문을 스스로에게 던져보는 것이 이해를 깊게 만드는 열쇠가 된다. 진짜 수학 실력을 키우려면 암기에만 의존하기보다, 조건을 분석하는 해석력, 스스로 질문을 던지는 힘, 문제를 시각화하는 능력을 함께 길러야 한다. 무엇보다 중요한 것은 작은 성공 경험을 반복해서 쌓아가며 수학에 대한 긍정적인 태도를 유지하는 것이다. 이 꾸준한 반복과 태도가 수학 실력을 진짜로 완성해준다.

과학 만점을 설계하는 공부법

[1] 왜 과학 공부가 힘들까?

'그때는 외운 것 같은데 다시 보면 다 잊어버렸다.' 이와 같은 경험은 많을 것이다. 과학은 '암기'만으로는 금방 잊히기 마련이다. 과학은 단순 암기보다 '시각화'와 '개념 연결'이 핵심이라는 것을 깨달아야 한다. 복잡한 공식이나 눈에 보이지 않는 현상들이 머릿속에 잘 그려지지 않아 어려움을 겪는 경우가 많다.

최근 교육 현장에서는 과학을 어려워하며 포기를 고려하는 고등학생이 늘고 있으며, '사탐런' 현상까지 나타나고 있다. 하지만 이는 학생들의 의지나 재능 부족 때문이 아니다. 뇌가 과학 정보를 처리하는 방식에 대한 이해 없이 비효율적인 학습 방법을 사용하고 있기 때문이다. 뇌는 추상적인 개념보다는 구체적이고 시각적인 정보를 훨씬 더 효과적으로 처리한다.

[2] 핵심 전략-1. 과학은 '개념의 흐름과 원리'를 그리는 공부 : 추상적인 개념의 함정, 이렇게 극복해야 한다!

과학은 눈으로만 읽는 것이 아니라 머릿속에 그림을 그리듯이 공부해야 한다. 공식보다 먼저 '왜 그런가'를 이해해야 오래 기억된다. 개념들 사이의 관계를 파악하고, 추상적인 지식을 구체적인 이미지로 전환하는 것이 중요하다. 이것이 바로 뇌가 좋아하는 학습 방식이다.

뇌는 정말 신비하다. 복잡한 수식이나 어려운 글자보다는 그림이나 영상처럼 눈으로 볼 수 있는 정보를 훨씬 더 빠르고 효과적으로 처리한다. '사랑'이라는 단어보다는 사랑하는 사람의 얼굴이나 따뜻한 포옹 장면이 훨씬 더 강렬하게 느껴지는 것과 같다. 과학도 마찬가지이다.

원자, 분자, 에너지, 전자기장... 이와 같은 개념들은 눈에 보이지 않는다. 그래서 막연하고 어렵게 느껴지는 것이다. 뇌는 이러한 추상적인 개념을 그냥 글자로 받아들이기 힘들어한다. 마치 처음 보는 복잡한 외국어 단어처럼 느껴지는 것이다.

하지만 '전자가 원자핵 주위를 돈다'는 설명을 들었을 때, 그냥 글자로만 떠올리는 것이 아니라, '운동장에 선생님이 서 있고, 학생들이 선생님 주위를 뛰어다니는 모습'처럼 구체적인 이미지로 바꿔서 생각하면 갑자기 이해가 명확해진다.

이처럼 보이지 않는 과학 개념들을 자신만의 비유나 그림으로 시각화하는 연습을 해야 한다. 세포 소기관을 공장의 각 부서에 비유하거나, 전류의 흐름을 물이 흐르는 수도관에 비유하는 식이다. 머릿속에 그림이 그려지는 순간, 과학 개념은 더 이상 외계어가 아니라 친숙한 이야기가 된다.

[2] 핵심 전략-2. 일상과의 연결 : 과학은 멀리 있지 않다, 바로 내 주변에 있다!

뇌는 새로운 정보를 이미 알고 있는 경험과 연결할 때 가장 효과적으로 기억한다. 어릴 때부터 겪었던 일상적인 경험들은 뇌 속에 아주 튼튼한 기억의 기반을 만들어 놓는다. 과학 개념도 여기에 연결하면 잊어버리기 어렵게 만들 수 있다.

- 놀이터 시소를 역학의 관점에서 바라보고, 시소가 움직이는 모습을 보면서 '힘의 평형'이나 '돌림힘'을 떠올려본다.
- 비 온 뒤 무지개를 봤을 때, '빛의 굴절'을 연상하고, 왜 햇빛이 여러 색으로 나뉘어 보이는지 질문해본다.
- 계란 프라이를 만들 때, 투명했던 흰자가 하얗게 변하는 것을 보면서 '단백질 변성'이라는 화학 현상을 생각해본다.
- 녹슨 자전거를 보면서 왜 녹이 생기는지, 그것이 '산화 반응'이라는 화학 작용임을 떠올린다.

- 격렬한 운동 후 가쁜 숨을 쉬며 '세포 호흡'을 연상하고, 감정 변화에 따라 얼굴 표정이 바뀌는 것을 통해 '호르몬'의 역할을 이해하는 식이다.

이처럼 과학을 일상생활 속에서 찾아보고 적용하는 연습을 꾸준히 하면, 과학은 더 이상 교과서 안에 갇힌 지식이 아니라 삶의 일부가 된다. 뇌는 익숙한 것을 더 잘 기억하므로, 자연스럽게 장기기억으로 넘어가고 응용 능력까지 향상될 것이다.

[2] 핵심 전략-3. 뇌가 좋아하는 학습법 : 과학도 드라마처럼!

사람은 이야기, 특히 감정이 담긴 이야기를 매우 잘 기억한다. 지루하게 나열된 사실보다는 재미있는 드라마나 영화 속 장면들이 훨씬 오랫동안 기억에 남는 것처럼 말이다. 뇌과학 및 인지심리학 연구들이 공통적으로 언급하는 부분이다.

- **개념 의인화** : 추상적인 과학 개념을 사람이나 캐릭터처럼 의인화해서 설명해본다. 예를 들어, 에너지가 높은 분자를 '활발하고 쉬는 시간만 되면 여기저기 뛰어다니면서 떠드는 학생'으로, 에너지가 낮은 분자를 '쉬는 시간에 엎드려 자고만 있는 학생'으로 설정하는 것이다. 이렇게 하면 화학 반응에 참여하는 분자와 화학 반응이 마치 쉬는 시간 학생들이 만나서 만드는 드라마처럼 느껴진다.
- **스토리텔링** : 복잡한 과학 과정도 하나의 이야기처럼 만들어본다. 예를 들어, '광합성' 과정을 암기할 때, '태양빛이라는 에너지를

먹고 사는 엽록체라는 요리사가, 이산화탄소와 물이라는 재료를 가지고 포도당이라는 맛있는 밥과 산소라는 신선한 공기를 만드는 과정'이라고 스토리를 만드는 것이다.

이렇게 개념을 의인화하고 스토리텔링하면, 뇌는 감정을 결부시켜 정보를 처리하고, 단순 나열된 정보보다 훨씬 잘 기억하고 오랫동안 지속시킨다. 자신만의 과학 드라마를 만들어보는 것이 효과적이다.

[2] 핵심 전략-4. 스마트 개인 학습 : AI와 디지털 도구를 자신만의 과외 선생님으로!

기술이 발전하면서 이전에는 상상할 수 없었던 놀라운 학습 도구들을 활용할 수 있게 되었다. AI와 다양한 디지털 도구들을 단순히 정보를 찾는 용도를 넘어, 자신만의 맞춤형 과외 선생님처럼 활용하는 것이 핵심이다.

· AI 챗봇 활용 : 궁금한 점이 생기면 언제든 AI 챗봇에게 질문한다. "고1인데 물리 가속도를 어렵게 느낀다. 자동차 비유로 설명해달라"처럼 구체적으로 요청하면 수준에 맞는 설명을 들을 수 있다. 더 나아가 "이 화학 반응을 3단계로 나누어 설명해달라"거나 "이 문제를 틀렸는데, 어디서 실수했는지 찾아달라"와 같이 오답 분석까지 요청할 수 있다. 특히 "만약 온도가 2배 오르면 분자 운동은 어떻게 변하는가?"처럼 조건을 바꿔 질문하면서 개념의 응용력을 기를 수 있다는 것이 큰 장점이다.

   공부머리는 만드는 것이다

· **가상 실험실 (PhET 시뮬레이션 등)** : 실제 실험실에서 모든 실험을 다 해볼 수는 없다. PhET 시뮬레이션과 같은 가상 실험실은 집에서도 과학 실험을 직접 체험할 수 있게 해준다. 온도, 압력, 농도 등의 변수를 직접 조작하며 결과를 관찰할 수 있어, 실제 실험실보다 더 다양한 조건으로 실험해볼 수 있다. 이러한 가상 실험의 가장 큰 장점은 실패를 두려워하지 않고 무한히 반복할 수 있다는 점이다. 그리고 경험을 통한 상상력과 예측력 향상에 매우 도움이 된다. 물리나 화학에서는 특정 상황을 주고 앞으로 발생할 일을 묻는 문제가 많은데, 시뮬레이션을 돌리기 전에 조건에 따라 발생할 상황을 미리 예측해보고 실제 시뮬레이션 결과와 비교해보는 연습을 하는 것이 좋다.

· **3D 분자 모델링 앱** : 복잡한 분자 구조를 2차원 그림으로만 봐서는 이해하기 어렵다. 3D 분자 모델링 앱을 활용하면 분자 구조를 입체적으로 돌려보고 구성 원자의 위치를 파악하면서 훨씬 직관적으로 이해할 수 있다.

· **개인 맞춤 학습 도구** : Quizlet으로 과학 용어 암기 카드를 만들어 게임처럼 재미있게 암기하거나, Anki처럼 망각곡선(시간이 지남에 따라 잊어버리는 속도)을 이용해 잊을 만할 때 자동으로 복습 문제를 제시해주는 앱을 활용한다. Khan Academy는 개인 수준을 진단한 후 맞춤형 학습 경로를 제공하여 체계적으로 실력을 쌓을 수 있도록 도와줄 것이다. 마인드맵 앱이나 온라인 그래프 도구를 활용한 디지털 노트 작성도 추상적인 과학 개념을 구체적으로 이해하는 데 큰 도움이 된다.

이 원리들을 이해하고 학습에 적용한다면, 과학이 더 이상 막막한 장벽이 아니라, 사고력을 확장시키고 성장의 기쁨을 안겨줄 가장 흥미로운 과목이 될 것이다.

[3] 실천 방법-1. 개념 시각화

개념 시각화는 추상적인 과학 개념을 구체적인 이미지로 전환하여 이해도와 기억력을 향상시키는 것을 핵심으로 한다. 학습자는 글로만 읽는 것에 그치지 않고, 세포 구조, 전류 흐름, 원자의 구조, 판의 경계 변화와 같이 눈에 보이지 않거나 복잡하게 느껴지는 추상적인 개념들을 직접 그림으로 그려보는 연습을 해야 한다. 간단한 스케치나 도식화라도 좋다. 직접 손으로 그림을 그리는 과정에서 뇌는 정보를 더욱 깊이 있게 처리하고 장기 기억으로 전환하는 데 유리하다. 또한, 3D 분자 모델링 앱이나 온라인 그래프 도구와 같은 디지털 기술을 적극적으로 활용하여 복잡한 분자 구조나 데이터 변화 양상을 입체적으로 시각화하는 것도 개념 이해를 돕는 매우 효과적인 방법이다.

[3] 실천 방법-2. 개념 간 관계 그리기

개념 간 관계 그리기는 단편적으로 습득한 지식들을 유기적으로 연결하여 과학 현상의 전체적인 흐름과 맥락을 명확히 파악하는 것을 핵심으로 한다. 학습자는 개별적인 개념들을 따로 암기하는 방식에서 벗어나, 개념들 사이의 인과관계나 상호작용을 화살표나 다양한 도식을 활용하여 연결해야 한다. 예를 들어, 생명 계층 구조의 각 단계가 어떻게 연결되는지, 에너지 흐름이 생태계 내에서 어떻게 순환하는지, 암석 순환 과정이 어떤 단계를 거치는지, 물질의 순환 과정이 'A 가 B에 영향을 주고 B는 C로 이어진다'는 식의 흐름으로 어떻게 이루어지는지 등을 도식으로 표현함으로써 전체적인 맥락을 훨씬 쉽게 파악할 수 있다. 개념 지도(마인드맵)를 활용하여 핵심 개념을 중심으로 관련 개념들을 거미줄처럼 연결하고, 중요도에 따라 색깔을 달리 구분하면 시각적인 기억을 더욱 강화하고 복잡한 정보들을 체계적으로 정리하는 데 매우 효과적인 학습 전략이 된다.

[3] 실천 방법-3. 실제와 연결 및 스토리텔링

실제와 연결 및 스토리텔링은 추상적인 과학 개념에 실생활 속 의미를 부여하고, 이를 흥미로운 이야기로 재구성하여 기억을 오래 유지하는 것을 핵심으로 한다. 학습자는 배운 과학 개념들을 뉴스, 다큐멘터리, 실제 실험 사례에서 찾아보는 연습을 꾸준히 해야 한다. 일상생활 속에서 궁금한 과학적 현상을 발견했을 때, '이것은 왜 이렇게 작동하는가?'와 같이 스스로 질문을 던지고 배운 개념을 적용해보는 것도 매우 효과적인 학습 방법이다. 이러한 과정을 통해 과학은 더 이상 교과서 안에만 갇힌 지식이 아니라, 자신의 삶과 밀접하게 연결된 생생한 지식으로 인식될 것이다. 전압이 거의 걸리지 않은 도체 속 전자들을 '쉬는 시간에 엎드려 안 움직이려는 학생들'로, 임계 전압에 가까워진 전자들을 '종 치기 직전 전, 선생님이 문 쪽으로 걸어오자 슬슬 자리에 앉아 책을 피는 학생들'로, 전류가 흐르기 시작한 전자들을 '종이 치자마자 일제히 자리에 앉아 교과서를 펴는 반 전체'로 의인화하는 것처럼, 추상적인 개념을 구체적인 이야기나 비유로 스토리텔링하여 기억하면 뇌가 훨씬 더 쉽게 정보를 받아들이고 오래 기억하는 데 도움이 된다.

[3] 실천 방법-4. '왜? 무엇을? 어떻게?' 3단계 학습

'왜? 무엇을? 어떻게?' 3단계 학습은 과학 개념의 본질과 원리를 심층적으로 탐구하고 논리적 사고력을 강화하는 것을 핵심으로 한다. 모든 과학 개념은 '왜 발생하며(Why)?', '무엇이 변화하고 작용하며(What)?', '어떤 과정을 통해 이루어지는가(How)?'의 세 가지 질문 단계로 나누어 학습해야 한다. 예를 들어 광합성 과정을 학습할 경우, '왜(Why)'는 식물이 생존에 필요한 에너지를 얻기 위해서, '무엇을(What)'은 이산화탄소와 물이 포도당과 산소로 변하는 것, '어떻게(How)'는 식물 세포 속 엽록체에서 빛에너지를 이용하여 동화 반응을 통해 이루어진다고 체계적으로 정리하는 것이다. 이러한 체계적인 접근 방식은 단편적인 암기를 방지하고 개념에 대한 깊이 있는 이해를 가능하게 한다. 또한, 연속 질문법을 활용하여 하나의 개념당 최소 3번의 연속적인 질문을 스스로에게 던짐으로써 표면적인 이해를 넘어 근본적인 원리까지 파고드는 심화 학습을 유도해야 한다.

[3] 실천 방법-5. AI와 디지털 도구 활용

AI 및 디지털 도구의 적극적인 활용은 개별 학생의 학습 수준에 최적화된 맞춤형 학습을 가능하게 하고, 추상적인 과학 개념들을 훨씬 더 직관적으로 이해할 수 있도록 지원하는 것을 핵심으로 한다. AI 기반 학습 도구들을 자신만의 개인 과외 선생님처럼 능동적으로 활용해야 한다. 문제 풀이 과정에 대한 단계별 힌트나, 오답 발생 시의 상세한 분석 가이드를 요청하는 것도 가능하다. PhET 시뮬레이션과 같은 가상 실험실은 실제 실험 환경을 구현하여 학생들이 혼자서도 다양한 과학 실험을 직접 체험할 수 있도록 돕는다. 온도, 압력, 농도 등의 변수를 직접 조작하여 결과를 관찰하고, 시뮬레이션을 돌리기 전에 결과를 예측해보고 실제 결과와 비교하는 연습을 통해 상상력과 예측력을 효과적으로 향상시킬 수 있다. AI를 단순히 정답을 찾아주는 도구로 여기기보다, '나만의 전담 과학 튜터'로 인식하고 적극적으로 상호작용하는 지혜가 필요하다.

[3] 실천 방법-6. 15분 집중법 및 80% 이해 후 문제 풀이

15분 집중법 및 80% 이해 후 문제 풀이는 짧은 집중 학습을 통해 학습 효율을 높이고, 실제 문제 풀이를 통해 개념 이해를 완성하는 것을 핵심으로 한다. 성공한 학생들의 가장 큰 학습 비밀 중 하나는 '15분 집중법'이다. 이는 하루에 딱 15분만 타이머를 맞추고 단 하나의 개념이나 문제 유형에만 고도로 집중하는 것을 의미한다. 15분이 경과하면 아무리 중요한 부분이더라도 무조건 펜을 놓고 휴식을 취해야 한다. 이러한 방식은 뇌가 '과학 = 고통'이라는 부정적인 연결고리를 끊어주는 심리적 효과가 있다. 놀랍게도 대부분의 학생이 6일째부터 '15분은 너무 짧다'고 느끼기 시작하며, 이때부터 점진적으로 집중 시간을 25분, 45분으로 늘려나가면 된다. 또한, 과학 개념이 약 80% 정도 이해되었다고 판단되면 곧바로 문제 풀이를 시작해야 한다. 다양한 자료를 해석하고 문제를 풀면서 얻게 되는 실질적인 피드백이 오히려 나머지 20%의 개념 이해를 보완하고 완성시키는 데 큰 도움이 된다. 문제를 풀다가 틀린 문제가 발생했을 때는, 해당 오류가 단순히 개념 부족 때문인지 아니면 문제에 대한 적용 실수 때문인지를 명확히 구분하여 해당 부분을 집중적으로 보완하는 것이 학습 효율을 극대화하는 현명한 방법이다.

[3] 실천 방법-7. 꼼꼼한 조건 확인과 실수 노트

꼼꼼한 조건 확인과 실수 노트는 문제 풀이의 정확도를 높이고, 반복되는 실수 패턴을 명확히 분석하여 교정하는 것을 핵심으로 한다. 과학 문제를 풀 때는 문제에 제시된 상세한 조건들을 꼼꼼히 확인하는 습관을 철저히 길러야 한다. 온도, 압력, 농도, 질량, 부피 등 모든 주어진 수치와 조건을 빠짐없이 체크하고, 단위가 통일되었는지 확인하며, '표준상태에서', '등속 운동할 때', '마찰이 없을 때'와 같은 특수 조건이나 전제들을 절대 놓치지 않아야 한다. 실수 노트는 단순한 오답 기록을 넘어, 오류의 유형을 조건 실수, 계산 실수, 개념 실수, 반복 실수 등으로 세분화하여 작성해야 한다. 특히 같은 유형의 실수가 반복될 경우 빨간펜으로 강조하여 자신의 실수 패턴을 명확히 파악하고, 해당 약점을 집중적으로 보완하는 학습 계획을 세움으로써 실수를 크게 줄일 수 있다.

[3] 실천 방법-8. 과목별 심화 전략 적용

과목별 심화 전략 적용은 각 과학 과목의 특성을 고려하여 최적화된 학습 방식을 적용함으로써 학습 효과를 극대화하는 것을 핵심으로

　　　　　　　　　　공부머리는 만드는 것이다

한다.

· **물리학** : 물리학은 개념 자체는 단순해 보일 수 있으나, 기준점 설정이 매우 중요하다. 항상 기준점(원점, 기준 시각, 기준 물체 등)을 명확하게 설정하고, 시간에 따른 물리량 변화를 표나 그래프로 정리하는 습관을 들여야 한다. 특히 힘이나 운동 방향을 확실히 잡고 부호를 명확히 표시하는 것을 잊지 말아야 한다. 공식은 무조건적으로 암기하기보다 그 유도 과정을 깊이 이해하는 것이 핵심이다. 직접 손으로 공식을 유도해보면서 이해하면 기억이 훨씬 오래 지속되고 응용력이 향상된다.

· **화학** : 화학은 원자나 분자와 같이 눈에 보이지 않는 미시 세계를 구체적으로 시각화하는 것이 핵심이다. 원소 주기율표를 자신만의 흥미로운 이야기나 그림으로 재구성하여 암기해보고, 복잡한 화학 반응식은 손으로 직접 써보며 각 원자의 개수를 정확히 맞추는 연습을 통해 이해도를 높여야 한다. 화학의 정량적인 계산 문제는 거의 대부분이 비례식을 활용하므로, 문제 속에 제시된 숫자나 비율이 어떤 물리적, 화학적 의미를 갖는지 정확히 파악하고 표로 정리하는 습관을 들인다면 문제 해결의 정확도와 속도를 크게 높일 수 있다.

· **생명과학**: 생명과학은 생소한 용어가 많지만, 단편적인 암기보다는 개념 간의 관계와 유기적인 흐름을 이해하는 것이 핵심이다. 호르몬의 작용 경로, 효소의 반응 과정 등은 반드시 흐름도나 마인드맵으로 그려서 연결하고 정리해야 한다. 세포 분열 단계나 광합성, 세포 호흡과 같은 복잡한 생명 현상 과정은 단계별로 스스로 간단한 그림을 그려서 직접 표현해보는 것이 이해도를 높이는 데 매우 효과적이

다. 유전 문제는 반드시 가계도를 그리거나 퍼네트 사각형을 이용하여 시각화하며 풀어야 정확도가 향상된다. 논리적으로 조건들을 분석하고 모순을 찾는 연습을 꾸준히 함으로써 복잡한 유전 문제를 해결하는 능력을 길러야 한다.

· **지구과학**: 지구과학은 암기보다는 그림, 그래프, 그리고 모형을 적극적으로 활용하여 이해를 높이는 것이 중요하다. 암석 순환 과정이나 판 구조론과 같은 개념은 반드시 그림이나 다이어그램으로 시각화하여 공부해야 한다. 천체의 운동처럼 시공간적인 이해가 필요한 개념은 모형을 머릿속에서 움직여 보거나, 실제로 작은 공들을 이용하여 직접 움직임을 확인해보는 것이 효과적이다. 지구과학은 특히 '비교 학습'이 매우 중요한 과목이다. 예를 들어, 태풍과 온대 저기압의 발생 조건과 특징, 차이를 비교하거나 지진파의 종류에 따른 특성을 표로 정리하여 한눈에 파악하는 것이 기억에 오래 남는다. 자료 분석 능력도 필수적이므로, 기출문제나 모의고사에 자주 등장하는 그래프나 자료의 패턴을 익히고 이를 해석하는 연습을 반복해야 한다. 마지막으로, 실제 시험에서 자주 등장하는 용어와 표현을 확실히 익혀두고, 자신만의 개념 정리 노트를 만들어 수시로 복습하는 것이 효과적이다.

 공부머리는 만드는 것이다

[교사노트 | 과학, 어렵다고 느껴질 때 성장의 기회다]

"선생님, 과학은 아무리 공부해도 성적이 안 올라요…" 상담을 하다 보면 자주 듣는 이야기야. 그럴 때마다 나는 꼭 이렇게 말해. "지금 성적이 안 오르는 건 네가 부족해서가 아니라, 아직 너에게 맞는 방법을 찾지 못했기 때문이야." 나 역시 과학이 너무 어려워 포기 직전까지 갔던 경험이 있어. 하지만 정확한 학습 방법과 작은 노력들이 모여 결국 지금 이렇게 과학 선생님으로 서 있지.

'개념 지도'로 과학 길 찾기 & '왜' 질문하기! 과학은 개별적인 지식이 따로 노는 게 아니라, 개념들이 거미줄처럼 촘촘히 연결되어 있어. 이 연결고리를 찾는 게 중요해. 배운 개념들을 중심에 놓고 관련 개념들을 가지처럼 뻗어 나가며 마인드맵으로 정리해 보는 거야. 빛의 굴절 현상을 공부할 때는 매질의 밀도, 빛의 속도, 굴절률, 입사각, 굴절각 사이의 관계를 화살표나 흐름도로 나타내서, '밀한 매질 → 빛의 속도 감소 → 굴절각 작아짐' 이렇게 연결하면 한눈에 개념이 들어올 거야. 모든 과학 개념을 공부할 때 '왜? 무엇을? 어떻게?' 이 세 가지 질문을 꼭 던져봐. 광합성 과정을 예로 들면, '왜 식물은 광합성을 하는가?', '무엇을 사용하여 무엇으로 변하는가?', '어떻게 이 과정이 이루어지는가?' 이렇게 스스로 질문을 던지면서 개념의 본질과 원리를 깊이 있게 파고들면, 단순 암기를 넘어 진정한 이해에 도달할 수 있단다.

꼼꼼한 '실수 노트'와 '과목별 맞춤 전략'으로 완성! 정확도를 높이고 너만의 약점을 확실하게 잡는 특별한 방법이야. 과학 문제를 풀 때는 문제에 제시된 모든 조건(온도, 압력, 농도, 단위 등)을 빠짐없이 체크하는 습관을 들여야 해. 실수 노트는 단순한 오답 기록이 아니라, 오류 유형을 '조건 실수', '계산 실수', '개념 실수', '반복 실수' 등으로 세분화해서 작성하는 거야. 같은 유형의 실수가 반복되면 빨간펜으로 강조해서 '아, 내가 이 부분에서 약하구나!' 하고 파악하고 집중적으로 보완하면 실수가 크게 줄어든단다. 각 과학 과목은 특성이 다르니 맞춤 전략이 필요해. 물리학은 기준점 설정과 유도 과정 이해 , 화학은 시각화와 비례식 활용, 생명과학은 흐름도와 마인드맵, 유전 문제의 시각화, 지구과학은 그림/그래프/모형 활용과 비교 학습이 중요해.

과학, 누구나 잘할 수 있어! 정확한 학습 방법과 습관만 갖추면 누구나 1등급을 받을 수 있는 과목이야. 지금부터 제대로 된 방법으로 시작하면 네 성적도 분명 올라갈 거야. 어때, 이제부터 작은 습관으로 제대로 된 성장을 시작해볼까?

[4] 실천 체크리스트

- 오늘 배운 과학 개념 중 하나를 골라 시각화해서 1개 이상 그려 보았는가?
- 두 개 이상의 개념을 골라 개념 간 관계를 화살표나 도식으로 연결해보았는가?
- 생활 속에서 과학 개념이 적용되는 사례를 1개 이상 찾아보거나 질문을 만들어보았는가?
- 오늘 학습한 개념에 대해 '왜? 무엇을? 어떻게?' 3단계 질문을 던져보았는가?
- AI 튜터에게 과학 개념 설명이나 문제 힌트를 요청해 보았는가?
- 15분 집중법을 활용하여 학습했는가?
- 80% 이해 후 문제 풀이를 시도했으며, 틀린 문제에 대한 오답 분석을 진행했는가?
- 문제 풀이 시 주어진 조건들을 꼼꼼히 확인하는 습관을 가졌는가?

정리- 과학은 외우는 게 아니라 '이해하는 언어'다.

과학 공부는 단순한 암기가 아니라, 이해하고 연결하는 과정이 되어야 한다. 단편적인 정보는 금세 잊히지만, 머릿속에서 그림을 그리듯 개념을 연결하고 구조화하면 훨씬 오래 기억에 남는다. 따라서 과학 실력을 기르기 위해서는 '시각화 → 개념 연결 → 현실 연결'의 루틴을 습관처럼 실천하는 것이 중요하다. 또한, 긴 시간 책상 앞에 앉아 있기보다 '15분 집중법'으로 짧고 강하게 몰입하는 공부가 훨씬 효과적이며, 개념을 완벽히 이해하려고 시간을 끌기보다는 80% 이해한 상태에서 바로 문제를 풀며 피드백을 통해 보완하는 전략이 효율을 높이는 핵심이다.

과학은 절대평가가 아니지만, 올바른 방법으로 접근하면 누구나 1 등급을 받을 수 있는 과목이다. 그러나 그만큼 많은 학생들이 같은 목표를 가지고 있기 때문에, 그 속에서 성과를 내기 위해선 '과학적인 학습 전략'이 필요하다. 개념은 무작정 암기하는 것이 아니라, 일상과 연결하며 이해하는 것이다. 추상적인 개념은 구체적인 이미지와 스토리로 바꿔 기억하는 것이다. 자신의 학습 과정을 객관적으로 관찰하고, 매일 조금씩이라도 실전 감각을 기르는 과정을 통해 실력은 반드시 향상된다. 2025년부터 시작되는 고교학점제와 STEAM 교육, AI 와 함께하는 개인화 학습까지. 과학을 배우는 환경은 그 어느 때보다 좋아지고 있다. 시시포스의 형벌처럼 매일 같은 고통을 반복하는 것이 아니라, 뇌과학에 기반한 효율적인 방법으로 한 걸음씩 확실하게 나아가는 과학 학습. 그것이 바로 과학 포기를 1등급 달성으로 바꾸는 기적이 시작되는 지점인 것이다.

사회 통합적 사고를 키우는 공부법

[1] 왜 사회 과목 공부가 막막할까?

시험 기간만 되면 책상 위에 펼쳐지는 사회 교과서. 처음에는 의욕적으로 형광펜을 들고 밑줄을 긋지만, 얼마 지나지 않아 눈은 흐려지

 공부머리는 만드는 것이다

고 집중력은 뚝 떨어진다. '언제 외우지?'라는 막막함과 함께 책장을 넘기는 손이 점점 느려진다. 누군가는 사회 과목을 '암기의 끝판왕'이라 말한다. 누군가는 '외워도 문제에서 다르게 나온다'며 좌절한다. 이과 과목을 좋아하는 학생 중에는 사회를 '재미없는 이야기' 정도로 치부하기도 한다. 학습자에 따라 표현은 다르지만, 공통된 반응이 있다. 바로 '사회는 어렵고, 하기 싫은 과목'이라는 인식이다.

하지만 정말 그럴까? 사회는 단지 외울 게 많은 과목일까? 혹시 우리가 사회 과목을 대하는 방식이 잘못된 것은 아닐까? 아마도 문제는 '내용' 자체가 아니라, 그 내용을 '어떻게 받아들이고 공부하느냐'에 있을 것이다. 사회 과목은 현실을 이해하는 도구이자, 나와 세상을 연결해주는 렌즈이다. 법과 제도, 돈과 일, 공동체와 문화, 윤리와 철학. 이 모든 것을 이해할 수 있다면, 세상을 읽는 눈도 함께 길러지는 것이다. 이 글에서는 많은 학생들이 왜 사회 과목을 어렵게 느끼는지, 그 핵심적인 이유를 짚어보고, 그에 대한 구체적인 학습 전략을 제시하고자 한다. '재미없다'고 느꼈던 사회, 어쩌면 가장 실용적이고도 지적인 과목일 수 있다. 문제는 공부법이다.

사회 과목이 어렵게 느껴지는 이유

1. 암기 중심의 학습 부담 : 사회 과목은 방대한 양의 개념, 용어, 사건, 이론 등을 포함하고 있어, 학생들에게 과도한 암기 부담을 안겨준다. 이러한 암기 중심의 학습 방식은 학생들의 인지적 과부하를 초래할 수 있으며, 이는 학습 효율성과 장기적인 이해에 부정적인 영향

을 미칠 수 있다.

2. 전문 용어와 추상 개념의 난해성 : 사회 과목에서는 '사회계약론', '도시화', '공리주의', '봉건제도' 등과 같은 전문 용어와 추상적인 개념이 자주 등장한다. 이러한 용어나 개념은 학생들에게 생소하게 느껴질 수 있으며, 특히 배경 지식이 부족한 경우 이해에 어려움을 겪을 수 있다. 이는 학습 동기 저하로 이어질 수 있다.

3. 개인적 흥미와 관심 부족에 따른 학습 동기 저하 : 일부 학생들은 사회 과목에서 다루는 주제들이 개인적인 흥미나 관심과 거리가 있다고 느낀다. 이러한 경우, 학습에 대한 내재적 동기가 부족해지며, 이는 학습 참여도와 성취도에 부정적인 영향을 미칠 수 있다.

4. 주요 과목이 아니라는 인식 : 사회 과목은 국어, 수학, 영어 등 이른바 '주요 과목'에 비해 상대적으로 비중이 낮다고 여겨지는 경우가 많다. 이로 인해 사회 과목에 대한 학습이 우선순위에서 밀리고, 예습이나 복습이 소홀해지며 장기적인 학습 누적으로 이어진다. 결과적으로 시험 직전에 벼락치기로 대응하게 되고, 이는 과목에 대한 부정적인 인식과 학습 포기로 이어질 수 있다.

[2] 핵심 전략 : 속독과 회독 : 읽는 방법을 나눠야 효과가 있다

사회 과목의 분량은 많고 시간은 한정적이기 때문에, 효율적인 읽기 전략이 필요하다. 읽기는 한 번에 끝나는 것이 아니라 '속도와 깊이를 다르게 조절하는 반복의 기술'이어야 한다. 이를 사회 과목에 적용해보자.

　1차 속독 : 흐름 파악 중심 오수벨은 학습에서 가장 중요한 요소로 '학습자가 이미 알고 있는 것'을 강조하였다. 선행조직자는 이러한 기존 지식과 새로운 학습 내용을 연결하는 '인지적 다리' 역할을 하여, 학습자가 새로운 정보를 더 잘 이해하고 기억할 수 있도록 돕는다. 이는 학습자의 인지 구조 내에 새로운 정보를 통합하는 데 중요한 역할을 한다. 속독이 선행조직자의 역할을 하여 책의 전체적인 구조와 주요 개념을 빠르게 파악하여, 이후 자세한 학습을 위한 개념적 틀을 형성하는 데 도움을 줄 수 있다. 처음에는 책의 목차와 각 장의 요약을 먼저 읽어 전체적인 구조를 파악하며 큰 틀을 이해해야 한다. 그 후 빠르게 책을 훑으며 전체적인 이야기 흐름과 구조를 파악한다. 이때는 이해보다 '어떤 주제가 다뤄지고 있는가', '전체 맥락은 어떻게 연결되는가'를 느끼는 것이 중요하다. 중요한 용어나 키워드는 밑줄이나 색펜으로 표시만 하고, 길게 고민하지 않는다. 이 단계에서 가장 중요한 태도는 완벽하게 이해하려는 강박관념을 버리는 것이다. 마치 100페이지 분량을 1시간 안에 쭉 훑어본다는 느낌으로, 거침없이 읽어 나가는 것이다. 이렇게 읽고 나면 '책 한 권을 끝냈다'는 심리적 자신감이 생기고, 전체 구조를 머릿속에 먼저 깔아놓은 덕분에 이후 학습도 훨씬 수월해진다. 예를 들어, 퍼즐을 맞추기 전에 그림 전체를 먼저 보는 것과 비슷하다. 또한 선행조직자가 있으면 뒤에 공부하게 될 내용을 앵커링하여 더 잘 암기되는 효과를 누릴 수 있다.

2차 회독 : 개념 정리 중심 회독에서는 속도를 줄이고, 중요한 개념을 다시 정리한다. 각 문단마다 핵심 문장을 요약해보고, 낯선 개념은 스스로 정의해보거나 노트에 옮겨 적는다. 특히 '왜 그런가?', '무슨 의미인가?'라는 질문을 스스로 던지며 읽는다면 개념의 깊은 이해에 도달할 수 있다.

3차 회독 : 문제 해결 중심 세 번째 읽기에서는 문제를 풀면서 적용력을 점검한다. 앞에서 정리한 개념들이 실제로 문제에서 어떻게 나오는지 확인하고, 자주 틀리는 개념은 다시 2차 회독으로 돌아가 복습한다. 이 회독은 '시험을 대비한 실전 점검 단계'라고 할 수 있다. 이처럼 단계별로 속독 → 회독 → 적용의 흐름을 나누어 반복하는 학습은 기억력과 이해력을 동시에 끌어올릴 수 있다. 속독과 회독을 많이 하면 할수록 효과는 증가할 것이다. 특히 사회 과목처럼 내용이 많은 과목에서는 무작정 외우기보다 이런 전략적 읽기가 훨씬 더 효과적이다.

[3] 실천 방법-1. 사회과 과목별 공부법 : 역사 파트

역사 공부법 꿀팁 역사는 단순히 외우는 과목이 아니다. 한국사뿐만 아니라 세계사도 왜 그런 일이 벌어졌는지, 어떤 영향을 주고받았는지를 생각해보는 사고력 중심의 과목이다.

• 큰 흐름부터 이해하자 : 연도와 사건만 암기하는 방식은 오래 기억되지 않는다. 선사시대부터 현대사까지, 한국사든 세계사든 큰 틀

  공부머리는 만드는 것이다

에서 흐름을 먼저 잡아야 한다. 어떤 일이 왜 일어났는지, 그 결과는 어땠는지를 중심으로 공부하면 기억도 오래가고 이해도 쉽다. 시대 구분 기준을 익히고, 정치나 경제, 사회, 문화 구조를 정리하면 흐름이 명확해진다.

〈한국사 필기 예시〉

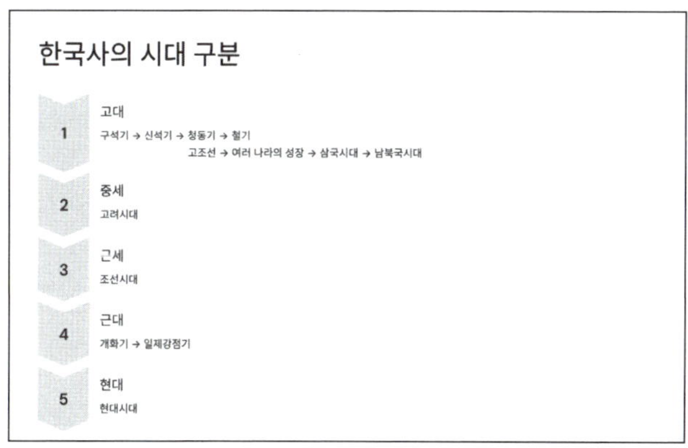

• **교과서 속 사료와 원문 자료를 철저히 분석하자** : 역사 문제는 교과서 중심으로 출제되며, 특히 사료나 원문 자료 문제가 많다. 이는 단순 참고 자료가 아니라, 그 시대를 제대로 이해했는지를 묻는 문제들이다. "이 문장이 어떤 시대를 나타낼까?", "어떤 제도나 상황을 반영할까?"와 같은 질문을 스스로 던지면서 자주 읽고 해석하는 연습을 해야 한다.

• **연표와 비교 도표를 직접 만들어보자** : 복잡한 내용을 정리할 때는 직접 만들어보는 것이 가장 좋다. 시대별 주요 사건을 시간 순으로

정리한 연표, 정치나 경제, 사회 변화 등을 정리한 도표를 만들어보자. 한국사에서는 조선 전기와 후기, 세계사에서는 산업혁명 전후나 냉전 시대처럼 서로 다른 시대나 지역을 비교해보면 내용이 훨씬 입체적으로 이해된다.

〈한국사 필기 예시〉

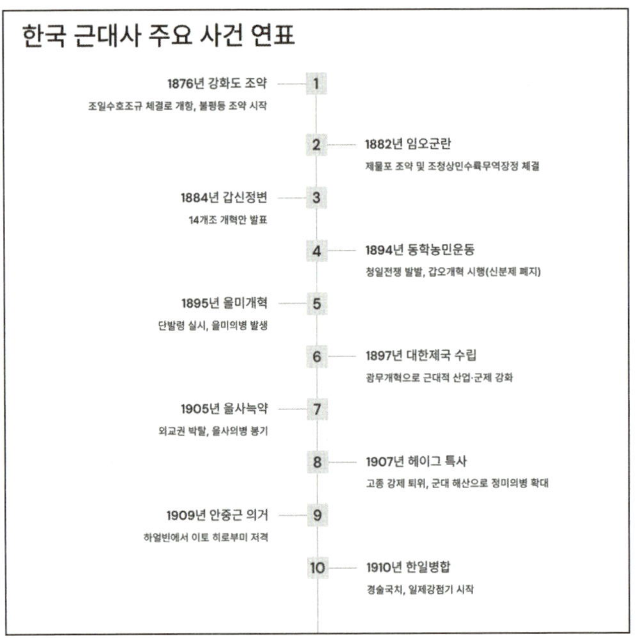

· 자주 나오는 키워드는 꼭 외우자 : 전시과, 과전법, 신문왕, 동학농민운동 같은 한국사 키워드는 물론이고, 산업혁명, 프랑스 혁명, 냉전, 제국주의 같은 세계사 개념도 무조건 알아야 한다. 단어만 외우지 말고, 그 배경과 결과까지 같이 이해해두면 문제에서 어떤 식으로 나

   공부머리는 만드는 것이다

와도 당황하지 않는다. 실제 문제에서 이런 키워드들이 어떻게 쓰였는지 분석해보는 것도 좋다.

・**기출문제는 최고의 교과서야** : 최근 5년 동안 나온 기출문제는 정말 보물 같은 자료이다. 어떤 유형이 자주 나오고, 어떤 표현이 반복되는지 꼼꼼히 살펴봐야 한다. 보기도 자세히 읽고, 문장의 구조나 논리도 익숙해져야 한다. 오답노트를 만들어서 왜 틀렸는지도 꼭 복습해야 한다.

・**다큐멘터리와 영상 자료를 활용하자** : 교과서만 붙잡고 있으면 딱딱할 수 있다. 그럴 땐 영상 자료를 같이 보면 훨씬 도움이 된다. '꼬꼬무', 'KBS 역사스페셜', 'BBC 다큐', 유튜브 역사 콘텐츠 등을 보면서 머리를 식히는 것도 좋다. 삼국시대 전쟁, 산업혁명, 2차 세계대전, 독립운동가의 삶 같은 내용을 눈으로 직접 보면 더 잘 이해되고 기억에도 오래 남는다. 지루함도 덜하다.

[3] 실천 방법-2. 사회과 과목별 공부법 : 지리 파트

지리는 단순히 지명을 외우는 게 아니라, 자료를 분석하고 공간적인 사고를 키우는 과목이다. 그래서 정확한 개념 이해와 문제 해결 능력을 함께 길러야 한다.

・**개념 정리는 흐름으로, 이해 위주로 하자** : 지리 개념은 단순 나열이 아니라 원인-과정-결과의 흐름으로 연결된다. 예를 들어 인구

변화라면 왜 출생률이 줄었는지, 그게 지역에 어떤 영향을 미쳤는지를 연결해서 이해해야 한다. 단원별 개념들을 덩어리로 묶어서 생각하면 구조가 잡히고 암기하기도 훨씬 쉬워진다.

• 지도와 그래프는 눈으로 익히고, 손으로 풀자 : 지도 읽는 연습은 필수이다. 지형도, 기후도, 인구 분포도 같은 자료를 그냥 보는 게 아니라 해석하는 훈련을 해야 한다. 출제자들이 특히 자료 해석 문제를 선호한다. 그래프는 추세를 읽는 것이 중요하며, 상승하는지, 계절성이 있는지, 지역 차이는 어떤지를 꼭 체크해야 한다.

• 문제 유형을 분석하고 반복하자 : 지리는 기출문제에서 자주 비슷한 유형이 반복된다. 문제를 많이 풀기보다는, 문제 하나하나를 깊이 있게 분석하면서 왜 틀렸는지, 어떤 개념이 나왔는지를 정리해야 한다. 특히 도표나 통계 해석 문제는 훈련이 많이 필요하므로, 시간을 재면서 반복적으로 풀어보는 것이 좋다.

• 헷갈리는 개념은 비교 정리로 암기하자 : 기후 구분, 산업 분류, 도시 유형 같은 헷갈리기 쉬운 개념은 표로 비교 정리해야 한다. 같은 듯 다른 개념들을 나란히 두고 차이를 정리하면 머릿속에 더 오래 남는다. 친구들과 퀴즈처럼 내며 확인해보는 것도 좋은 복습 방법이다.

〈지리 필기 예시〉

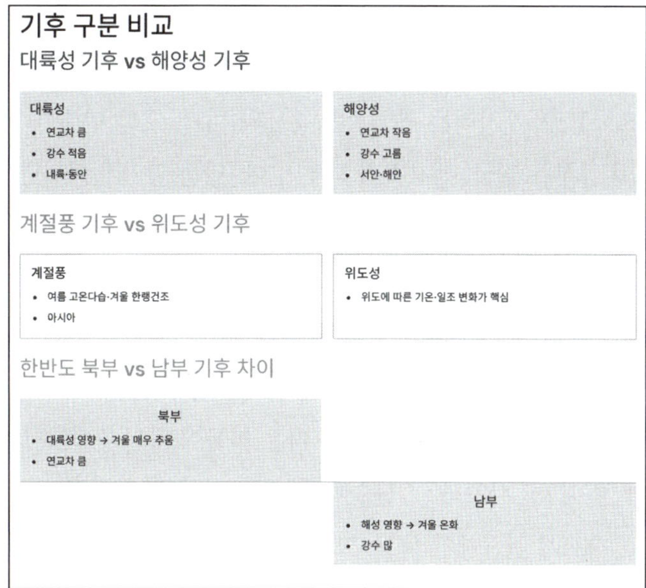

한국지리와 세계지리, 무엇이 다를까?

·**한국지리** : 우리나라의 지형, 기후, 인구, 산업, 교통 등 다양한 주제를 실제 지역과 연결해서 공부한다. 서울, 부산, 호남평야, 태백산맥 등 실제 지명과 행정구역이 자주 등장하며 , 수도권 집중, 농촌 고령화, 기후 변화와 농업 생산 등 시사와 연결하기 쉽다.

·**세계지리** : 전 세계의 기후, 지형, 자원, 인구, 산업 구조 등을 대륙 또는 국가 단위로 배운다. 개별 지명보다는 패턴과 비교에 집중하며 , 열대기후 vs 온대기후, 선진국 vs 개발도상국 등 유형화와 비교 정리가 핵심 전략이다. 유럽과 아시아의 도시화 속도 비교와 같은 예

시가 있다.

공부 **팁**으로 정리하자면, 한국지리는 정확한 지역 지식과 시사 연결이 중요하고, 세계지리는 광범위한 분류와 비교, 흐름 이해가 핵심이다. 지리 공부는 결국 '생각하며 외우기'다. 단순 암기가 아니라, 이해와 해석 중심으로 준비해야 한다.

[3] 실천 방법-3. 사회과 과목별 공부법
　　: 윤리 파트 (생활과 윤리 · 윤리와 사상 공부 꿀팁)

윤리 과목은 단순히 외워서 점수를 따는 과목이 아니다. 제대로 공부하려면 '이해'와 '사고력'이 필수이다. 특히 생활과 윤리, 윤리와 사상은 각각 다르게 접근해야 하고, 그에 맞는 공부 전략이 필요하다.

· **개념은 흐름으로 이해해야 한다** : 윤리는 개념 하나를 외우는 것이 아니라, 그 개념이 어떤 흐름 속에 있는지를 파악하는 것이 중요하다. 예를 들어 공리주의를 공부한다면 '왜 최대 다수의 최대 행복을 중요하게 생각했을까?'라는 질문부터 시작해야 한다. 그 뒤에는 비판은 무엇이었는지, 이 생각이 사회에 어떤 영향을 주었는지까지 자연스럽게 이어져야 한다. 개념의 정의만 외우지 말고, 그 철학자의 배경이나 다른 사상가들과의 차이점까지 함께 이해하면 오래 기억될 수 있다.

· **기출문제는 무조건 먼저 풀어봐야 한다** : 윤리 고득점자들은 한

결같이 '기출부터 보라'고 말한다. 기출문제에는 출제자의 스타일, 자주 나오는 개념, 보기 구성 방식이 모두 담겨 있기 때문이다. 처음부터 수능특강이나 수능완성보다는 기출문제를 먼저 풀고, 오답노트를 반드시 만들어야 한다. 어떤 개념에서 틀렸는지, 왜 오답인지까지 정리해보는 것이 실력 향상에 크게 기여한다.

· 한 장 정리와 플래시카드식 복습이 효과적이다 : 공부한 내용을 한 페이지로 요약해보는 연습을 해야 한다. 예를 들어, 사상가별 핵심 주장이나 가치 개념, 비교 포인트를 표로 정리해두는 것이 좋다. 시간 날 때마다 꺼내보면서 반복하면 암기 효과를 얻을 수 있다. 백지에 직접 써보면서 기억나는 것을 꺼내보는 훈련도 머릿속 정리 효율을 높이는 데 도움이 된다. 또한 플래시카드를 활용하면 간단한 개념·용어·비교 포인트를 짧고 자주 복습할 수 있어 효율적이다. 플래시카드는 다이소에서 저렴하게 구매할 수 있고, 어플을 활용하는 방법도 있으니 공부한 내용을 적어두고 가방이나 책상 위에 두고 수시로 꺼내보는 습관을 들이면 더욱 좋다.

〈플래시카드 활용 예시〉

앞면: 홉스

뒷면: 홉스

자연상태	해결책
만인의 만인에 대한 투쟁	강력한 절대군주 필요

· **현실과 연결해서 공부해야 한다** : 생활과 윤리는 실제 생활과 이어지는 과목이다. 뉴스에서 접하는 기후 위기, 생명윤리, 인권 문제 같은 사례들을 윤리 개념과 연결해서 생각해보면 훨씬 쉽고, 기억에도 오래 남는다. 단순히 개념만 외우는 것보다 실생활 사례와 엮어서 공부하면 진정한 실력이 된다.

▶ **생활과 윤리 : 일상과 사회 속의 윤리 문제를 다룬다 과목 특성**
· 우리가 실제로 겪는 삶 속의 문제를 중심으로 다룬다. **예** 생명윤리, 환경윤리, 인권, 사회 정의 등.
· 뉴스, 시사 이슈와 연결된 사례형 문제가 자주 나온다.

▶ **윤리와 사상 : 철학자들의 사상과 고전 윤리를 다룬다 과목 특성**
· 고대~현대 철학자들의 사상 중심이다. **예** 공자, 아리스토텔레스, 칸트, 밀 등.
· 개념이 추상적이고 낯설어서, 이해 위주의 학습이 중요하다.

생활과 윤리는 '적용형 사고'가, 윤리와 사상은 '이해형 사고'가 중요하다. 두 과목 모두 암기만으로는 한계가 있으므로, 스스로 생각하며 정리하고 반복하는 습관이 중요하다. 두 과목을 각각의 특성에 맞춰 준비하면 훨씬 더 효율적으로 공부할 수 있을 것이다.

[3] 실천 방법-4. 사회과 과목별 공부법 : 일반사회 파트

일반사회는 단순히 개념만 외워서는 안 되는 과목이다. 정치와 법,

사회문화, 경제는 각각 논리적인 흐름과 자료 해석 능력, 실제 사례와의 연결을 요구한다. 사회과목 고득점자들도 단순 암기보다 이해와 사고력을 바탕으로 실력을 키웠다. 시험 대비는 물론, 사회 전반을 바라보는 눈도 길러줄 수 있을 것이다.

1. 정치와 법: 체계적인 구조 이해 + 사례 적용력 과목 특성

- 이 과목은 우리 사회의 정치 구조와 법체계를 다룬다. 헌법, 권력분립, 선거제도, 정당, 시민참여, 그리고 법률의 적용과 판례 등 실생활과 밀접한 제도가 많다.
- 개념을 정확히 이해하는 것은 기본이고, 이를 실제 사례에 어떻게 적용하는지를 묻는 문제 유형이 많다.

공부법 상세 정리

- **도식화 학습** : 정치의 3권분립 구조(입법-행정-사법), 선거의 유형, 헌법의 원리 등을 표와 도식으로 정리해야 한다. 시각적으로 구조가 한눈에 들어오면 기억에 오래 남고, 문제 해결에도 빠르게 적용할 수 있다.
- **판례/사례 문제 집중 학습** : '이런 상황에서 어떤 권리가 침해되었는가?', '이 법 적용이 타당한가?'처럼 사례에 개념을 대입하는 훈련을 많이 해야 한다. 기출문제 중 사례형 보기 분석을 따로 정리해보는 것도 좋다.
- **정치 제도 흐름 정리** : 선거 제도, 국회의 역할, 행정부 구조, 사법부 기능 등은 절차 흐름을 정확히 이해해야 한다. 한 절차라도

빠뜨리면 보기에서 함정에 빠질 수 있다.

2. 사회문화 : 개념 간 비교 + 자료 분석 능력 과목 특성

- 사회 현상 전반을 과학적으로 이해하려는 과목이다. 용어는 어렵지 않지만, 추상적인 개념이 많고 자료(그래프, 통계, 표)를 해석해야 하는 문항이 많다.
- 이 과목은 개념 암기보다는 '이해한 걸 비교하거나 분석'하는 능력이 더 중요하다.

공부법 상세 정리

- **개념 짝짓기와 비교** : '사회화'와 '문화변동', '개방적 태도'와 '폐쇄적 태도', '구조기능론'과 '갈등이론'처럼 서로 유사하거나 대립되는 개념들을 항상 함께 묶어서 정리해야 한다.
- **자료 해석 능력 기르기** : 단순히 읽는 게 아니라, '왜 이런 변화가 생겼는가?' '이 통계는 어떤 사회 현상을 설명하는가?'를 물어보는 문제에 대비해야 한다. 기출문제에 나온 도표나 그래프를 직접 설명해보는 연습을 해야 한다.
- **실생활 연결** : 뉴스에서 본 사회 문제(청소년 비행, 세대 갈등, 다문화 문제 등)를 교과 개념으로 풀어보는 연습을 하면 실전 응용력이 높아진다.

3. 경제: 논리 구조 이해 + 계산력 + 실전 응용력 과목 특성

- 경제는 원리와 이론의 흐름이 명확하고, 개념 간 인과관계가 중

요한 과목이다. 단순한 암기보다는 경제 활동이 왜 그렇게 진행되는지에 대한 논리적 이해가 필요하다.

· 게다가 경제는 수요-공급 곡선, 환율 계산 등 간단한 계산 문제도 출제된다. 경제적 사고력과 실용적 판단이 필요한 과목이다.

공부법 상세 정리

· **개념 흐름 정리** : 경제활동의 3주체, 수요·공급·균형가격, 생산·소비·저축·투자 등의 흐름을 도식으로 정리해봐야 한다. 앞뒤 개념이 어떻게 연결되는지 흐름을 이해하는 게 핵심이다.

· **그래프 해석 훈련** : 수요곡선이 왜 우하향하는지, 공급곡선은 왜 우상향하는지, 어떤 요인에 따라 이동하는지를 직접 설명해보는 연습을 해야 한다. 실전에서는 이 개념들이 시각자료로 자주 출제된다.

· **계산 문제 대비** : 기초적인 GDP 계산, 기회비용, 소비자 잉여 같은 계산 문제는 자주 나온다. 자주 나오는 계산 유형은 정리해 두고, 손으로 직접 풀어보면서 익숙해지는 것이 좋다.

· **시사 경제 뉴스 연결** : 환율 상승, 금리 변화, 소비자 물가 같은 이슈는 교과 개념과 연결해서 이해하면 훨씬 기억에 잘 남고 실전에도 강해진다.

얘들아, 사회 과목, 여전히 '그냥 외우는 과목'이라고 생각하니? 상담하다 보면 많은 친구들이 사회를 어렵고 지루하게 느끼는 것 같아. 하지만 말이야, 사회는 단순히 암기하는 과목이 아니란다. 우리 주변의 세상을 이해하는 가장 강력한 렌즈이자, 너희의 사고력을 키워주는 보물 같은 과목이야. 바로 '연결의 힘'을 활용한다는 거지!

지금부터 선생님이 너희를 위한 사회 공부 꿀팁을 알려줄게. 믿고 따라와 봐!

첫째, 개념은 '흐름'으로, '이야기'처럼 연결해봐! 사회 개념은 개별적으로 뚝 떨어져 있는 게 아니야. 마치 거미줄처럼 서로 유기적으로 연결되어 있지. 공리주의를 공부한다면 단순히 정의만 외우지 말고, '왜 이런 생각이 등장했을까?'부터 시작해서, 어떤 비판을 받았고, 지금 우리 사회에는 어떤 영향을 미치는지 드라마처럼 스토리를 만들어봐. 개념의 배경과 다른 사상가들과의 차이점까지 함께 이해하면 훨씬 오래 기억될 거야. 이건 역사를 공부할 때도 마찬가지야. 연도나 사건만 외우기보다, 어떤 일이 왜 일어났고 그 결과가 어땠는지 큰 흐름 속에서 이해하면 기억도 오래가고 이해도 쉬워진단다. 지리도 마찬가지로 인구 변화라면 왜 출생률이 줄었는지, 그게 지역에 어떤 영향을 미쳤는지 원인과 과정, 결과의 흐름으로 연결해서 이해하는 것이 중요해.

둘째, 기출문제는 '보물 지도'야! 여기에 너만의 '오답 탐구'를 더해봐! 윤리든 역사든, 지리든 일반 사회든, 고득점을 받은 선배들은 하나같이 '기출부터 봐라'고 말해. 왜냐하면 기출문제에는 출제자의 스타일, 자주 나오는 개념, 보기 구성 방식이 다 담겨 있거든. 단순히 문제를 많이 푸는 것보다, 기출문제 하나하나를 깊이 있게 분석하는 게 중요해. 오답노트를 만들어서 '왜 틀렸는지', '어떤 개념이 나왔는지' 꼼꼼히 정리해 봐. 특히 사회문화처럼 '문장형 보기'에서 말장난이나 용어 돌려쓰기 함정이 많은 과목은 기출 분석이 정말 중요하단다. 경제 과목도 마찬가지로 기출문제 중심 학습을 통해 '어떻게 출제되는지'를 파악하는 것이 효율적이야. 이 과정이 너희의 실력을 엄청 키워줄 거야.

셋째, '한 장 정리'로 숲을 보고, '현실 연결'로 나무를 이해해봐! 공부한 내용을 한 페이지로 요약해보는 연습은 정말 효과적이야. 사상가별 핵심 주장이나 가치 개념, 비교 포인트를 표로 정리해두면 시험 직전까지 유용하게 볼 수 있어. 그리고 시간 날 때마다 꺼내보면서 반복하고, 백지에 직접 써보면서 기억나는 것을 꺼내보는 훈련도 꼭 해봐. 머릿속 정리가 훨씬 잘 될 거야. 생활과 윤리는 특히 실제 생활과 밀접한 과목이지. 뉴스에서 본 기후 위기, 생명윤리, 인권 문제 같은 사례들을 윤리 개념과 연결해서 생각해봐. 단순히 개념만 외우는 것보다 실생활 사례랑 엮어서 공부하면 훨씬 쉽고, 기억에도 오래 남아. 정치와 법을 공부할 때도 모의선거나 뉴스 시사 자료를 함께 보는 것이 이해도와 흥미를 높이는 데 도움이 돼. 지리도 지도나 그래프 같은 자료를 그냥 보는 게 아니라 해석하는 훈련을 하고, 추세를 읽는 것이 중요해.

사회 공부는 결국 '생각하며 외우기'야. 단순히 점수만 바라보지 말고, 과목 자체에 흥미를 느껴보도록 노력해봐.
윤리는 '적용형 사고'와 '이해형 사고'가 모두 중요하고 , 암기만으로는 한계가 있어. 스스로 생각하며 정리하고 반복하는 습관이 중요하단다.

정치와 법은 도식화 학습과 판례/사례 문제 적용력을 키우고 , 사회문화는 개념 간 비교와 자료 분석 능력을 길러야 해. 경제는 논리 구조 이해, 계산력, 시사 연결이 핵심이지.

선생님이 늘 옆에서 응원할게. 함께 해보자!

[5] 실천 체크리스트

사회 공부 공통 실천 체크리스트

◆단어 하나만 외우지 않고, 그 개념이 등장한 배경 → 의미 → 결과의 흐름을 스스로 설명할 수 있는가?

　　　　　　　　　　　　　공부머리는 만드는 것이다

- **예** '공리주의 → 왜 등장했는가? → 어떤 사회문제와 연결되는가?'

◆속독 → 회독 → 적용의 3단계 읽기 실천 중인가?
- 1차 속독: 전체 흐름 파악
- 2차 회독: 핵심 개념 정리
- 3차 적용: 문제 풀이와 실전 점검
- 이 3단계를 일주일에 최소 한 단원 이상 실천했는가?

◆자료·그래프·사료를 활용하여 공부하고 있는가?

◆기출문제 분석 + 오답노트 정리를 실천하고 있는가?
- 최근 3~5년 기출에서 반복되는 개념, 출제 유형을 정리했는가?
- 오답노트에는 '틀린 이유 + 정답 개념 + 유사 문제'가 함께 정리되어 있는가?
- 비교·도식화·요약 정리를 습관화했는가?
- 복잡한 내용을 비교 표, 연표, 개념 정리 한 장 노트 등으로 스스로 정리해본 적이 있는가?
- 한 주에 한 번은 정리한 내용을 백지에 떠올리며 테스트해보았는가?

'외우기 과목'이라는 오해를 깨라 - 사회는 연결의 과목이다

사회 과목은 단순히 외워야 할 내용을 머릿속에 채워 넣는 공부가 아니다. 우리가 살아가는 세상을 이해하고, 더 나은 사회를 만들어가는 데 필요한 지혜와 통찰력을 길러주는 과목이다. 사실과 원인을 연

결하고, 자료를 분석하며, 다양한 관점을 이해하려는 시도 자체가 사회 공부의 핵심이다.

시험 점수도 물론 중요하지만, 사회 과목을 통해 얻게 되는 비판적 사고력과 문제 해결 능력, 세상을 바라보는 넓은 시야는 그 어떤 점수보다 소중한 자산이 될 것이다.

외우는 데 그치지 말고, '왜 그럴까?', '지금 우리 사회와 어떤 관련이 있을까?'라는 질문을 던져보자. 생각하는 힘이 자랄수록 사회 공부는 훨씬 흥미로워진다.

오늘 배운 전략들을 꾸준히 실천한다면, 사회 과목은 너희의 성장을 이끄는 든든한 동반자가 되어줄 것이다. 포기하지 않고 한 걸음씩 나아가는 너희의 여정을 선생님은 언제나 응원한다.

5부.

몸과 마음을 관리하는 공부법

생체리듬, 영양, 수면을 활용한 학습력 극대화

공부법을 아무리 잘 알아도, 몸과 뇌가 준비되지 않으면 실천으로 이어지기 어렵다. 4부에서 과목별 전략과 실전 루틴을 점검해보았다면, 이제는 그 바탕이 되는 '학습 컨디션'을 설계할 차례다. 하루 24시간, 모두에게 똑같이 주어지지만 어떤 날은 머리가 맑고 집중이 잘되다가도, 어떤 날은 무기력하고 멍한 채 흘러가 버리곤 한다. 이 차이는 단순한 의지나 기분의 문제가 아니다. 뇌는 몸의 일부이며, 공부는 결국 몸으로 하는 활동이다. 그러니 '어떻게 공부할까'보다 '어떤 상태에서 공부할까'를 먼저 살펴보는 것이 중요하다.

이 장에서는 학습의 효율을 높이기 위한 '생활 루틴'을 이야기한다. 생체리듬, 수면의 질, 식사의 내용은 뇌의 집중력과 기억력을 좌우하는 핵심 요소다. 공부 잘하는 법은 책상 위가 아닌, 생활 속에 있다. 이제 공부하는 몸을 만들기 위한 실질적인 전략을 함께 살펴보자.

1장. 집중력과 기억력을 높이는 생활 습관
#공부체력 #루틴이공부다

"책상 앞에 오래 앉아만 있으면 공부가 될까요?"

"아무리 오래 앉아 있어도, 머릿속에 하나도 들어오지 않아요."

열심히 공부한다고 말하는 학생들이 자주 하는 이야기이다. 많은 학생이 공부는 '의지'의 문제라고 생각하지만, 실제로는 **몸과 뇌의 상태**, 즉 '생활 루틴'이 집중력과 기억력에 더 직접적인 영향을 준다.

집중이 안 되는 날, 기억력이 뚝 떨어진 날을 떠올려보자. 대부분은 잠을 잘 못 잤거나, 식사를 거르거나, 밤늦게까지 스마트폰을 보다가 겨우 일어난 날일 것이다. 공부는 마음만으로 되는 일이 아니다. **뇌가 깨어 있어야, 공부가 시작된다.**

왜 공부는 '의지'보다 '습관'에 달려 있을까?

"계획을 잘 실천하는 학생은 루틴이 안정적이고, 계획이 자주 무너지는 학생은 생활 습관부터 흔들린다."는 말이 있다. **수면, 식사, 혈당, 산소 공급** - 이 모든 요소가 조금만 어긋나도 뇌의 컨디션은 곧바로 흔들린다.

수면 부족은 기억 저장을 방해하고, 과도한 당 섭취는 산만함을 유발하며, 운동 부족은 뇌로 가는 산소 공급을 떨어뜨린다. 이처럼 집중력과 기억력은 '하루 습관의 총합'이라고 할 수 있다. 공부의 시작은 몸과 뇌가 공부할 준비가 되어 있는가, 그 여부에 달려 있다.

뇌를 위한 루틴, 어떻게 만들까?
#뇌컨디션루틴, #작심일일습관

공부가 잘 되는 날과 안 되는 날의 차이는 단순한 기분이나 의지의 문제가 아니다. 대부분은 '루틴의 무너짐'에서 시작된 악순환 때문이다. 아래 흐름도를 보면 그 차이를 한눈에 볼 수 있다.

질문	나의 답변
[충분한 수면]	[늦은 수면, 스마트폰 사용]
↓	↓
[기상 후 안정된 컨디션]	[피곤한 기상 → 아침 식사 거름]
↓	↓
[아침 식사로 에너지 공급]	[에너지 부족, 졸림 지속]
↓	↓
[짧은 산책·움직임으로 각성]	[움직임 부족 → 산소 공급 감소]
↓	↓
[집중 가능한 뇌 상태]	[공부 시작해도 멍한 상태]
↓	↓
[공부 계획 실행력 향상]	[계획 무산 → 무력감]
↓	↺ 다시 루틴 붕괴
[성공 경험 → 동기 부여]	
↺ 다시 건강한 루틴 유지	

이처럼 공부는 '앉아서 하는 행위'로만 보면 안 된다. 공부가 되기 위해 필요한 몸의 상태, 그 시작은 하루 루틴에서 만들어진다 이제 공

  공부머리는 만드는 것이다

부를 위한 루틴, 즉 **수면-식사-움직임** 루틴을 하나씩 살펴볼까? 공부에 최적화된 뇌 상태를 만들기 위해 수면, 식사, 움직임 세 가지 루틴을 소개한다. 특별한 기술이 필요한 것도, 큰 결심이 필요한 것도 아니다. 누구나 매일 반복할 수 있는 '작심일일 루틴'이다.

[1] 수면 루틴 - 뇌를 회복시키는 리듬 만들기

수면은 기억과 감정, 주의력과 밀접하게 연결되어 있다. 단순히 오래 자는 것이 중요한 것이 아니라, 일정한 시간에 자고 **일어나는 리듬**을 유지하는 것이 핵심이다.

- 매일 일정한 기상·취침 시간 유지하기
- 자기 전 1시간은 스마트폰 대신 책이나 스트레칭으로 마무리하기
- 낮잠은 20분 이내, 오후 3시 이전에만
- 밤 10시~새벽 2시는 뇌 회복의 골든타임

TIP : '양'보다 '리듬'이 중요합니다. 주말에 몰아서 자는 보상 수면은 오히려 리듬을 망가뜨릴 수 있습니다.

예시 : 평일에 6시간 자고 주말에 10시간 자는 학생보다, 매일 비슷한 시간에 7시간 정도 자는 학생의 집중력과 기억력이 더 높게 유지됩니다.

[2] 움직임 루틴 - 뇌에 산소와 햇빛 보내기

움직임은 뇌로 가는 산소 공급을 늘려 집중력을 높여 준다. 꼭 운동장을 도는 운동이 아니더라도, 일상에서 작은 움직임들을 의도적으

로 실천해보자.

- 아침에 10~20분 햇빛 받으며 산책하거나 걸어오기
- 50분 공부마다 5분 일어나 스트레칭
- 쉬는 시간 교실 복도 두 바퀴 걷기, 계단 이용하기

TIP : 운동은 단지 체력을 위한 활동이 아닙니다. 뇌로 가는 혈류를 증가시키고, 각성 상태를 높여 공부의 질을 높이는 '집중 백업 시스템'입니다.

예시 : 졸릴 때 의자에 앉은 채 허리 숙이기, 목 돌리기만 해도 뇌가 깨어납니다. 수업 사이사이 '앉아 있기만 하지 않기'가 핵심입니다.

[3] 식사 루틴 - 뇌에 안정적인 에너지 공급하기

식사는 뇌의 에너지원이 되는 혈당을 좌우한다. 규칙적인 식사와 안정적인 혈당 공급이 뇌 컨디션 유지의 기본이다. 자세한 식단 구성은 다음 장에서 더 자세히 살펴보자.이 장에서는 식사가 뇌 기능과 직결된다는 점만 기억해두자.

- 아침을 거르지 않고, 복합탄수화물 + 단백질 중심으로 섭취
- 단 음식, 고당 간식은 집중 직전에 피하기
- 카페인은 오전에만 섭취하고, 수분 섭취를 충분히 하기

세 가지 루틴은 서로 연결되어 있어요! #루틴삼각형, #공부컨디션체크

루틴 하나하나가 공부에 중요하다는 걸 알았더라도, "그래서 뭐부

   공부머리는 만드는 것이다

터 해야 하지?"라는 생각이 들 수도 있다. 그럴 땐, 이렇게 생각해보면 쉽다. 아래 그림을 보면 알 수 있다.

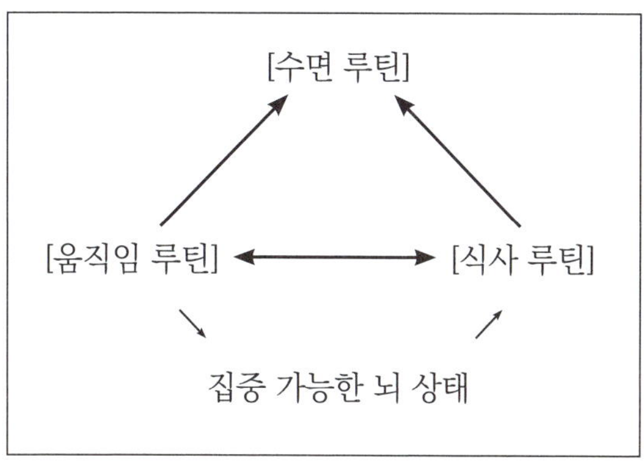

잠을 잘 자면 → 아침에 **움직일 힘**이 생기고, **몸을 움직이면** → 수면의 질이 높아지고, **잘 먹으면** → 뇌가 잘 회복돼서 **숙면**도 가능해진다. 즉, 하나를 바꾸면 나머지도 함께 좋아지는 것이다. "오늘 너무 피곤한데 공부가 안 돼." 그건 어쩌면 계획이 잘못된 게 아니라, **루틴 중 하나가 무너졌기 때문**일 수 있다. 그러니 공부가 안 될 땐, 먼저 나의 수면-식사-움직임 루틴을 점검해보자.

생활 속 루틴이 얼마나 집중력과 기억력에 영향을 주는지, 아래 비교표를 통해 한눈에 확인해보자.

항목	좋은 루틴 예시	흔한 실수 루틴
수면	10시 취침, 6시 기상 유지	평일 6시간 수면 + 주말 폭잠
식사	현미밥+계란+과일 아침	단 음식 위주 간편식, 아침 거름
운동	아침 20분 걷기, 쉬는 시간 스트레칭	하루 종일 앉아서 생활

| 집중 시간 | 50분 공부 + 5분 휴식 | 2시간 연속 앉아 있다가 멍함 |
| 스마트폰 | 공부 전 미리 꺼놓기 | 책상 위에 올려두고 자주 확인 |

실천! 집중력을 위한 하루 루틴 체크리스트

이제 나의 루틴은 어떤지, 매일 점검해볼 수 있는 체크리스트도 함께 제시해본다. 루틴을 잘 세웠다고 해도, **실천되지 않으면 계획은 종이 위에서 멈춘다.** 공부계획이 자꾸 미뤄진다면, 먼저 '공부할 수 있는 몸 상태'가 되었는지 확인해보자.

항목	오늘 실천했나요? ∨	오늘의 메모 (한 줄 요약)
7시간 이상 숙면을 취했다	☐	예 11시에 자서 6시 반 기상
아침 식사를 거르지 않았다	☐	예 밥+계란, 10분 늦게 먹음
설탕이 많은 간식을 피했다	☐	예 오후에 초콜릿 유혹 참음!
20분 이상 가벼운 운동을 했다	☐	예 학교에서 일부러

활용 팁 : 이 표는 플래너에 붙여두거나 주간 계획 뒤에 삽입해서 매일 자기 점검 시간에 활용하면 좋아요. 5일치를 모아 한 주간의 루틴 패턴을 보는 것도 좋은 방법입니다.

현직 교사의 시크릿 꿀팁

[교사노트 | 환경과 루틴을 먼저 정비하세요!]

"계획은 '앉는 것'이 아니라 '앉기 전'을 정비하는 일입니다."

학생들이 자주 물어봐.

"선생님, 어떻게 하면 집중이 잘 돼요?"

많은 학생이 '의지력'을 먼저 떠올리지만, 집중은 습관과 환경이 먼저야.

아침 자습 시간, 선생님이 가장 먼저 보는 건?
· 눈빛이 흐린 학생 → 전날 늦게까지 스마트폰 한 경우가 많아.
· 배고픈 얼굴로 멍하게 앉은 학생 → 아침을 못 먹고 온 경우야.
· 계속 하품하는 학생 → 수면 부족이 거의 확실해.
→ 반대로, 책을 펴는 손이 가볍고 얼굴이 밝은 친구들은 대부분 루틴이 잘 잡혀 있는 경우지.

교사 꿀팁 요약! 집중력은 이렇게 키워보자!
✔ 밤 10시 전에는 스마트폰 끄고 잠자기 준비
✔ 아침에 일어나면 햇빛 쬐기 → 뇌 깨우기
✔ 아침은 거르지 않기!→ 밥(또는 통곡물)·단백질 식품·채소·과일·좋은 지방까지 골고루
✔ 앉기 전에 책상 정리, 물 준비, 자리 고정
✔ 공부 시작 전, 5분 걷기 or 스트레칭

계획이 자꾸 무너질 때는 의지를 탓하지 말 것.
공부가 안 될 땐, 내 루틴부터 다시 점검해보자.
공부는 '몸이 준비된 상태'에서만 실행되는 행동이라는 걸 기억해.

2장. 공부와 식단 어떻게 연결될까?
#공부식단

공부가 안 되는 진짜 이유, 혹시 내가 먹는 것과 관련이 있지는 않을까?

"왜 이렇게 집중이 안 될까?" "앉아 있으면 금방 피곤해지고 졸려."

아침을 거르고 등교했을 때 수업 시간 내내 머리가 멍해지는 기분이 들었거나, 아무리 책상 앞에 오래 앉아 있어도 머릿속에 내용이 들어오지 않고 집중이 흐트러진 경험이 있었을 것이다. 그럴 때, 우리는 흔히 '공부 의지'나 '학습 습관'부터 문제 삼는다. 그런데 정말 그게 전부일까? 집중이 잘 안되고, 짜증이 늘고, 금방 피곤해진다면 한번쯤 내가 뭘 어떻게 먹고 있는지 살펴보자.

공부의 집중력, 기억력, 감정 조절력, 체력, 수면의 질까지, 이 모든 것은 **식습관의 영향**을 받는다. 공부는 단순한 정신 활동이 아니다. 전신의 에너지와 균형이 뒷받침되어야 가능한 복합적인 신체 활동이다. 그 중심에는 두뇌가 있다. 두뇌는 체중의 약 2%밖에 되지 않지만, 하루에 소비하는 에너지는 전체의 20%를 넘는다. 그만큼 두뇌는 에너지 소모가 많은 기관이며, 시험을 앞두고 집중이 잘 안 되거나 머리가 멍하다면 단순히 의지력의 문제가 아니라 뇌에 필요한 에너지가 부족한 것일 수 있다. 특히 장시간 집중해서 앉아 있기 위해서는 **두뇌**

에 안정적인 에너지가 지속적으로 공급되어야 하며, 이때 핵심적인 역할을 하는 것이 바로 식사이다.

공부 중 집중력이 쉽게 떨어지는 이유는 식사를 거르거나 부실하게 먹는 데에서 비롯되는 경우가 많다. 혈당이 급격히 오르내리거나, 주요 영양소가 부족할 때 두뇌는 제 기능을 하기 어렵다. 즉, 하루 공부 계획을 실천하기 위해서는 단순히 '의지'나 '시간 관리'만으로는 부족하다. 두뇌와 몸이 장시간 활동을 지속할 수 있도록 **충분하고 질 좋은 에너지를 공급하는 식습관**이 반드시 뒷받침되어야 한다. 여기서 '에너지의 질과 양'이란 혈당을 급격히 올렸다가 떨어뜨리는 단순 탄수화물 위주의 식사가 아니라, 복합 탄수화물·단백질·건강한 지방, 그리고 식이섬유가 균형 있게 어우러진 식사를 의미한다. 또한, 한 끼를 거르거나 너무 적게 먹는 것이 아니라, 하루 동안 두뇌와 몸이 필요로 하는 열량과 영양소를 충분히 공급하는 것도 포함된다.

결국, 공부는 두뇌의 활동이며, 두뇌가 효율적으로 작동하기 위해서는 연료, 즉 적절한 영양소의 꾸준한 공급이 필요하다. 단순히 배를 채우는 식사가 아니라, 두뇌를 위한 식사가 필요하다. 이처럼 식습관은 공부의 집중력, 기억력, 감정 조절력, 체력, 수면의 질뿐 아니라, 하루 공부 계획을 끝까지 실천할 수 있는 '공부 실행력'의 가장 큰 숨은 조력자이다.

공부 실행력을 높이는 식사 전략 #공부실행력 #공부식사전략

두뇌는 포도당으로 움직인다

우리 뇌는 에너지의 대부분을 포도당에서 얻는다. 그래서 아침을 거르거나, 점심을 제대로 먹지 않으면 집중력 저하, 졸음, 기억력 감소가 나타난다. 이는 단순한 기분 문제가 아니라 뇌의 생리적인 반응이다. 하지만 단순히 단 음료나 초콜릿으로 포도당을 공급하는 것은 오히려 해가 될 수 있다. 혈당이 급격히 올라갔다가 빠르게 떨어지는 **혈당 스파이크 현상은 오히려 뇌의 에너지 공급을 불안정하게 만들어** 집중력 저하로 이어질 수 있기 때문이다. 따라서, **복합탄수화물(현미, 통곡물)과 단백질, 지방, 비타민, 무기질이 적절하게 들어간 균형 잡힌 식사가 중요하다.**

공부 계획에 맞는 에너지 관리 식단 가이드

[1] 오전 집중력을 위한 아침 식사
· 복합 탄수화물 중심

현미, 귀리, 통곡물빵 등 섬유질이 풍부한 복합 탄수화물은 천천히 소화되어 혈당을 안정적으로 유지하고, 두뇌에 지속적으로 에너지를 공급한다.

· 양질의 단백질 추가

달걀, 두부, 견과류, 그릭요거트, 우유 등 단백질은 포만감과 집중

　　　　　　　　공부머리는 만드는 것이다

력 유지에 도움을 준다.

·과도한 당분 섭취 피하기

시리얼, 잼, 과일주스 등 당분이 높은 아침식사는 혈당을 급격히 올렸다가 빠르게 떨어뜨려 오전 피로와 집중력 저하를 유발할 수 있다. 특히 시리얼이나 달콤한 빵, 설탕이 첨가된 음료는 피하는 것이 좋다.

·과일, 견과류, 채소 곁들이기

베리류, 바나나, 사과 등 과일과 아몬드, 호두, 씨앗류는 비타민, 무기질, 항산화제를 보충해 두뇌 건강에 긍정적이다.

[2] 오후 슬럼프 방지를 위한 점심

·과식 피하기

점심을 과하게 먹으면 소화에 에너지가 집중되어 졸음과 무기력감을 유발할 수 있다.

·정제 탄수화물(흰쌀, 흰빵, 설탕 등) 대신 천천히 소화되는 탄수화물 섭취

정제 탄수화물은 혈당을 빠르게 올렸다가 급격히 떨어뜨려 오후 집중력 저하와 졸음을 유발하므로, 통곡물·콩류·채소 등 저혈당지수(GI) 식품을 선택한다.

· 균형 잡힌 식단으로 섭취

균형 잡힌 식단 섭취로 신체가 필요로 하는 에너지원과 회복에 필요한 영양소를 충분히 공급받아야 피로감이 줄고, 체력도 안정적으로 유지할 수 있다.

[3] 야간 학습을 위한 저녁

· 소화가 잘 되는 음식, 적당한 양

저녁은 너무 기름지거나 양이 많으면 소화에 부담이 되고, 수면과 집중에 방해가 된다. 채소 위주의 샐러드, 두부구이, 생선구이, 통곡물 소량 등 가볍고 소화가 쉬운 식단이 적합하다.

· 늦은 시간 카페인 섭취 주의

카페인은 최소 취침 8시간 전에는 마시지 않는 것이 숙면과 다음 날 집중력 유지에 유리하다.

[4] 추가 에너지 관리 팁

· 식사 간격 유지

3~4시간마다 규칙적으로 식사하거나 건강한 간식을 섭취하면 혈당이 안정되고, 에너지가 일정하게 유지된다.

· 수분 섭취

탈수는 집중력 저하의 원인이므로, 물을 자주 마시는 습관을 들인다.

· 간식은 견과류, 과일, 요거트 등으로

오후나 늦은 밤 간식이 필요하다면, 설탕이 적고 단백질과 식이섬유가 풍부한 견과류, 과일, 요거트, 두유 등이 좋다.

〈예시 식단〉

	아침	점심	저녁	간식
한식으로 든든하게	보리밥 쇠고기미역국 두부조림 멸치아몬드볶음 배추김치 그릭요거트	잡곡밥 콩나물국 돈육불고기 상추쌈 미역줄기볶음 총각김치 제철과일	차조밥 갈비탕 고등어구이 숙주미나리무침 배추김치 제철과일	과일 우유 유제품류 견과류
바쁜 아침 간단하게	통곡물빵 스크램블에그 또는 달걀후라이 치즈 토마토 양상추 우유	카레라이스 탄두리치킨 새우브로콜리볶음 배추김치 망고라씨	현미밥 된장찌개 소불고기 김치전 오이김치 제철과일	과일 우유 유제품류 견과류
소화 잘 되는 식단으로 가볍게	전복죽 김가루 닭살장조림 무나물 배추김치 요거트	차수수밥 황태국 돈육사태찜 버섯볶음 총각김치 채소샐러드	흑미밥 쇠고기무국 임연수카레구이 날치알달걀찜 도토리묵무침 깍두기 제철과일	과일 우유 유제품류 견과류

균형 있는 식사가 공부 체력의 기본
#균형잡힌식사 #식품구성자전거

"기억력을 높이는 음식이 뭐예요?" "키도 크고 집중력도 높이는 음식이 있을까요?" "수험생에게 좋은 영양제, 뭐가 효과 있나요?"

학부모와 학생들이 가장 많이 하는 질문이다. 공부를 잘하기 위해 꼭 필요한 음식, 뇌를 깨우는 음식 하나쯤 있기를 기대하지만, 안타깝게도 공부에 기적을 일으킬 '한 가지 음식'은 존재하지 않는다. 특정한 음식 하나가 기억력을 단번에 향상시키거나, 집중력을 뚝딱 높여주는 일은 일어나지 않는다. 그렇다면 답은 무엇일까? 어쩌면 너무도 당연한 이야기이지만, 결국 해답은 모든 영양소를 고르게 섭취하는 '균형 잡힌 식사'에 있다. 물론 뇌 기능을 돕는 데 도움이 되는 식품군은 있다. 그러나 어떤 특별한 음식보다 우선되어야 하는 것은 **세 끼 식사를 기본으로 한 균형 잡힌 식단**이다. 그렇다면 어떤 식품을, 얼마나, 어떤 조합으로 먹어야 균형 잡힌 식사가 될 수 있을까? 이런 질문에 실질적인 답을 주기 위해 만들어진 것이 바로 '식품구성자전거'이다.

식품구성자전거는 균형 잡힌 식생활을 위해 각 식품군의 권장 섭취 횟수와 분량을 알기 쉽게 그림으로 표현한 것이다. 건강을 유지하기 위해서는 식품 뿐 아니라 수분 섭취와 운동 역시 중요하다는 것을 강조하기 위해 앞바퀴에는 물을 표현하였고, 사람이 자전거를 타는 이미지를 사용해서 나타냈다.

자전거 뒷바퀴에는 우리가 주로 먹는 식품의 종류와 영양소 기능이 비슷한 것끼리 묶어서 6가지 색으로 구분하였는데 자전거 뒷바퀴의 면적은 우리가 하루에 먹어야 하는 권장식사패턴의 섭취 횟수와 분량에 비례하게 배분되어 있어 하루에 어떤 음식을 얼마나 먹어야 하는지 알려준다.

자전거 뒷바퀴에서 가장 넓은 면적을 차지하는 **곡류군**은 신체 활동에 필요한 에너지는 물론, 두뇌 활동을 위한 주요 에너지원으로도 쓰이기에 하루 2회에서 4회 정도의 섭취가 권장된다. 식사의 중심이 되는 밥, 빵, 고구마, 감자 등을 적절히 활용하는 것이 좋다.

하루 식사 중 곡류 다음으로 많이 먹어야 하는 식품은 **채소류**이다. 채소류에는 비타민과 무기질, 식이섬유가 풍부하게 함유되어 있어 신진대사와 면역력을 증진 시키고, 피로 회복을 도와줄 뿐 아니라 변비 예방에도 좋다. 수면 시간이 부족하고 운동량이 적은 수험생들에게 꼭 필요한 식품이라고 할 수 있다. 한국영양학회에서는 건강을 위해서 하루에 채소, 과일을 500g이상 섭취를 권장하고 있다. 그러나 2022년 국민건강영양조사 통계에 의하면 500g이상 섭취자는 10명 중 2명에 불과하였다. 전 생애 주기 주요 영양 문제를 살펴보았을 때도 채소, 과일에 많이 들어 있는 식이섬유, 비타민 A, C, 칼륨 등이 부족한 영양소로 나와 있어, 전반적으로 부족하게 먹고 있는 식품이다. 채소류에 많이 들어 있는 비타민과 무기질은 우리 몸의 기능을 조절하고 다른 영양소들이 우리 몸에서 잘 이용되도록 도와주는 역할을 하므로 매 끼니 2가지 이상의 채소를 주먹 정도의 분량으로 챙겨 먹을 수 있도록 하는 것이 좋다.

다음으로 면적이 넓은 **고기·생선·달걀·콩류 식품군**은 아이들의 집중력과 기억력 향상에 직접적인 영향을 주는 단백질과 불포화지방산을 공급하는 중요한 역할을 한다. 특히 이 식품군은 뇌의 구조와 기능 유지에 필수적인 아미노산과 신경전달물질의 재료가 되는 영양소들을 포함하고 있어, 수험생들에게 하루에 3~4회 섭취가 권장된다. 또한, 성장기 아이라면 동물성 단백질(고기, 생선, 달걀)과 식물성 단백질(콩, 두부, 두유 등)을 균형 있게 섭취하는 것이 중요하다. 2021년에 발표된 성조숙증 관련 논문에 의하면 동물성 단백질을 너무 많이 섭취할 경우 성호르몬의 생산을 촉진하고 사춘기 발달을 가속화할 수 있다고 한다. 또 동물성 단백질을 권장섭취량의 2배 이상 과잉 섭취할 경우에는 소변에서 칼슘 배설을 촉진하게 되서 오히려 키성장에 좋지 않은 영향을 미친다고 한다. 키 성장도 중요한 성장기 청소년의 경우 단백질을 섭취할 때는 동물성과 식물성 단백질을 골고루 섭취하고 동물성 단백질을 너무 과도하게 섭취하고 있는건 아닌지 살펴보아

　　　　공부머리는 만드는 것이다

야 한다.

우유·유제품에 많이 들어 있는 **칼슘**은 뼈 성장과 신경 안정에 도움을 준다. 간식으로 매일 1-2잔 정도 챙겨 먹는 것이 좋다. 칼슘은 체내 흡수율이 낮은 대표적인 영양소로, 섭취한 양의 30~40% 정도밖에 흡수되지 않는다. 따라서 흡수율을 높이는 것이 중요한데, 이때 비타민 D가 큰 도움을 준다. 비타민 D는 햇빛을 쬐거나 말린 버섯 등을 섭취하여 보충할 수 있다. 우유는 칼슘 흡수율이 가장 높은 식품 중에 하나로 되도록 색소나 향료 등이 첨가되지 않은 흰우유의 형태로 먹는 것이 좋다. 다만 살이 찐다고 우유를 기피하는 친구가 있다면 무지방 우유나 저지방 우유를 선택해서 먹을 수 있다.

과일류는 항산화 작용과 수분 보충에 탁월하기 때문에 간식으로 좋은 식품이다. 매일 1-2개 정도를 챙겨 먹는 것이 좋다. 단 과일은 채소보다는 당이 높기 때문에 비만인 학생의 경우 주의해서 먹어야 한다. 채소에 비해 너무 많이 먹지 않도록 하고 적당히 먹는 것을 권장한다.

유지, 당류는 조리시에 양념으로 넣게 되므로 일부러 찾아서 먹지 않아도 자연스럽게 섭취가 가능하다.

[핵심 요약] 공부와 식단의 연결

• 집중력 저하의 원인

식사를 거르거나, 영양이 부족하거나, 혈당이 급격히 변화하면 두뇌 기능이 저하되어 집중력과 기억력 감소 발생 가능.

• 두뇌의 에너지원

포도당이 주된 에너지원이지만, 단순당(초콜릿, 음료)은 오히려 혈당 스파이크를 일으켜 집중력 저하.

• 공부는 단순한 정신 활동이 아닌, 전신의 에너지와 균형이 필요한 복합적 신체 활동이다. 두뇌 활동을 위한 안정적인 영양 공급이 필수이다. 복합탄수화물+단백질+지방+비타민+무기질이 포함된 균형 잡힌 식사를 하자.

3장. 공부력 올리는 똑똑한 식습관 가이드

아침밥, 공부 실천력을 높이는 열쇠 #아침밥챙기기 #공부체력

"조금이라도 먹고 가라니까!"

"싫다니까!"

일어나자마자 아침을 먹으라는 엄마의 잔소리를 뒤로 하고, 또 그냥 집을 나선다.

아침밥보다 소중한 건 단 10분이라도 더 자는 아침 잠.

그런데 오늘따라 책이 도무지 눈에 들어오지 않는다.

단어들이 머릿속으로 들어오는 게 아니라, 자꾸만 튕겨져 나가는 기분이다.

'왜 이렇게 집중이 안 될까?'

혹시… 아침밥을 안 먹은 게 공부에 영향을 주는 걸까?

[1] 아침은 되도록 밥으로 먹자.

바쁜 아침 시간에 식사를 챙기기는 쉽지 않지만, 공부를 하는 학생들에게 아침밥은 단순한 식사가 아니라 '두뇌 연료'이다. 하루 공부의 컨디션을 결정짓는 중요한 변수이기 때문이다. 그렇다면 어떤 아침식사가 가장 두뇌에 도움이 될까? 실제 연구에서 그 해답을 찾을 수 있다.

농촌진흥청이 전북대학교·한국식품연구원과 함께 진행한 연구에 따르면, 밥 중심의 한식 아침을 먹은 청소년들이 빵 중심 식사나 아침을 거른 학생들보다 학습 능력, 정서 안정, 신체 건강 면에서 가장 뛰어난 결과를 보였다.

특히 아침을 결식한 집단에 비해 이해력은 결식군보다 무려 15배 이상 높았고, 집중력은 4.7배, 학습능력 평가를 위한 간이인지척도(BCRS, Brief cognitive rating scale)는 3배가 더 높게 나타났다. 기억과 학습효과에 관련된 신경전달물질을 분석한 결과에서는 밥 중심 아침 식사군이 결식보다 '가바'가 11.4%, '도파민'이 13%, '뇌신경생장인자'가 25.5% 증가한 것으로 나타났다.

밥 중심 아침 식사는 정서적인 건강에도 더 우수하였는데 정서적 건강 정도 측정을 위한 뇌전도 검사 결과, 밥 중심 아침 식사군이 결식보다 안정/이완 지표인 알파파가 1.3배, 주의/집중력 지표인 베타파가 1.7배 증가한 것으로 나타났다.

즉, 아침을 먹는 것 자체도 중요하지만, 무엇을 먹느냐도 중요한 것이다. 이렇게 **밥 중심 아침식사**는 정서적인 **건강**과 **학습 능력**을 향상 시킬 뿐 아니라 몸 건강에도 더 효과적인 만큼 되도록 아침은 밥으로 먹는 것이 좋다. 하지만 현실적으로 아침마다 밥을 챙겨 먹기 어려운 날도 있다. 그럴 땐, 아무것도 먹지 않고 등교하는 것보다는 공복 상태에서 부담 없이 섭취할 수 있는 간편한 대체 음식이라도 선택해서 먹자.

[2] 간편한 아침 식사를 찾는다면

바쁜 아침 간단하면서도 공복에 먹을 수 있는 식품 중 대표적인 것은 **달걀**이다.

단백질이 풍부해 포만감을 주고, 두뇌 활동에 필요한 영양소도 함께 제공해주기 때문에 아침식사 대용으로 적합하다. 달걀은 저열량이면서도 질 좋은 단백질과 비타민 A, B12, D, 셀레늄 등이 들어 있어 아침에 부담 없이 먹을 수 있는 영양 밀도 높은 식품이다. 또한 다양한 아미노산이 포함되어 있어 집중력을 높이고 스트레스 해소에 도움을 받을 수 있다.

두 번째는 **감자**이다.

아침에 감자를 먹을까 고구마를 먹을까 고민하는 사람이 많다. 고구마는 건강에 좋은 식품이지만, 고구마는 건강에 유익한 식품이지만, 일부 사람들에게는 고구마에 함유된 아교질과 탄닌 성분이 위 점막을 자극해 공복 섭취 시 속쓰림이나 더부룩함을 유발할 수 있다. 반면 감자는 알칼리성 식품으로 위산을 중화시키고 감자 전분이 위 점막을 보호해줘서 아침에 먹기에 부담이 적다. 감자에 풍부한 비타민 C, B6, 칼륨, 탄수화물은 체내 에너지 대사를 도와 활기찬 하루를 시작하는 데 적합한 아침 식사가 된다.

세번째는 **단호박**이다.

아침에는 뇌가 잘 활동할 수 있도록 뇌에 에너지를 공급하는 포도당을 적절하게 섭취해주는게 좋다. 이때 중요한 건 혈당을 천천히 올리는 탄수화물을 섭취하는 것이다. 단호박은 뇌에 필요한 에너지를 공급하면서도, 풍부한 섬유질이 당의 흡수 속도를 조절해 준다. 덕분에 혈당을 급격히 올리지 않으면서 포만감은 오래 유지되어, 점심 과식까지 예방할 수 있다.

네 번째는 **견과류**이다.

견과류는 바쁜 아침 시간에 간단하게 먹을 수 있으면서 공부하는 학생들의 두뇌 활성화에도 좋은 식품이다. 서울대보건대학원에서 아침식사 종류에 따른 건강상태 연구 결과 발표 자료를 살펴보면, 아침에 견과류를 먹었을 때 혈당이 낮아지고 고혈압 위험이 반으로 줄어들었다고 한다.

다섯 번째는 **오트밀**이다.

귀리를 납작하게 만든 오트밀은 미국과 유럽에서 아침 식사로 많이 먹는 음식이다. 탄수화물과 단백질이 풍부하고 포만감이 오래 지속되서 오전 내내 충분한 에너지를 공급해준다. 특히 아침에 당이 높은 시리얼을 먹는 친구가 있다면 시리얼 대신에 오트밀을 먹어주는 것이 좋다. 아침에는 수면으로 오랫동안 공복을 유지해서 혈당이 낮은 상태이다. 이때 혈당 지수가 높은 음식이 갑자기 들어오면 혈당이 급격히 올라가면서 혈당 스파이크 현상이 생길 수 있다. 공복 상태에서 특정 음식을 먹은 뒤 혈당이 급격하게 올라갔다 내려가는 것을 '혈당 스파이크'라고 하는데 혈당 스파이크의 주요 증상 중 하나가 급격한 피로감과 졸음이다. 혈당 스파이크가 반복될 경우 당뇨병 위험도 높이므로 너무 달콤한 음식은 아침식사로는 피하는 것이 좋다.

시험 불안을 낮추는 음식, 마음을 다스리는 식습관
#시험불안 #불안낮추는음식

"공부는 했는데, 시험장만 가면 머리가 하얘져요."
"시험 때만 되면 괜히 배가 아프고 불안해요. "

시험에 대한 긴장과 불안은 누구나 경험하는 자연스러운 반응이다. 하지만 이 불안이 지나치면 집중력을 방해하고, 시험 당일 실력을 제대로 발휘하지 못하게 만든다. 의외일 수 있지만, 우리가 먹는 음식이 이런 시험 불안을 줄이는 데 큰 역할을 할 수 있다. 뇌와 마음에 긍정적인 영향을 주는 음식을 알고 선택하는 것만으로도 컨디션과 감정을 안정시키는 데 도움이 된다.

[1] 시험 불안은 왜 생길까?

시험을 앞두면 우리 몸은 스트레스를 인식하고 '코르티솔'이라는 스트레스 호르몬을 분비한다. 코르티솔 수치가 높아지면 심박수가 빨라지고, 소화 기능이 떨어지며, 감정 조절에도 어려움이 생긴다. 이처럼 시험 불안은 단순한 감정 문제가 아니라, 신체 리듬을 깨뜨려 공부 계획 실천을 방해하는 요인이 된다. 따라서 몸과 마음을 진정시키고 컨디션을 유지하려면 코르티솔 수치를 조절해 주는 식습관이 필요하다.

[2] 불안을 낮추는 음식

불안을 줄이고 마음을 안정시키기 위해서는 식단 선택이 매우 중요하다.

흰 빵, 흰 밀가루, 백미처럼 정제된 탄수화물보다는 **현미, 통밀가루, 오트밀, 고구마처럼 복합 탄수화물**이 풍부한 식품을 선택하는 것이 도움이 된다. 복합 탄수화물은 식이섬유가 풍부하고 혈당지수가 낮아 혈당을 천천히 올려준다. 이로 인해 에너지가 보다 안정적으로 공급되며, **혈당의 급격한 변화**가 줄어들어 기분을 보다 차분하게 유지할 수 있다.

또한 복합 탄수화물은 '행복 호르몬'으로 불리는 세로토닌의 분비에도 긍정적인 영향을 준다. 세로토닌은 감정을 조절하고 안정감을 주는 신경전달물질인데, 이 호르몬을 만드는 데 필요한 아미노산 트립토판이 뇌로 잘 전달되기 위해서는 복합 탄수화물이 함께 섭취되어야 한다. 실제로 미국 임상 영양 저널(The American Journal of

Clinical Nutrition)과 MIT(매사추세츠 공과대학교)의 연구에 따르면, 통곡물을 꾸준히 섭취하는 것이 우울감이나 불안 완화에 도움이 된다는 결과가 보고되었다. 따라서 아침이나 간식으로 복합 탄수화물을 챙겨 먹는 습관은 마음을 안정시키고 불안을 줄이는 데 중요한 역할을 할 수 있다. 트립토판이 풍부한 **바나나, 달걀, 우유, 치즈, 병아리콩** 등을 간식으로 챙겨 먹는 것도 좋은 방법이다.

또 하나 주목할 점은 **마그네슘** 섭취이다. 마그네슘은 신경 안정과 근육 이완에 중요한 영양소로, 부족할 경우 불안 증상이 심화될 수 있다. 실제로 불안을 겪는 사람의 소변에서는 마그네슘 배출이 더 많다는 연구 결과도 있다. 마그네슘은 뇌 속 신경전달물질과 스트레스 호르몬을 조절해 스트레스 반응을 완화하는 데 핵심적인 역할을 한다. **해조류, 견과류, 바나나, 아몬드, 콩류, 시금치, 아보카도**는 마그네슘이 풍부한 대표적인 식품이다.

또한 **오메가-3 지방산**도 빼놓을 수 없다. 뇌 건강에 중요한 이 지방산은 감정 조절과 우울감 완화에 긍정적인 영향을 미치며, 시험 기간 동안 꾸준히 섭취하면 두뇌 기능 향상과 정서적 안정에 도움이 된다. **연어, 고등어, 참치** 같은 등푸른 생선이 오메가-3의 좋은 공급원이다.

마지막으로, **장 건강**을 챙기는 것도 매우 중요하다. 장은 '제2의 뇌'라 불릴 만큼 뇌와 밀접하게 연결되어 있어, 장내 환경이 나빠지면 스트레스를 쉽게 받거나 정신적인 불안 증상을 겪기 쉽다. 과민성 대장증후군이 불안이나 우울과 연관성을 보이는 것도 이러한 이유에서다. **플레인 요거트, 김치, 된장** 등 발효식품을 꾸준히 섭취하면 장내 유익균을 늘리고 정서 안정에도 긍정적인 영향을 줄 수 있다.

그렇다면 이번에는 **불안을 오히려 높이는** 음식들에는 어떤 것들이 있는지 알아보자. 먼저 **커피, 에너지 음료, 고카페인 음료**를 들 수 있다. 긴장되고 불안한 상태에서 카페인을 과다하게 섭취하면 심박수가 올라가고, 불안감이 더 심해질 수 있다. 또한 **당분이 많은 가공식품들**도 불안을 오히려 높일 수 있다. 사탕, 초콜릿과 같이 단 음식은 순간적으로 기분을 좋게 만들지만, 혈당이 급격히 떨어지면서 오히려 피로감과 예민함을 유발할 수 있다.

시험 불안을 낮추는 음식 체크카드

구분	대표 식품	효과 요약
복합 탄수화물	현미, 통밀빵, 오트밀, 고구마	혈당 안정 → 기분 차분해짐
트립토판	바나나, 달걀, 우유, 치즈, 병아리콩	세로토닌 생성 → 감정 안정
마그네슘	해조류, 아몬드, 시금치, 아보카도	신경 안정 → 불안 완화
오메가-3	연어, 고등어, 참치, 들기름	뇌 기능활성화 → 집중력 향상
장 건강 식품	플레인 요거트, 김치, 된장, 청국장	장내 유익균 증가 → 정서 안정

피해야 할 음식

음식 유형	예시	이유
고카페인 음료	커피, 에너지음료	심박수 증가 → 불안 증폭
고당류 간식	사탕, 초콜릿, 달달한 음료	혈당 급상승·급하강 → 기분 불안정

카페인 경고등! 과다 섭취가 몸과 마음에 미치는 영향
#카페인 #카페인부작용

식품의약품안전처에서는 어린이와 청소년의 카페인 최대 일일 섭취 권고량을 체중 1㎏당 2.5㎎ 이하로 권고하고 있다.

체중 50kg의 청소년이라면 하루에 섭취할 수 있는 카페인 최대 섭취량은 125mg이고 체중이 30kg정도 되는 어린이라면 하루에 섭취할 수 있는 카페인 최대 섭취량이 75mg정도가 된다. 그럼 어린이나 청소년들이 자주 먹는 음식의 카페인 함량은 얼마나 될까? 먼저 청소년들이 피곤할 때나 시험기간에 잠을 자지 않고 공부하기 위해 먹는 에너지 음료는 1캔당 카페인 함량이 적게는 60mg에서 많게는 100mg이 넘는 것도 있다. 즉, 에너지 음료 한 캔만 마셔도 하루 최대 섭취 권고량에 육박하거나, 체중에 따라서는 이를 훌쩍 초과할 수도 있다는 것이다.

[1] 청소년들이 자주 섭취하는 에너지 음료는 정말 집중력에 효과가 있을까?

에너지 음료와 집중력 향상에 대한 연구는 아직까지 많지 않고 그것도 대부분 성인을 대상으로 연구가 진행되어, 청소년을 대상으로 한 연구는 부족한 실정이다.

다만 성인에서는 집중력을 비롯한 인지 기능이 향상된다는 연구 결과도 있었다. 하지만 평균 연령이 만 13세인 500여 명의 **청소년**을 대상으로한 연구에서는 에너지 음료 섭취가 오히려 **인지 기능의 저하와 관련이 있다**는 보고도 있다. 이처럼 청소년의 뇌는 성인의 뇌와는 다른 발달 과정을 겪고 있으므로 에너지 음료의 효과나 부작용도 성인과 다를 수 있기 때문에 좀 더 주의해서 섭취해야 한다.

한국가정과 교육학회지에 실린 연구를 보면 고등학생의 12.5%가 하루 권고량을 초과한 카페인을 섭취하고 있었는데 이들은 가슴 **두근거림, 불면증, 화장실 가는 횟수 증가, 어지럼(두통)** 등 부작용을 호소했다고 한다. 특히 한 연구에 의하면 카페인 함량이 높은 에너지 음료를 매일 1회 이상 섭취한 학생의 경우 에너지 음료를 섭취하지 않는 학생과 비교했을 때 자살 생각이 중학생의 경우 2.66배 고등학생의 경우 3.89배나 증가한다는 발표가 있었다. 카페인이 뇌에 있는 신경 세포를 억제해 비관적인 생각을 하도록 만들기 때문이라고 한다.

식약처 역시 청소년은 카페인 민감도가 커서 과도한 카페인 섭취는 불면증, 빈혈, 성장 저해 등의 부작용이 나타나고 학업에도 부정적인 영향을 미칠 수 있다고 경고하였다. 또한, 어린이 식생활 안전관리 특별법 일부를 개정해서 어린이 기호식품으로 지정된 음식 중에 고카페인 음료와 커피에 대해서 학교 매점과 우수 판매 업소에서 판매를 금지하고 특정시간대 TV 광고도 제한하고 있다.

  공부머리는 만드는 것이다

[2] 어린이와 청소년들은 카페인섭취를 어떻게 줄이면 좋을까?

첫째 어린이와 청소년들은 간의 대사능력이 떨어지고 간 크기도 어른보다 작아 카페인이 체내에 머무는 시간이 훨씬 길므로 되도록 카페인이 함유된 식품을 섭취하지 않거나 **카페인 최대 일일 권고량 이하로 섭취**하도록 한다.

둘째 음료에 함유된 카페인 양을 **라벨**에서 **확인**한 후 먹는다.

서울특별시보건환경연구원이 편의점에서 판매하는 음료와 초콜릿 등의 카페인 함량을 조사한 자료에 의하면 1회 제공량을 기준으로 음료 1개의 평균 카페인 함량은 48mg으로 나타났으며, 특히 커피 우유 등 액상커피는 104mg, 에너지음료는 82mg의 카페인을 함유하고 있어 고카페인 음료에 해당하는 것으로 확인되었다. 또한, 콜라(31mg), 초코우유(6mg) 등 어린이 기호식품에도 카페인이 포함되어 있어, 어린이와 청소년이 카페인을 과다 섭취할 우려가 있었다. 따라서 음료를 먹을 때는 카페인 양을 확인하고 되도록 카페인이 적게 들어 있는 것을 골라서 섭취하도록 한다.

셋째, 초코 우유나 커피 우유 대신 **흰 우유**를 마시고, 콜라·커피·에너지 음료 대신 **물이나 허브차**를 마시는 것이 좋다. 카페인을 완전히 끊기 어렵다면, 커피보다는 녹차를 선택하는 것이 카페인 부작용을 줄이는 데 도움이 될 수 있다. 녹차에도 카페인이 함유되어 있지만, 불안 완화와 심신 안정을 돕는 테아닌이라는 아미노산이 함께 들어 있어 커피에 비해 불안감이나 심장 두근거림 등의 증상을 덜 유발할 수 있다. 다만, 녹차 역시 카페인이 들어 있으므로 카페인에 매우 민감한 사람은 섭취에 주의가 필요하다.

넷째 카페인 섭취량이 지나치게 많을 경우에는 **운동이나 취미생활**을 통해 카페인에 대한 관심을 분산시키고 섭취량을 서서히 줄여나가는 것이 중요하다. 첫주엔 카페인 커피 90%에 디카페인 커피 10%를 섞어 마지고 다음주부터는 디카페인 커피의 비율을 매주 10%씩 늘려나가는 것도 한 방법이다.

[3] 생활 속 카페인, 어디에 얼마나 들어있을까?

콜라, 홍차, 녹차, 커피 우유, 초콜릿, 박카스, 녹차 아이스크림 등 우리가 자주 먹는 식품에도 카페인이 들어 있다.

평균적으로 홍차 티백 한 개에는 17~61mg, 녹차 티백 한 개에는 30~40mg 정도의 카페인이 들어 있다. 아이들이 좋아하는 녹차 아이스크림 한 컵(100g)에는 많게는 100mg의 카페인이 들어 있어, 때로는 일반적인 캔커피보다 더 많은 카페인을 섭취하게 될 수도 있다. 또한 다크초콜릿은 카카오 함량에 따라 12~50mg(약 30g 기준)으로 100g을 먹었을 때는 카페인 함량이 100mg을 넘어서기도 한다.

심지어 카페인을 피하기 위해 선택하는 디카페인 커피에도 2~7mg 정도의 카페인이 남아 있다. 이는 우리나라 식품 표시 기준 상 카페인 함량을 90% 이상만 제거하면 '디카페인'으로 표기할 수 있기 때문이다.

국내에서는 고카페인 음료(1ml당 0.15mg 이상) 등 일부 제품만

카페인 함량 표시 의무가 있고, 대부분의 일반 식품(초콜릿, 아이스크림, 일부 커피 등)은 표시 의무가 없다. 따라서 나도 모르는 새에 카페인을 섭취할 수 있기 때문에 평소 카페인 섭취에 주의가 필요하다.

또한 카페인 음료와 진통제, 감기약 등 일부 약물을 함께 복용하면 심장 두근거림, 불면증, 현기증 등 부작용이 나타날 수 있으니 약을 복용할 때는 카페인 음료를 피하는 것이 좋다.

카페인의 과도한 섭취는 어린이와 청소년에게 몸 건강뿐 아니라 정신 건강에도 영향을 줄 수 있는 만큼 꼭 똑똑하게 섭취하도록 하자.

• 다양한 식품의 카페인 함량 (브랜드. 국가. 제품별로 차이 있음)

식품/음료	카페인 함량(mg)	비고 (브랜드/국가/제품별 차이)
콜라(355ml)	31-46	브랜드, 국가별 차이 있음
홍차 티백(1개)	17-61	우리는 시간, 브랜드에 따라 다름
녹차 티백(1개)	30-40	우리는 시간, 브랜드에 따라 다름
캔커피(1캔)	60-150	브랜드, 제품별 차이 큼
커피 우유(1팩)	30-133	브랜드, 제품별 차이 큼
디카페인 커피(1잔)	2-7	추출 방식, 브랜드에 따라 다름
박카스(1병)	30	국내 기준
녹차 아이스크림(100g)	25-100	브랜드, 제품별 차이 큼
다크초콜릿(약 30g)	12-50	브랜드, 카카오 함량에 따라 다름
밀크초콜릿(약 30g)	5-12	브랜드, 카카오 함량에 따라 다름

[핵심 요약] 카페인 경고등! 과다 섭취가 몸과 마음에 미치는 영향
• 청소년의 카페인 과다 섭취는 신체·정신 건강 모두에 부정적 영향을 미칠 수 있으므로, 권고량을 지키고 카페인 음료 대신 건강한 대체 음료를 선택하는 것이 중요
• 에너지 음료, 커피, 탄산음료, 커피 우유 등 다양한 식품에 카페인이 들어 있으니 라벨을 확인하고 섭취량을 조절하자.
• 졸릴 때는 카페인에 의존하기보다는 스트레칭 등 다른 방법을 활용하는 것이 바람직하다.

기억력과 집중력을 높이는 두뇌에 좋은 식품
#두뇌영양 #집중력향상

"아 이거 아는건데 왜 생각이 안나지?"

분명히 봤던 것인데 막상 쓰려고 하니 하얗게 사라져 버린다. 공부는 분명 열심히 했는데, 정작 필요할 때 떠오르지 않으면 아무 소용이 없다. 혹시, 나도 모르는 사이 내 뇌가 지쳐 있는 건 아닐까?

기억력은 단순히 머리를 많이 쓴다고 유지되는 게 아니라, 뇌가 제대로 작동할 수 있는 **연료와 환경을 꾸준히** 제공해줘야 한다. 수험생이 시험에서 자신의 실력을 최대한 발휘하려면 꾸준한 공부만큼이나 두뇌 건강을 위한 올바른 식습관이 필수적이다. 특히 **오메가-3 지방산, 항산화 물질, 비타민** 등 뇌에 꼭 필요한 영양소를 충분히 섭취하

면 기억력과 집중력을 높이고 뇌의 피로와 노화를 예방하는데 도움이 된다. 그렇다면 어떤 식품들이 기억력과 집중력 향상에 도움이 될지 대표적인 두뇌 건강 식품을 살펴보도록 하자.

달걀은 기억력 증진과 두뇌 건강에 도움이 되는 대표적인 식품이다. 특히 달걀 노른자에는 뇌 건강에 핵심적인 영양소들이 풍부하게 들어 있다. 우리 뇌는 수분을 제외한 구성 성분 중 상당 부분이 인지질로 이루어져 있는데 달걀노른자에 풍부한 **레시틴**은 신경세포막의 주요 구성 요소로 뇌 건강에 직접적으로 기여한다. 레시틴의 주요 성분인 **콜린**은 기억력과 학습 능력, 뇌세포막 유지에 핵심적인 역할을 하며, 실제로 노른자에서 추출한 콜린을 꾸준히 섭취한 그룹에서 언어 기억력 등 인지 기능이 향상된 임상 결과도 보고되어 있다. 달걀노른자에는 콜린과 레시틴 외에도 신경계 기능 유지에 필수적인 비타민 B군, 뇌세포 보호와 인지 기능 향상에 도움을 주는 오메가-3 지방산, 뇌의 산화 스트레스를 감소 시키는 루테인 등 뇌 건강과 인지 기능 유지에 핵심적인 영양소가 풍부하게 들어 있다

콩은 식물성 식품 중 콜린과 레시틴 함량이 가장 높은 편에 속한다. 콜린은 레시틴의 구성 요소이자, 기억력과 집중력을 향상시키는 신경전달물질 '아세틸콜린'의 원료가 된다. 특히 콩을 된장, 고추장, 청국장처럼 발효시키면 뇌 발달에 좋은 글루타민산, GABA 등 신경전달물질이 생성되어 두뇌 건강에 더욱 효과적이다. 따라서 수험생 식단에는 콩 자체보다는 콩을 활용한 전통 **발효식품**을 포함시키는 것

이 좋다.

뇌는 수분을 제외한 건조 중량의 약 60%가 지방으로 이루어져 있으며, 이 중 일부를 차지하는 오메가-3 지방산, 특히 DHA(도코사헥사엔산)는 뇌세포막의 주요 구성 성분으로, 기억력과 학습능력, 신경 세포 간 신호 전달에 중요한 역할을 한다. 오메가-3가 부족하면 뇌 기능 저하나 집중력 감소 등의 문제가 생길 수 있기 때문에, 식사를 통해 꾸준히 섭취하는 것이 중요하다. **연어**는 두뇌 기능 향상에 탁월한 오메가-3 지방산(DHA, EPA)의 대표적인 공급원이다. 오메가-3 지방산은 체내에서 생성되지 않아 식품으로 반드시 섭취해야 하는 필수 지방산으로, 주의력 결핍 과잉행동장애(ADHD)나 치매 위험 감소와도 연관이 있다는 연구 결과가 있다. 또 연어와 같은 오메가-3가 풍부한 생선은 **학습 능력과 기억력 향상**에도 긍정적인 영향을 미치는 것으로 알려져 있다.

들기름은 식물성 기름 중 식물성 오메가-3인 알파-리놀렌산 함량이 가장 높은 식품으로, 그 비율이 전체 지방산의 60%에 달한다. 농촌진흥청과 부산대학교의 공동 연구에 따르면, 들기름과 들깨 섭취는 학습 능력과 기억력을 높이고, 뇌 노화의 원인 중 하나인 지질과산화 생성을 절반 수준으로 낮춰준다고 한다. 또한 들기름의 알파-리놀렌산은 동물성 오메가-3인 EPA·DHA와 비교해도 효과 면에서 큰 차이가 없는 것으로 나타났으며 뇌 건강에 긍정적인 영향을 미치는 것으로 밝혀졌다.

　　　　　　　　　　　　

호두는 뇌를 닮은 견과류로 잘 알려져 있으며, 비타민 E와 식물성 오메가-3인 알파-리놀렌산이 풍부하게 함유되어 있다. 뇌는 지방의 비율이 높은 기관이기에 산화에 취약하다. 비타민 E는 이러한 산화를 막아주는 대표적인 항산화 성분으로, 뇌세포를 보호하는 데 효과적이다. 미국 UCLA 의대 연구에 따르면, 호두를 규칙적으로 섭취한 사람들은 기억력, 집중력, 정보 처리 속도 등에서 높은 인지 능력을 보였다고 한다. 연구를 진행한 아랍 교수는 인지 건강을 위해 하루 한 줌(약 13g)의 호두 섭취를 권장하고 있다.

[핵심 요약] 기억력과 집중력을 높이는 두뇌에 좋은 식품
두뇌 건강과 인지 기능 유지에는 오메가-3 지방산, 콜린, 레시틴, 비타민 B군, 항산화 성분(비타민 E, 루테인 등)이 풍부한 식품이 효과적이다.
• 달걀 노른자, 발효 콩 식품, 연어 등 생선, 들기름, 호두는 기억력과 집중력 향상에 도움이 되는 대표적인 두뇌 건강 식품이다.

4장. 수험생 건강관리 : 약물위험과 수능 도시락 준비법

ADHD 약, 공부 잘하려고 먹는 건 '위험한 착각'
#ADHD약 #공부약오남용

"쟤는 약 먹고 하루 10시간씩 공부한다던데…"
시험이 가까워질수록 마음이 조급해진다. 나도 더 집중하고 싶은데, 눈은 흐려지고 머리는 멍하다. 그때 누군가가 말한다.

"요즘 공부 잘하려고 약 먹는 애들 많아. ADHD 약 먹으면 집중력 올라간대."
순간 혹한다. 정말 나도 그렇게만 된다면, 하고 싶은 마음이 스치듯 든다. 하지만 그 유혹 뒤에는 우리가 모르는, 그리고 감당할 수 없는 위험이 숨어 있다

최근 강남 등 입시 열기가 뜨거운 지역에서는 '공부약'이라는 말까지 돌 정도로, 이 약에 대한 잘못된 정보가 퍼지고 있다. 하지만 ADHD 약물은 절대 집중력을 높이기 위한 일반용 약이 아니다. 오히려, 건강한 뇌에는 해가 될 수 있다.

ADHD 치료제는 주의력결핍 과잉행동장애(ADHD)로 인해 뇌의

주의력 조절 기능에 어려움이 있는 사람들을 위해 개발된 약물이다. 일반적으로 사용되는 ADHD 치료제는 '메틸페니데이트' 계열의 약물이다. 인체의 뇌에서 주의·집중력을 조절하는 신경전달물질인 도파민과 노르에피네프린의 재흡수를 억제해 수치를 증가시키고 각성 상태로 만들어 준다. 임의로 복용할 경우 혈압 상승, 식욕 부진, 두통, 불면증, 불안감 등의 증상이 나타날 수 있다. 심하면 환청, 환각, 공황 발작, 중독 등의 증상이 나타날 수도 있어 각별히 주의해야 한다.

실제로 미국에서는 학생 대표를 지내던 학생이 의사를 속여 ADHD 치료제를 처방받은 뒤 학습 목적으로 남용하였고 그후 약물 중독과 정신 이상 증세로 고생하다가 자살한 충격적인 사건이 있었다.

ADHD 진단을 받지 않은 사람이 이 약물을 복용할 경우, 일시적으로 각성되거나 집중력이 향상되는 것처럼 느껴질 수 있지만, 이는 뇌가 과도하게 자극되고 있는 상태를 의미한다. 실제 연구 결과에 따르면, ADHD 진단이 없는 일반인에게 ADHD 약물을 투여했을 때 혈압과 심장박동수가 상승하는 생리적 변화는 나타났지만, 학습 능력 개선으로 이어지지는 않았다. 오히려 일부 연구에서는 단기 기억력이 감소하는 등 인지 기능에 부정적인 영향을 미칠 수 있음이 확인되었다. 특히 청소년기에는 뇌 발달에 악영향을 줄 수 있다. 무엇보다 무서운 건, 반복해서 사용할 경우 약에 의존하게 되는 것이다.

시험 잘 보려고, 성적을 올리려고, 단기간의 성과를 위해 내 소중한 뇌를 망가뜨리는 약을 선택하는 건 너무나도 위험한 착각이다.

약이 아니라, 진짜 나를 돌보는 방법을 찾아야 할 때다. **두뇌에 좋은 식단, 충분한 수면, 규칙적인 운동, 건강한 생활습관**이 결국 가장 안전하고 확실한 공부법이다.

[핵심 요약] ADHD 약, 공부 잘하려고 먹는 건 '위험한 착각'
공부는 단거리 경주가 아니라 마라톤이다. 단기적으로 잠을 줄이고 약의 힘을 빌려 공부하는 건 결국 체력과 두뇌 기능을 망가뜨리는 지름길일 뿐이다.
약 없이도 집중력은 충분히 좋아질 수 있다
· 규칙적인 수면과 생활 리듬
· 두뇌를 깨우는 아침식사
· 단백질과 좋은 지방이 포함된 균형 잡힌 식단
· 햇볕을 쬐며 가볍게 움직이는 활동
위와 같은 생활 습관을 꾸준하게 실천하자.

수능 도시락, 좋은 음식 vs 피해야할 음식
#수능도시락 #수능밥상

[1] 수능 도시락은 어떤 음식으로 준비하는 것이 좋을까?

수능 당일, 그동안 갈고닦은 실력을 온전히 발휘하려면 평소 실력만큼이나 컨디션 관리가 중요하다. 특히 점심시간에 먹는 도시락은 단순히 배를 채우는 역할을 넘어, 집중력과 에너지를 유지해주는 중요한 역할을 한다. 그렇다면, 지금까지 준비한 실력을 최대한 잘 발휘할 수 있게 도와주는 수능 도시락으로 좋은 음식에는 어떤 것이 있을까?

우리가 너무 긴장하게 되면 소화도 잘 안되고 구토나 식욕부진이 생길 수 있는 만큼 도시락을 준비할 때는 위와 장을 편하게 해주는 소화가 잘 되는 음식으로 준비하고 두뇌 회전에도 도움을 주는 음식으로 준비하는 게 좋다.

시험때가 되면 평소에는 소화가 잘 되던 학생들도 소화가 잘 안되는 경우가 많다. 따라서 밥은 잡곡밥보다는 흰쌀밥을 준비해 주는 게 좋다. 건강을 위해서는 **흰쌀밥**보다는 잡곡밥이 좋지만 잡곡밥에 있는 식이섬유가 가스를 발생시킬 수 있고, 흰쌀밥이 잡곡밥보다 소화도 잘 되고 위장을 덜 자극하기 때문이다.

또 긴장을 풀어줄 수 있도록 **따뜻한 국**을 준비하는 것이 좋다. 된장국이나 11월 제철 식재료인 무를 활용한 국은 소화를 돕고 맛도 좋아 수능 도시락으로 적합하다.

수험생은 스트레스로 소화기관이 예민해지기 쉽고, 식사에 따라 컨디션이 급변할 수도 있으므로 시험 당일에는 기름기가 많은 튀김류, 너무 맵거나 짠 자극적인 음식, 익히지 않은 날음식은 피하고, 평소 자주 먹던 음식으로 준비해 주는 것이 좋다.

닭살장조림, 돼지고기달걀장조림, 소고기메추리알장조림, 소불고기, 달걀말이, **멸치견과류볶음** 등을 추천한다. 고기는 소화가 잘되도록 지방 함량이 적은 부위를 이용하여 조리하는 것이 좋다. 닭고기는 가슴살이나 안심, 돼지고기는 앞다리살이나 등심, 소고기는 우둔이나 설도 부위가 지방이 적은 대표적인 부위이다. 달걀은 사고력과 기억력을 높여주는 비타민 B군과 콜린이 풍부하며, 멸치는 칼슘과 마그네슘이 많아 뇌세포의 흥분을 가라앉히고 진정시키는 효과가 있다. 이는 시험 불안증이 있는 수험생이 평정심을 유지하는 데 도움을 줄 수 있다. 또한, 견과류를 곁들이면 두뇌 활동을 더욱 활발하게 하는 데 효과적이다.

채소 반찬을 준비할 때는 샐러드 같은 생채소보다는 시금치나물, 콩나물, 무나물 등 익혀서 만드는 숙채를 추천한다. 숙채는 생채소보다 소화가 잘될 뿐만 아니라, 겨울철 기승을 부리는 노로바이러스 식중독 예방에도 효과적이기 때문이다.

간식이나 후식으로는 비타민 C를 섭취할 수 있는 귤, 사과, 배와 같은 과일이 좋다. 비타민 C는 시험 스트레스로 인한 체내 피로를 줄이고 집중력을 유지하는 데 도움을 준다. 다만, 과일은 섬유질이 많아 배변 활동을 촉진할 수 있으므로 적당량만 준비하는 것이 좋다. 또한, 두뇌 활동에 도움을 주는 호두나 아몬드 같은 견과류를 챙겨주는 것도 도움이 된다. 단, 땅콩은 지방 함량이 높아 장에 무리를 줄 수 있으므로 다량 섭취는 피하는 것이 좋다.

시험 전에 지나치게 긴장하면 배가 아플 수 있는데, 이때 따뜻한 차를 마시면 위장이 안정되고 복통이 가라앉으므로 불안과 긴장을 완화 시키는 카모마일, 라벤다. 페퍼민트나 레몬차, 대추차, 매실차 등을 준비해주면 좋다.

[수능 도시락 추천 식단 Best 3]

식단 1. [속 편한 정석] 익숙한 반찬으로 마음까지 편하게

• 메뉴: 흰쌀밥, 배추된장국, 소불고기, 시금치나물, 나박김치

• 영양 포인트 : 수능 날 최고의 식단은 '평소 먹던 밥'이다. 구수한 된장국과 부드러운 나물 반찬은 긴장으로 수축된 위장을 이완시켜 소화를 돕는다. 익숙한 맛은 심리적 안정감을 주어 긴장을 푸는 데에도 효과가 있다.

• 선생님의 꿀팁 : 소불고기는 식어도 기름이 하얗게 굳지 않도록 지방이 적은 우둔살이나 설도 부위를 사용하고, 국물이 흐르지 않도록 평소보다 국물 없이 '바싹' 볶아준다. 식어도 누린내가 나지 않고 도시락이 깔끔해진다.

식단 2. [두뇌 에너지] 끝까지 집중력이 필요한 체력 소모가 큰 학생에게

• 메뉴 : 흰쌀밥, 쇠고기무국, 달걀말이, 멸치견과류볶음, 우엉조림, 배추김치

• 영양 포인트 : 오후 시간까지 지치지 않으려면 뇌에 꾸준한 에너지가 필요하다. 멸치와 견과류의 오메가-3, 달걀의 레시틴은

두뇌 회전을 돕는 일등 공신이다. 아삭한 우엉의 씹는 맛은 뇌를 자극해 졸음을 쫓는 데 도움이 된다.

• 선생님의 꿀팁 : 긴장하면 턱관절이 굳을 수 있으니 견과류는 평소보다 잘게 다져서 넣고, 김치도 한입 크기로 작게 썰어 담는다.

식단 3. [부담 제로] 평소 기름진 고기가 부담스럽거나 소화가 느린 학생에게

• 메뉴 : 흰쌀밥, 황태무국, 닭살장조림, 감자채볶음, 백김치

• 영양 포인트 : 황태무국은 해독 작용이 뛰어나고 국물이 시원해 속을 편안하게 해줍니다. 지방이 적은 닭가슴살(백색육)은 붉은 고기에 비해 섬유질이 연해 소화가 훨씬 빠르며, 감자는 위장에 머무르는 시간이 짧아 식사 후 더부룩함 없이 바로 공부에 집중할 수 있게 해 준다.

• 선생님의 꿀팁 : 닭살장조림은 고기를 크게 썰기보다 결대로 얇게 찢어서 조리면 간도 잘 배고 씹기도 편하다. 꽈리고추를 한두 개 넣으면 향긋함이 입맛을 돋운다. 감자채는 설익지 않도록 평소보다 푹 익혀 부드럽게 만들어 준다.

[2] 수능 도시락으로 피해야할 음식에는 어떤 것들이 있을까?

치킨너겟, 돈가스 등 냉동 음식이나 튀김류, 햄 같은 인스턴트 식품, 밀가루로 만든 빵은 소화가 잘 안되고, 집중력도 떨어뜨릴 수 있

    공부머리는 만드는 것이다

으므로 피하는 것이 좋고 김밥 역시 소화가 잘 안되고 변질될 우려가
있으므로 피하는 것이 좋다.

쌈밥과 같은 채소 위주의 식단은 수능날 아침 식사나 도시락으로
적절하지 않다. 식이섬유가 많이 포함된 식단은 장 운동을 활발하게
만들어 화장실에 자주 가야 할 수 있기 때문이다. 또한 졸음을 유발할
수 있는 **상추**나 **바나나** 같은 식품도 피하는 것이 좋다.

차가운 우유나 유제품은 긴장한 상태에서 장을 자극해, 평소에는
문제가 없던 사람도 설사를 할 수 있으므로 주의해야 한다. 수험생에
게 선물로 자주 주는 **찹쌀떡**도 식도에 걸리는 등 사고 위험이 있고 소
화가 잘 되지 않기 때문에 시험 당일에는 피하는 것이 좋다.

각성 효과를 기대하며 에너지 음료나 커피처럼 **카페인**이 많이 들
어간 음료를 마시는 것도 바람직하지 않다. 카페인은 짧은 시간 동안
집중력을 높일 수는 있지만, 과다 섭취할 경우 초조해지거나 화장실
을 자주 가게 되어 오히려 집중력을 떨어뜨릴 수 있기 때문이다.

수능 당일 아침, 긴장감으로 인해 식사를 거르는 수험생도 있다.
하지만 우리 몸은 자는 동안에도 에너지를 소모하기 때문에, 고갈된
에너지를 보충해야 두뇌 활동이 원활해진다. 따라서 시험을 잘 보기
위해서는 간단하게라도 아침 식사를 꼭 하는 것이 좋다.

다만 "많이 먹어야 힘을 낸다"는 생각으로 아침이나 점심을 과식하게 되면 오히려 졸릴 수 있다. 시험 당일 식사는 평소보다 조금 적게, 적당히 배부른 정도로 조절하는 것이 바람직하다.

[3] 수능 당일, 실력 발휘를 도와주는 식사 전략

수능이 코앞에 닥친 시점에서 다급한 마음에 한약이나 건강기능식품을 갑자기 시도하는 경우가 종종 있다. 그러나 이러한 제품은 설사나 복통 등 부작용을 일으켜 오히려 역효과를 낼 수 있으므로 주의해서 섭취해야 한다.

또한, 음식을 먹을 때는 한입에 30회 이상 **꼭꼭 씹는 습관**이 도움이 된다. 꼭꼭 씹을수록 뇌로 가는 혈류량이 증가하고 산소가 충분히 공급되어, 기억력과 집중력을 관장하는 뇌 부위가 더욱 활성화되기 때문이다.

수험생이 예민한 성격이라면 시험 당일 긴장으로 식사가 잘 넘어가지 않을 수 있다. 이럴 경우를 대비해 도시락을 부드러운 죽으로 준비하는 것도 좋은 방법이다. 다만, '죽을 먹으면 시험을 망친다', '미역국을 먹으면 미끄러진다'는 등의 속설이 마음에 걸리는 수험생이라면, 반드시 부모님과 상의해 **자신의 의견을 반영한 도시락**을 준비하는 것이 좋다.

무엇보다 중요한 것은 **평소에 먹지 않던 낯선 음식**을 시험 당일 처음 먹는 일이 없도록 하는 것이다. 아무리 좋은 반찬이라도 몸에 맞지 않으면 탈이 날 수 있기 때문에, 수능 1~2주 전부터 도시락에 넣을 반찬들을 미리 준비해보고, 자녀의 입맛과 소화 상태에 맞는 음식을 찾아 최종 메뉴를 구성하는 것이 바람직하다.

또한 수능 도시락은 간을 심심하게 하고, 양은 조금 적게, 식감은 부드럽게 조리하는 것이 기본 원칙이다. 그래야 긴장된 상태에서도 소화에 무리가 없고, 시험 중 졸리거나 불편해지는 일을 줄일 수 있다.

[핵심 요약] 수능 도시락으로 좋은 음식 피해야할 음식
· 평소 먹던 음식으로 준비하고, 낯선 음식은 시험 당일 피할 것
· 간은 심심하게, 양은 적당히, 식감은 부드럽게 조리
· 한입에 30회 이상 꼭꼭 씹기
· 긴장 시 부드러운 죽도 좋은 대안
· 아침 식사는 꼭 하되 과식은 피할 것
· 한약, 건강기능식품의 갑작스러운 섭취는 부작용 위험이 있으
  므로 주의

시험 당일에는 소화가 잘 되고 위에 부담이 적은 음식, 두뇌에 에너지를 공급해주는 음식, 평소에 익숙한 음식 위주로 도시락을 준비하는 것이 가장 좋다.

공부력을 높이는 식습관 체크리스트

수면과 움직임 루틴이 뇌를 깨우는 기반이라면, 식습관은 뇌에 연료를 공급하는 핵심 루틴이다. 아무리 계획을 잘 세워도 집중이 흐트러지고, 기억이 흐릿한 날이 있다면 식사 습관부터 점검할 필요가 있다.

특히 성장기 학생의 뇌는 어떤 음식을 섭취하느냐에 따라 활성화되는 정도가 다르다. 균형 잡힌 식단과 안정적인 혈당 유지, 두뇌에 필요한 영양소 섭취가 공부력의 바탕이 된다. 이에 학습력 향상을 위한 식사 습관을 구체적인 체크리스트로 정리했다. 거창한 식단보다 중요한 것은 매일 실천 가능한 작은 루틴이다.

공부력(집중력·기억력·실행력)을 높이고, 두뇌와 몸의 컨디션을 최상으로 유지하기 위한 식습관 체크리스트를 확인하고, 아래 항목을 매일 점검하며 실천해보자.

[1] 식사 기본 습관
- ☐ 하루 세 끼(아침·점심·저녁)를 규칙적으로 챙겨 먹는다.
- ☐ 식사를 거르지 않는다(특히 아침밥!).
- ☐ 식사 시간은 10분 이상, 꼭꼭 씹으며 천천히 먹는다.
- ☐ 과식이나 폭식을 하지 않는다(적당히 배부른 선에서 멈춘다).
- ☐ 외식이나 가공식품을 먹을 때 영양표시를 확인한다.

[2] 균형 잡힌 식단 구성

· □ 곡류군을 복합탄수화물(현미밥, 통밀빵, 고구마, 감자 등) 위주로 규칙적으로 챙겨 먹는다.
· □ 채소는 매 끼니 2가지 이상, 하루 500g 이상 먹는다(나물, 샐러드, 쌈 등).
· □ 고기·생선·달걀·콩류(두부, 두유 포함)는 하루 3~4회, 동물성과 식물성 단백질을 골고루 먹는다.
· □ 우유·유제품(치즈, 플레인 요거트 등)은 하루 1~2잔 챙긴다.
· □ 과일은 하루 1~2개, 간식으로 신선하게 섭취한다.

[3] 두뇌 건강을 위한 영양소 실천

· □ 오메가-3 지방산이 풍부한 식품(연어, 고등어, 참치, 들기름, 호두 등)을 주 2~3회 이상 섭취한다.
· □ 콜린과 레시틴이 풍부한 달걀노른자, 콩류 및 발효콩 식품(두부, 된장, 청국장 등)을 자주 섭취한다
· □ 비타민 B군이 많은 식품(곡류, 고기, 달걀, 콩, 견과류 등)과 항산화 성분(비타민 C·E, 루테인, 폴리페놀 등)이 풍부한 채소와 과일을 충분히 섭취한다.

[4] 에너지 관리와 집중력 유지

· □ 아침은 밥 중심 한식 또는 달걀, 감자, 단호박, 오트밀, 견과류 등으로 시작한다.
· □ 점심은 과식하지 않고, 균형 있게 먹는다.

- ㆍ☐ 저녁은 소화가 잘 되는 음식, 적당한 양으로 마무리한다.
- ㆍ☐ 당분이 높은 간식(초콜릿, 달콤한 음료 등)과 고카페인 음료
  (커피, 에너지음료 등)는 피한다.
- ㆍ☐ 수분을 충분히 섭취한다(쉬는 시간마다 물 한 잔씩).

[5] 마음·정서 안정 식습관

- ㆍ☐ 복합탄수화물(현미, 통밀빵, 고구마, 오트밀 등)을 챙겨 혈당
  을 안정시킨다.
- ㆍ☐ 트립토판(바나나, 달걀, 우유, 치즈, 병아리콩 등)이 풍부한 식
  품을 간식으로 먹는다.
- ㆍ☐ 불안·긴장 완화에 좋은 차(카모마일, 라벤더, 페퍼민트, 대추
  차 등)를 활용한다.
- ㆍ☐ 마그네슘(견과류, 해조류, 시금치, 아보카도 등)이 풍부한 식
  품을 챙긴다.
- ㆍ☐ 장 건강을 위해 플레인 요거트, 김치, 된장, 청국장 등 발효식
  품을 꾸준히 먹는다.

체크리스트를 주기적으로 점검하며, 부족한 부분은 내일 더 챙겨
보자. 건강한 식습관이 공부력과 두뇌 컨디션을 지키는 가장 확실한
비법이다!

"선생님, 자리에 앉으면 집중도 안 되고, 자꾸 졸리고 짜증만 나요!"

이럴 때 꼭 의지력 부족 때문만은 아니야.

우리가 뭘 먹고, 어떻게 쉬느냐에 따라 '공부 체력'이 달라지거든.

몸과 뇌에 좋은 연료를 넣어줘야 공부도 더 잘 될 수 있지.

[1] 아침밥은 선택이 아니라 필수야!

(뇌가 좋아하는 포도당 밥심!)

아침잠 10분, 단어 하나 더 외우는 것도 중요하지.

하지만 아침밥은 그보다 더 중요해.

왜냐하면, 우리 뇌는 '포도당'을 연료로 쓰는데, 아침에 밥을 안 먹으면 머리가 멍하고 집중이 잘 안 되거든.

실제로 농촌진흥청 연구에 따르면, 밥을 먹은 학생들이 이해력은 15배, 집중력은 4.7배나 높게 나왔대.

가능하면 밥을 먹는 게 좋아.

밥이 어렵다면 달걀, 감자, 단호박, 견과류, 오트밀도 좋은 대안이야.

단, 달콤한 시리얼처럼 설탕이 많은 음식은 오히려 피로와 집중력 저하를 일으킬 수 있으니까 조심하자.

[2] 시험 불안, 식단으로도 조절할 수 있어!
(마음을 편안하게 해주는 음식들이 있어.)
시험이 가까워질수록 배가 아프고, 가슴이 두근거리고, 머리가 하얘지는 경험, 한 번쯤 해봤지?
선생님도 그랬어. 그런데 이런 불안감도 '무엇을 먹느냐'에 따라 많이 달라질 수 있어.

과자나 달콤한 음료처럼 정제된 설탕은 잠깐 기분을 좋게 만들지만, 금방 혈당이 떨어지면서 오히려 더 예민해지고 피곤해지기 쉬워.
대신 **현미밥, 고구마, 오트밀**처럼 천천히 **혈당**을 올려주는 음식을 먹어봐.
이런 음식은 **세로토닌**이라는 '행복 호르몬'의 분비를 도와서 마음을 안정시켜 준단다.

연어나 고등어 같은 생선, 견과류도 뇌 건강과 감정 조절에 도움이 되니까 함께 챙겨보면 좋아.

[3] 카페인, 똑똑하게 먹는 게 중요해!
피곤하다고 커피나 에너지 음료를 너무 많이 마시는 친구들이 있는데, 그건 조심해야 해.

카페인을 과하게 섭취하면 심장이 두근거리고, 잠이 안 오고, 오히려 더 불안해질 수도 있어.

심하면 집중력이나 기억력에도 안 좋은 영향을 줄 수 있고, 기분이 가라앉는 경우도 생긴단다.

그러니까 카페인이 많이 든 음료보다는 **따뜻한 물이나 허브차**로 바꿔보는 건 어때?

몸도 덜 긴장되고, 마음도 차분해질 거야.

공부는 단거리 달리기가 아니라 **마라톤**이야.

잠을 줄이고 몸을 혹사시키는 건, 오히려 지치고 금방 포기하게 만드는 길이야.

규칙적인 생활 습관, 건강한 식단, 충분한 휴식.

이 세 가지가 공부 체력을 키우는 가장 확실한 방법이야.

오늘부터 하나씩 실천해보자.

작은 습관이 쌓이면, 분명 공부력이 눈에 띄게 달라질 거야.

선생님이 늘 응원할게!

선생님이 너에게 보내는 마지막 응원 편지

양은아 선생님

"If you want to build a ship, don't drum up the men to gather wood, divide the work, and give orders. Instead, teach them to yearn for the vast and endless sea." (당신이 만약 배를 만들고 싶다면, 사람들을 불러 모아 목재를 가져오게 하고 일을 지시하며 일감을 나눠주려 하지 마라. 대신 그들에게 저 넓고 끝없는 바다에 대한 동경심을 심어주어라.)

생텍쥐페리(Antoine de Saint-Exupéry)

졸업과 동시에 넓고 끝없는 바다로 항해를 떠날 제자들아. 그리고 지금 이 책의 마지막 장을 덮고 있는 네가, 잠깐 눈을 감고 꿈이 너울거리는 저 바다를 떠올렸으면 하는 마음으로 선생님이 가장 아끼는 문구를 먼저 들려주었어.

치열한 경쟁 구도 속에서, 눈 코 뜰 새 없이 바쁜 수행평가와 지필 평가를 치르며 숱한 자신과의 싸움을 이겨내려 노력하던 너의 모습들을 나는 늘 지켜보았단다. 그래서 선생님의 경험을 담은 이 '항해를 위한 전략'들이 너에게 튼튼한 지도와 나침반이 되었으면 했는데, 그 간절한 마음이 잘 닿았을지 모르겠다.

책상 앞에 앉아 있는 너의 뒷모습을 볼 때마다, 나는 자주 마음이 아렸다. 쏟아지는 잠을 쫓으려 볼을 때리기도 하고, 허벅지를 꼬집는 너를 보았고, 그렇게 열심히 준비했지만 막상 시험지를 채점하며 원하던 성적이 나오지 않을까 두려워 눈물 훔치는 너를 보았다. "선생님, 저 정말 대학에 갈 수 있을까요?"라며 흔들리는 눈빛으로 묻던 너의 목소리를 기억한다. 그럴 때마다 나도 나의 고3 시절이 떠올라 마음이 먹먹해지곤 했어. 야자를 끝내고 집으로 돌아가는 길, 까마득한 밤하늘을 보며 느꼈던 그 막막함. 입시라는 긴 터널을 지나던 불안하고 답답했던 그 시절의 내가 너와 겹쳐 보였기 때문이야.

그때마다 꼭 해주고 싶었지만, 수업 진도에 쫓겨 혹은 잔소리처럼 들릴까 봐 미처 다 하지 못했던 말들을 이 편지에 꾹꾹 눌러 담는다.

얘들아, 공부는 결코 너를 괴롭히기 위해 존재하는 것이 아니다. 우리가 지금까지 치열하게 고민했던 그 모든 과목의 전략들은 결국 '너'라는 사람을 더 단단하게 만드는 도구일 뿐이다.

성적표에 찍힌 숫자가 너의 가치를 증명하는 것이 아니다. 진짜 너의 가치는, 하기 싫은 마음을 이겨내고 책상 앞에 앉았던 그 '인내'에 있고, 틀린 문제를 다시 풀며 내 것으로 만들었던 그 '집요함'에 있으며, 어제보다 단어 하나라도 더 알기 위해 애썼던 그 '성실함'에 있다. 그렇게 쌓아 올린, 오직 나만 알 수 있는 가치 있는 시간들은 앞으로 평생 너를 단단하게 지탱해 준단다. 선생님의 삶도 여기까지 버티며 살아올 수 있도록 해준 건 바로 그 소중한 시간들이었어.

이 책에서 수없이 강조했던 '전략'과 '습관'은 비단 시험을 잘 보는 기술만이 아니다. 그것은 앞으로 네가 살아갈 인생에서 마주칠 수많은 장벽을 넘게 해 줄 '문제를 해결하는 힘'이다.

그러니 지금 당장 성적이 오르지 않는다고, 친구보다 뒤처지는 것 같다고 너무 불안해하지 말자. 시지프의 바위처럼 매일 똑같은 곳으로 굴러떨어지는 것 같아도, 너는 분명 어제보다 강해져 있다. 네가 보낸 시간은 결코 배신하지 않는다. 물은 99도까지는 아무런 변화가 없어 보이지만, 마지막 1도를 더하는 순간 펄펄 끓어올라 수증기로 변해. 0도나 99도나 겉보기엔 똑같은 물 같지만, 그 에너지는 이미 내부에 꽉 차 있었던 거야. 포기하지 말고 마지막 1도의 노력을 더해 봐. 너의 노력은 이미 차곡차곡 쌓여 끓어오를 준비를 마쳤으니까.

이제 책을 덮고 다시 너의 세상으로 나아갈 시간이다. 두려워 마라. 너는 이미 올바른 방법을 알고 있고, 충분히 해낼 힘을 가지고 있다. 가끔 지치고 힘들 때면, 이 책이 너에게 건네는 작은 위로가 되기를 바란다. 그리고 기억해 주렴. 교실 어딘가에서, 혹은 이 글 너머에서 너의 치열한 오늘을 온 마음 다해 응원하고 있는 선생님이 있다는 사실을.

포기하지 마. 네가 눈뜨고 경험하는 모든 시간은 의미가 있다. 실패는 과정일 뿐이다.

너의 가장 빛나는 항해를 응원하고, 너의 가능성을 믿는,

이음샘으로부터

송민영 선생님

공부머리를 만들어 가는 너에게

이 책의 마지막에서, 선생님은 꼭 이 말을 남기고 싶었어. 공부를 잘하는 사람은 처음부터 머리가 좋은 사람이 아니라, 자기 자신을 조금 떨어져서 바라볼 줄 아는 사람이라는 걸. 우리는 흔히 "나는 왜 이럴까", "나는 왜 못할까" 하면서 나를 몰아붙이곤 하지. 그런데 진짜 중요한 힘은 나를 비난하는 게 아니라, 나를 관찰하는 힘이야. 지금 내가 어떤 상태인지, 왜 집중이 안 되는지, 이 방법이 나에게 맞는지 아닌지. 이렇게 한 걸음 떨어져서 나를 바라보는 힘, 그게 바로 메타인지이고 공부머리의 출발점이야.

공부머리는 타고나는 게 아니야. 만들어 가는 거야. 그리고 그 재료는 문제집보다 먼저, 공부하려는 마음과 태도에 있어. 오늘 너무 지쳐 있다면 내가 게을러서가 아니라 '지금 에너지가 떨어져 있구나' 하고 알아차리는 것. 계획이 자꾸 무너진다면 '나는 의지가 약해'가 아니라 '이 방식이 나랑 안 맞는구나' 하고 점검하는 것. 이게 바로 공부머리를 키우는 연습이야.

이 연습을 하는 사람은 공부뿐 아니라 삶에서도 달라져. 실패 앞에서 무너지는 대신 "이번엔 뭐가 부족했지?" 하고 다시 방향을 잡을 수 있고, 비교에 흔들리기보다 "지금의 나는 어디쯤 와 있지?" 하고 자기 속도로 걸어갈 수 있어. 선생님도 그랬어. 완벽해서 여기까지 온 게 아니라, 수없이 돌아가고, 멈추고, 다시 시작하면서 조금씩 나를 이해하게 됐어. 지금도 여전히 배우는 중이고, 정답을 아는 사람이기보다 질문을 놓지 않으려는 사람에 가까워.

그래서 꼭 말해주고 싶어. 공부는 지식을 쌓는 일이기도 하지만, 그보다 더 중요한 건 나를 아는 사람으로 살아가는 연습이라는 걸. 오늘 하루 10분 공부를 못해도 괜찮아. 대신 "왜 오늘은 안 됐을까?"를 한 번 생각해봤다면, 그건 이미 공부머리를 키운 거야. 조급해하지 않아도 돼. 비교하지 않아도 돼. 너는 지금 너만의 방법을 만들어 가는 중이니까. 공부를 대하는 태도가 바뀌면 삶을 대하는 자세도 달라진다. 그리고 그 변화는 아주 조용하게, 그러나 분명하게 너를 더 단단한 사람으로 만들어 줄 거야.

끝까지 읽어준 너에게 선생님은 이렇게 말해주고 싶어. 너는 이미, 공부머리를 만들어 가는 사람이다. 앞으로도 넘어질 수 있고, 다시 헷갈릴 수도 있지만 그럴 때마다 나를 한 발 떨어져 바라보는 이 힘만은 절대 놓치지 않았으면 해. 항상 너의 성장을 응원하며, 스스샘이.

성열호 선생님

사랑하는 제자들에게.

시험이 끝날 때마다 교무실로 찾아와 눈물을 훔치던 너희의 모습이 떠올라.

"선생님, 저 또 똑같은 실수를 했어요." "이번에는 정말 열심히 했는데... 왜 또 이럴까요?"

그 말을 들을 때마다 선생님의 가슴도 함께 아팠단다. 너희가 얼마나 자책하고 있는지, 얼마나 무력감을 느끼고 있는지 다 보였으니까.

그래서 꼭 해주고 싶었던 말이 있어.

공부머리는 만드는 것이다

같은 실수를 반복하는 건 너의 의지가 약해서가 아니야.

우리는 반복을 너무 쉽게 의지의 문제로 설명하곤 해. "이번에는 꼭 고쳐라", "다시는 그러지 마라." 하지만 그렇게 말한다고 반복이 사라지는 걸 선생님은 거의 보지 못했어.

선생님이 그 동안 교실에서 너희를 지켜보며 발견한 게 있어.

너희가 반복하는 것은 실수가 아니라 조건이라는 거야.

같은 시간, 같은 상황, 같은 압박 속에서 학생은 늘 같은 선택지로 밀려가. 그 선택이 나쁘다는 것을 알면서도, 다른 선택을 할 수 있는 조건이 주어지지 않는 경우가 많아.

그러니 다음에 같은 실수를 반복하게 되면 이렇게 질문해봐.

"왜 또 이러지" ✕

"왜 항상 이 상황에서 그랬지?" ◯

"나는 왜 이럴까" ✕

"어떤 조건이 나를 이렇게 만들었을까?" ◯

이 질문의 차이는 생각보다 크단다. 첫 번째 질문은 너를 자책하게 만들지만, 두 번째 질문은 너를 관찰하게 만들어. 그리고 그 관찰이 바로 변화의 시작이야.

집에서는 공부가 되는데 학교에서는 산만해진다면? → 환경 조건을 점검해봐. 아침에는 집중이 잘 되는데 저녁에는 흐트러진다면? → 시간 조건을 살펴봐. 개념은 아는데 문제가 안 풀린다면? → 80% 규칙을 적용해봐.

이렇게 조건을 조정하는 게 바로 진짜 공부 전략이야. 이 책에 담긴 모든 방법들은 결국 너희가 공부할 수 있는 조건을 만들어주기 위한 도구들이란다.

애들아, 인간은 반복의 존재야. 하지만 그 반복은 대개 사람보다 환경과 조건에서 먼저 시작돼. 그러니 같은 실수를 반복한다고 해서 "나는 안 돼", "나는 원래 이래"라고 자신을 단정 짓지 마. 그건 너의 성격이 아니라, 아직 조정되지 않은 조건일 뿐이야.

성적표에 찍힌 숫자가 너의 가치를 증명하는 게 아니야. 진짜 너의 가치는 무너지는 조건 속에서도 다시 도전했던 그 회복력에, 어제와 같은 조건이어도 오늘은 조금 다르게 해보려 했던 그 실험정신에 있단다.

앞으로 공부하다가 또 같은 실수를 반복하더라도, 자책하지 마. 대신 "이번엔 어떤 조건이 나를 무너뜨렸지?"를 살펴봐. 그 관찰 자체가 이미 성장이야.

조급해하지 않아도 돼. 비교하지 않아도 돼. 너는 지금 너를 무너뜨리는 조건을 하나씩 찾아가고 있는 중이니까.

마지막으로, 선생님은 너를 믿어.

너 안에는 이미 충분한 가능성이 있어. 단지 그것을 꺼내는 조건을 몰랐을 뿐이야. 이제 조건을 보는 방법을 알았으니, 한 걸음씩 나아가 봐.

교실 어딘가에서, 이 글 너머에서, 선생님은 언제나 너의 치열한 오늘을 온 마음 다해 응원하고 있어. 그리고 너를 무너뜨리는 조건들을, 너와 함께 하나씩 바꿔나가고 싶어.

오늘도, 내일도, 너의 모든 순간을 응원해.

사랑하는 제자들에게

얘들아, 안녕.

이 책의 마지막에서 선생님은 너희에게 작은 이야기를 하나 들려주고 싶어.

어느 마을에 두 농부가 있었단다.

둘은 같은 넓이의 논에서, 같은 아침에, 같은 낮을 들고 벼를 베기 시작했어. 그리고 저녁이 되면 수확량을 비교해 보기로 했지.

첫 번째 농부는 처음부터 끝까지 멈추지 않았어.

땀을 닦을 틈도 없이 손을 놀렸고, 낫질 소리가 하루 종일 이어졌단다.

반면 두 번째 농부는 달랐어.

한참 베다가도 잠시 멈춰 섰고, 나무 그늘에 앉아 물을 마시기도 했지. 때로는 논 옆 언덕에 올라 바람을 쐬며 숨을 고르는 여유도 있었어.

저녁이 되었고, 두 사람은 수확량을 비교했어.

그런데 결과는 뜻밖이었단다. 종일 쉬지 않고 일한 첫 번째 농부보다, 중간중간 쉬어가며 일한 두 번째 농부의 수확량이 더 많았어.

첫 번째 농부가 참다못해 물었지.

"아니… 나는 당신보다 훨씬 더 열심히 일했는데, 왜 당신이 더 많이 거둔 겁니까?"

그때 두 번째 농부가 낫을 들어 보이며 조용히 말했단다.

"나는 쉬는 동안, 낫을 갈았습니다."

그 말에 첫 번째 농부는 그제야 깨달았어.

멈춘 것이 게으름이 아니라, 더 잘 베기 위한 준비였다는 것을.

선생님도 어렸을 때 '공부를 잘하는 학생'은 아니었던 것 같아.

중학교 때는 시간을 많이 투자하면 어떻게든 따라갈 수 있었지만, 고등학교에 올라가서는 점점 차이가 벌어졌던 기억이 난다. 그때의 나는 자꾸만 이런 생각을 했어.

"나는 왜 이렇게 오래 해도 제자리일까."

그리고 어느 순간, 그 이유를 '내 머리'에서만 찾고 있었지.

그러다 어느 날, 전교 3등이었던 친구 옆에 바짝 붙어서 함께 공부해 본 적이 있어. 그 경험은 선생님에게 큰 전환점이 되었단다. 나는 그제야 알게 되었어. 내가 부족했던 건 능력이 아니라 방식이었다는 걸.

나는 '노가다'처럼 오래 버티는 방법밖에 모르고 있었어. 계속 베고 또 베는데, 정작 낫이 무뎌지고 있다는 사실은 모르고 있었던 거지. 첫 번째 농부처럼 말이야.

그때 선생님 마음에 남은 교훈은 이거였어.

열심히 하는 것만으로는 충분하지 않다.

성과를 내는 사람은 중간중간 도구를 갈고, 방법을 점검하며, 더 효율적으로 앞으로 나아간다.

그렇다면 공부에서 '낫을 가는 일'은 무엇일까?

그건 단순히 쉬는 게 아니야.

내 공부의 방식과 조건을 점검하는 시간이야.

지금 내가 하는 방법이 나에게 맞는지, 시간을 어떻게 쓰고 있는지, 무엇에서 자꾸 막히는지, 집중이 깨지는 이유는 무엇인지, 그리고 무엇을 바꾸면 더 나아질 수 있는지를 확인하는 일.

정리하면, 공부의 방향과 도구를 다듬는 시간이 바로 '낫을 가는 시간'이란다.

선생님은 학교 현장에서 그런 친구들을 정말 많이 보았어.

열심히 하는데 성적이 오르지 않아 불안해지고, 더 오래 앉아 있으면서도 결과가 나오지 않아 스스로를 탓하는 학생들. 그런데 사실 그들에게 부족한 건 '노력'이 아니라 '방법'인 경우가 많았단다. 그리고 방법을 아무도 알려주지 않으면, 학생은 혼자서 시행착오를 감당하며 자기 자신을 의심하게 돼.

선생님도 그랬어.

3년 동안 정말 힘들게 공부하면서 부딪히고, 고치고, 다시 해 보면서 겨우 나에게 맞는 방법을 만들었단다. 그래서 이 책을 쓰게 되었어. 너희는 선생님처럼 그 힘든 시간을 그대로 지나지 않았으면 했거든. 이 책이 너희에게 '낫을 가는 법'을 알려주는 작은 도구가 되어주기를 바랐어.

부탁하고 싶은 말이 하나 있어.

공부가 막막해질 때, "내가 부족해서 그래"라고 결론 내리기 전에 먼저 너 자신에게 이렇게 물어봐 줬으면 해.

나는 지금 무딘 낫으로 버티고 있는 건 아닐까.

지금의 방법이 나에게 맞는지 점검할 시간을 갖고 있나.

더 오래 하기 전에, 더 잘 되게 만드는 조정을 하고 있나.

이 질문을 할 수 있다는 것만으로도 너희는 이미 달라질 준비가 된 거야.

공부는 너를 괴롭히기 위해 존재하는 일이 아니야. 공부는 결국 너의 인내와 태도, 그리고 생각하는 힘을 단단하게 만드는 과정이야. 그리고 그 과정에서 얻은 힘은 시험을 넘어, 앞으로 너희가 살아가며 마주할 수많은 문제를 해결하는 기반이 되어 줄 거야.

마지막으로, 선생님이 진심으로 바라는 게 있어.

너희가 하고자 하는 일에 '성적'이 걸림돌이 되지 않기를.

무엇보다 학생 시절을 '버티는 시간'이 아니라, 성취감을 맛보고 자기효능감을 키우는 시간으로 채워가기를.

너희의 행복을 진심으로 기원한다.

지금도 어디선가 최선을 다하고 있을 너희의 하루를 선생님은 응원해.

사랑을 담아, 유선제 선생님이

신미숙 선생님

지금 이 책을 마주하고 있는 너는 아마도 숱하게 이런 생각을 해왔고, 또 지금도 하고 있을지도 모르겠다.

"나는 왜 이렇게 공부가 힘들까?"
"나는 원래 머리가 안 좋은 걸까?"

선생님도 자주 이런 생각을 했었어.

   공부머리는 만드는 것이다

"아, 왜 이렇게 안되지?"
"나는 정말 안 되는 인간인가?"

열심히 하는데 성적이 오르지 않아 스스로를 미워할 때도 있고,
문제를 풀기 전부터 '어차피 나는 안돼'라고 마음을 꽉 닫아버릴
때도 있지.
조금만 틀려도 세상이 무너진 것처럼 느껴질 때면
좌절감과 절망감, 그리고 스스로에 대한 실망감으로 어쩔 줄 모르
기도 했지.
그런데 그거 아니? 그건 네가 공부머리가 없기 때문이 아니란 거야.
다만, 내가 나를 믿지 못하게 된 것일 뿐이고,
비교와 불안 속에서 마음이 먼저 지쳐버렸기 때문이었다는 거지.

혹시 지금 네가 공부를 시작하기도 전에 숨이 막히거나,
책상 앞에 앉아 있는데도 머릿속이 하얘지거나,
남들보다 느린 것 같아 스스로를 자꾸 깎아내리고 있다면,
이 말 하나는 꼭 기억해 줬으면 좋겠어.

공부가 안되는 이유는 네가 부족해서가 아니라,
아직 너에게 맞는 방법과 속도를 만나지 못했을 뿐이라는 것을.

엄마나 아빠, 그리고 선생님들이 공부를 말할 때면 늘
의지나 노력, 끈기를 먼저 이야기하지.

하지만 내가 숱한 아이들을 지켜보면서 알게 된 것은,
공부는 머리보다 먼저, 마음에서 시작된다는 거야.
불안한 마음으로는 생각이 깊어질 수 없고,
두려운 상태에서는 배움이 오래 남지 않지.

그래서 나는 이 책에서 "더 열심히 해"라고 말하지 않으려고 해.
대신, "너의 마음은 지금 어떤 상태인지?", "너는 어떤 방식으로 배
울 때 편안해지는지" 함께 살펴보고 싶어.

나는 너를 바꾸라고 요구하고 싶지 않아.
지금의 너를 이해하는 것에서부터 조금씩 길을 찾아가 보자는 거야.

속도가 느려도 괜찮고, 자주 흔들려도 괜찮아.
누구나 그럴 수 있고, 또 그건 잘못된 것도 아니야.
중요한 건, 네가 멈춰 있는 아이가 아니라는 사실이지.
너는 이미 생각할 수 있고, 느낄 수 있고, 성장할 수 있는 아이거든.

이 책을 읽는 동안 혹시라도 네 마음이 조금 가벼워진다면,
"아, 나만 그런 게 아니었구나"하고 숨을 고를 수 있다면,
공부하다가 답답할 때 숨 쉴 구멍이 되어준다면,
그것으로 충분해.

나는 너의 속도를 존중하고 재촉하지 않을 거야.

대신, 네 편이 되어 때론 기대기도 하고 때론 그저 나란히 걸어가고 싶어.

오늘도 애쓰고 있는 너에게 조용하지만 진심으로 응원을 보낸다. 화이팅!

이은영 선생님

네가 흘린 땀방울이 건강이라는 단단한 흙 위에서 꽃피우길

국어, 영어, 수학... 빡빡한 문제집 사이에서 네 뇌가 쉴 없이 돌아가는 소리가 여기까지 들리는 것 같구나. 다른 선생님들이 네 머릿속에 지식이라는 지도를 그려주셨다면, 영양 선생님인 나는 네가 그 지도를 들고 목적지까지 건강하게 완주할 수 있도록 돕고 싶어 이 편지를 쓴단다.

선생님은 매일 초등학교 급식실에서 하루가 다르게 무럭무럭 자라나는 아이들을 마주하고 있는 영양교사야. 편식하던 아이가 어느새 채소를 맛있게 먹고, 작았던 아이가 훌쩍 커서 졸업하는 모습을 볼 때면 가끔 이런 생각을 한단다. '훗날 이 아이들이 수험생이라는 높은 산을 넘어야 할 때, 우리가 함께 연습한 이 건강한 식습관이 든든한 지팡이가 되어줄 수 있을까?' 하고 말이야.

지금 너의 모습을 직접 보고 있지는 않지만, 네가 오늘을 얼마나 치열하게 견디고 있을지 마음으로 느껴져. 쏟아지는 잠을 참으려 애쓰고, 불안함에 밥알이 모래알처럼 까칠하게 느껴지는 날도 있겠지. 그럴 때면 '잠깐이라도 정신이 번쩍 들게 하는 빠른 방법은 없을까?'

하는 유혹이 생기기도 할 거야. 고카페인 음료나 검증되지 않은 약에 기대어 억지로 몸을 깨우고 싶은 마음 말이야. 하지만 그런 선택들이 결국 너의 소중한 생체 리듬을 깨뜨리고, 네가 쌓아온 실력을 온전히 발휘하지 못하게 할까 봐 영양 선생님으로서 걱정스러운 마음이 앞섰단다. 그래서 선생님은 네가 반짝 나타났다 사라지는 가짜 에너지가 아니라, 끝까지 건강하게 완주할 수 있는 '진짜 힘'을 얻길 바라는 마음으로 네 몸과 뇌에 힘이 될 책의 문장들을 골랐어.

얘들아, 네 몸이 보내는 신호는 네 의지보다 훨씬 정직해. 집중력이 흐트러지는 건 네 노력이 부족해서가 아니라, 네 뇌가 에너지를 달라고 보내는 간절한 신호야. 그럴 땐 스스로를 몰아붙이기보다 맑은 물 한 잔, 건강한 음식으로 네 몸을 먼저 다독여주렴. 네 몸을 귀하게 대접하는 것이 결국 네 꿈을 앞당기는 가장 확실한 전략이 될 거야.

콩나물시루에 물을 주면 물은 다 빠져나가는 것 같아도 어느새 콩나물은 쑥쑥 자라 있단다. 이처럼 네가 정성껏 챙겨 먹은 한 끼가 당장 눈에 보이는 결과로 나타나지 않을지도 몰라. 하지만 치열한 하루 속에서도 자신을 귀하게 여기고 좋은 에너지를 채워주려 노력하는 그 습관들은 결코 사라지지 않아. 네가 앞으로 어떤 길을 걷든, 끝까지 버틸 수 있게 해주는 가장 정직한 밑거름이 되어줄 거란다.

오늘 하루도 참 고생 많았어.

너는 무엇이 되지 않아도 그 자체로 이미 충분히 소중한 사람이란다.

너의 모든 순간을 응원하는 이은영 영양쌤이

참고 문헌

☞ Albert Bandura. (1997). Self-Efficacy: The Exercise of Control. New York: W.H. Freeman.

☞ David Hamachek. (1978). Psychodynamics of Normal and Neurotic Perfectionism. Psychology.

☞ Paul L. Hewitt & Gordon L. Flett. (1991). Perfectionism in the Self and Social Contexts. Journal of Personality and Social Psychology.

☞ Timothy J. Owens. (1994). Two dimensions of self-esteem: Reciprocal effects of positive self-worth and self-deprecation on adolescent problems. American Sociological Review, 59(3), 391-407.

☞ Martin E. P. Seligman. (1975). Helplessness: On Depression, Development, and Death. San Francisco, CA: W. H. Freeman.

☞ Jerry L. Deffenbacher, Zwemer, W. A., Whiman, M. A., Hill, R. A., & Sloan, R. D. (1986). Human fear and anxiety in performance and evaluation situations. Journal of Social and Clinical Psychology, 4(3), 249-261.

☞ Mark R. Leary. (1983). A brief version of the Fear of Negative Evaluation Scale. Personality and Social Psychology Bulletin, 9(3), 371-375.

☞ Morris Rosenberg. (1965). Society and the Adolescent Self-Image. Princeton, NJ: Princeton University Press.

☞ Muller, Dodd, & Fiala. (2014). Comparing protective factors and resilience among classroom-based teachers and community-based educators. International Journal of Advancement in Counselling, 36(4), 384-397.

☞ Daniel Goleman. (1995). Emotional Intelligence. New York, NY: Bantam Books.

☞ James J. Gross. (1998). The emerging field of emotion regulation: An integrative review. Review of General Psychology, 2(3), 271-299.

☞ Brown, P. C., Roediger, H. L., & McDaniel, M. A. (2014). Make it stick: The science of successful learning. Harvard University Press.

☞ Dweck, C. S. (2016). Mindset: The new psychology of success. Random House.

☞ Deci, E. L., & Ryan, R. M. (1985). Intrinsic motivation and self-determination in human behavior. Plenum.

☞ Fleming, N. D. (2001). Teaching and learning styles: VARK strategies. Neil Fleming Publications.

☞ Gardner, H. (1983). Frames of mind: The theory of multiple intelligences. Basic Books.

☞ Gardner, H. (2006). Multiple intelligences: New horizons in theory and practice. Basic Books.

☞ Immordino-Yang, M. H., & Damasio, A. R. (2007). We feel, therefore we learn: The relevance of affective and social neuroscience to education. Mind, Brain, and Education, 1(1), 3-10.

☞ Immordino-Yang, M. H. (2015). Emotions, learning, and the brain: Exploring the educational implications of affective neuroscience. W. W. Norton & Company.

☞ Ryan, R. M., & Deci, E. L. (2000). Self-determination theory and the facilitation of intrinsic motivation, social development, and well-being. American Psychologist, 55(1), 68-78.

☞ Vygotsky, L. S. (1978). Mind in society: The development of higher

 공부머리는 만드는 것이다

psychological processes. Harvard University Press.

☞ Carskadon, M. A., Vieira, C., & Acebo, C. (1993). Association between puberty and delayed phase preference. Sleep, 16(3), 258-262.

☞ Carskadon, M. A., Wolfson, A. R., Acebo, C., Tzischinsky, O., & Seifer, R. (1998). Adolescent sleep patterns, circadian timing, and sleepiness at a transition to early school days. Sleep, 21(8), 871-881.

☞ 요한 하리. (2023). 도둑맞은 집중력. 어크로스, 175.

☞ Cirillo, F. (2018). The Pomodoro Technique: The Acclaimed Time-Management System That Has Transformed How We Work. Currency.

☞ Clear, J. (2018). Atomic Habits: An Easy & Proven Way to Build Good Habits & Break Bad Ones. Avery.

☞ Covey, S. R. (1989). The 7 Habits of Highly Effective People: Powerful Lessons in Personal Change. Free Press.

☞ Csikszentmihalyi, M. (1990). Flow: The Psychology of Optimal Experience. Harper & Row.

☞ Duhigg, C. (2012). The Power of Habit: Why We Do What We Do in Life and Business. Random House.

☞ Fogg, B. J. (2019). Tiny Habits: The Small Changes That Change Everything. Houghton Mifflin Harcourt.

☞ Gollwitzer, P. M. (1999). Implementation intentions: Strong effects of simple plans. American Psychologist, 54(7), 493-503.

☞ McMains, S., & Kastner, S. (2011). Interactions of top-down and bottom-up mechanisms in human visual cortex. Journal of Neuroscience, 31(2), 587-597.

☞ Monsell, S. (2003). Task switching. Trends in Cognitive Sciences, 7(3), 134-140.

☞ Schultz, W., Dayan, P., & Montague, P. R. (1997). A neural substrate of prediction and reward. Science, 275(5306), 1593-1599.

☞ Knutson, B., Adams, C. M., Fong, G. W., & Hommer, D. (2001). Anticipation of increasing monetary reward selectively recruits nucleus accumbens. Journal of Neuroscience, 21(16), RC159.

☞ de la Fuente-Fernández, R., et al. (2002). Dopamine release in human ventral striatum and expectation of reward. Behavioural Brain Research, 136(2), 359-363.

☞ Aarts, E., van Holstein, M., & Cools, R. (2011). Striatal dopamine and the interface between motivation and cognition. Frontiers in Psychology, 2, 163.

☞ Koepp, M. J., et al. (1998). Evidence for striatal dopamine release during a video game. Nature, 393, 266-268.

☞ Jonasson, L. S., et al. (2014). Dopamine release in nucleus accumbens during rewarded task switching measured by [^{11}C] raclopride. NeuroImage, 99, 357-364.

☞ Satterthwaite, T. D., et al. (2012). Being right is its own reward: Load and performance related ventral striatum activation to correct responses during a working memory task in youth. NeuroImage, 61(3), 723-729.

☞ Cajochen, C. (2007). Alerting effects of light. Sleep Medicine Reviews, 11(6), 453-464.

☞ Clow, A., Hucklebridge, F., Stalder, T., Evans, P., & Thorn, L. (2010). The cortisol awakening response: More than a measure of HPA axis function. Neuroscience & Biobehavioral Reviews, 35(1), 97-103.

☞ Jung, C. M., et al. (2010). Acute effects of bright light exposure on cortisol levels. Journal of Biological Rhythms, 25(3), 208–216.

☞ Meeusen, R., & De Meirleir, K. (1995). Exercise and brain neurotransmission. Sports Medicine, 20(3), 160–188.

Huberman Lab. (n.d.). Light exposure and circadian rhythm.

☞ Creswell, J. D., Tumminia, M. J., Price, S., et al. (2023). Nightly sleep duration predicts grade point average in the first year of college. Proceedings of the National Academy of Sciences, 120(8), e2209123120.

☞ Phillips, A. J. K., et al. (2017). Irregular sleep/wake patterns are associated with poorer academic performance and delayed circadian and sleep/wake timing. Scientific Reports, 7, 3216.

☞ Creswell, J. D., Tumminia, M. J., Price, S., et al. (2023). Nightly sleep duration predicts grade point average in the first year of college. Proceedings of the National Academy of Sciences, 120(8), e2209123120.

p.123

☞ Payne, J. D., et al. (2012). Memory for semantically related and unrelated declarative information: The benefit of sleep, the cost of wake. PLOS ONE, 7(3), e33079.

☞ Gais, S., Lucas, B., & Born, J. (2006). Sleep after learning aids memory recall. Learning & Memory, 13(3), 259–262.

☞ Diekelmann, S., & Born, J. (2010). The memory function of sleep. Nature Reviews Neuroscience, 11, 114–126.

p.126

☞ Kox, M., et al. (2014). Voluntary activation of the sympathetic nervous system and attenuation of the innate immune response in humans. Proceedings of the National Academy of Sciences, 111(20), 7379–7384.

☞ Buijze, G. A., et al. (2019). An add-on training program involving breathing exercises, cold exposure, and meditation attenuates inflammation and disease activity in axial spondyloarthritis – A proof of concept trial. PLOS ONE, 14(12), e0225749.

☞ Almahayni, O., & Hammond, L. (2024). Does the Wim Hof Method have a beneficial impact on physiological and psychological outcomes in healthy and non-healthy participants? A systematic review. PLOS ONE.

p.127

☞ [YouTube Video] Wim Hof Method Breathing Demo. https://www. youtube.com/watch?si=huYjdIuQHQpTCruD&v=2u2KdHX9UIw

☞ Srámek, P., et al. (2000). Human physiological responses to immersion into water of different temperatures. European Journal of Applied Physiology, 81, 436–442.

☞ Leppäluoto, J., et al. (2008). Effects of long-term whole-body cold exposures on plasma concentrations of ACTH, beta-endorphin, cortisol, catecholamines and cytokines in healthy females. Scandinavian Journal of Clinical & Laboratory Investigation, 68(2), 145–153.

☞ Pääkkönen, T., & Leppäluoto, J. (2002). Cold exposure and hormonal secretion: A review. International Journal of Circumpolar Health, 61(3), 265–276.

☞ Cain, T., et al. (2025). Effects of cold-water immersion on health and wellbeing: A systematic review and meta-analysis. PLOS ONE,

 공부머리는 만드는 것이다

20(1), e0317615.

☞ Kelly, J. S., & Bird, E. (2022). Improved mood following a single immersion in cold water. Lifestyle Medicine, 3(1), e53.

☞ Huttunen, P., Kokko, L., & Ylijukuri, V. (2004). Winter swimming improves general well-being. International Journal of Circumpolar Health, 63(2), 140-144.

☞ Yankouskaya, A., Williamson, I., et al. (2023). Short-term head-out whole-body cold-water immersion.

☞ Csikszentmihalyi, M. (1990). Flow: The psychology of optimal experience. Harper & Row.

☞ Horiuchi, M., et al. (2023). Effects of intermittent exercise during prolonged sitting on executive function, cerebrovascular, and psychological response: a randomized crossover trial. Journal of Applied Physiology, 135(6), 1421-1430.

☞ Ferrari, M., Bisconti, S., & Spezialetti, M. (2014). Prefrontal cortex activated bilaterally by a tilt board balance task: A functional near-infrared spectroscopy study. Brain Topography.

☞ Mahoney, J. R., et al. (2016). The role of prefrontal cortex during postural control in Parkinsonian syndromes: A functional near-infrared spectroscopy study. Brain Research.

☞ Sian L. Beilock & Elizabeth A. Maloney. (2015). Math anxiety: A factor in math achievement not to be ignored. Policy Insights from the Behavioral and Brain Sciences, 2(1), 4-12.

☞ Jo Boaler & Megan Staples. (2008). Creating mathematical futures through an equitable teaching approach: The case of Railside School. Teachers College Record, 110(3), 608-645.

☞ Bogdan Draganski, et al. (2004). Neuroplasticity: Changes in grey matter induced by training. Nature, 427(6972), 311-312.

☞ Wolfram Schultz. (2015). Neuronal reward and decision signals: From theories to data. Physiological Reviews, 95(3), 853-951.

☞ John H. Flavell. (1979). Metacognition and cognitive monitoring: A new area of cognitive-developmental inquiry. American Psychologist, 34(10), 906-911.

☞ John Hattie & Helen Timperley. (2007). The power of feedback. Review of Educational Research, 77(1), 81-112.

☞ 보건복지부·한국영양학회. (2020). 2020 한국인 영양소 섭취기준. https://www.mohw.go.kr/board.es?mid=a10411010100&bid=0019&act=view&list_no=370012

☞ 보건복지부. (2022). 2020 한국인 영양소 섭취기준 활용자료 배포.

☞ 질병관리청. (2022). 제9기 1차년도(2022) 국민건강영양조사: 국민건강통계. https://knhanes.kdca.go.kr/

☞ Calcaterra, V., Verduci, E., Magenes, V. C., et al. (2021). The Role of Pediatric Nutrition as a Modifiable Risk Factor for Precocious Puberty. Life, 11(12), 1353. https://doi.org/10.3390/life11121353

☞ 김현숙 외. (2021). 아침을 거르는 한국 청소년에서 쌀 기반 식이의 효과: 무작위 병렬 그룹 임상시험. Nutrients, 13(3), 853.

☞ Li, Y., et al. (2014). Dietary patterns and depression risk: A meta-analysis. The American Journal of Clinical Nutrition, 99(2), 311-323.

☞ Wurtman, R. J., & Wurtman, J. J. (1995). Brain serotonin, carbohydrate-craving, and depression. Obesity Research, 3(S4), 477S-480S.

☞ 식품의약품안전처. [카드뉴스] 청소년 여러분, 고카페인음료 1잔이면 충분해

요. 식품안전나라 홍보자료.

☞ 국민건강지식센터. (2015). 고카페인 에너지 음료가 청소년의 집중력과 정서 불안에 미치는 영향 및 해결법. 서울대학교.

☞ 박정훈, 함명일, 김선정, 민순민. (2016). 한국 청소년의 고카페인 에너지 음료 섭취와 자살 충동 간의 연관성. 한국학교보건학회지, 29(2).

☞ 이수진, 김효정, 김미라. (2014). 카페인 함유식품에 대한 경북 지역 고등학생의 인식, 지식 및 섭취행동에 관한 연구. 한국가정과교육학회지, 26(4).

☞ 서울특별시보건환경연구원. (2025). 편의점 판매 음료 및 초콜릿 카페인 함량 조사 결과. 서울특별시청 영양평가팀.

☞ 조은주 외. (2016). 들기름이 기억력과 학습능력에 미치는 영향. 농촌진흥청·부산대학교 공동연구.

☞ Arab, L., & Ang, A. (2015). A cross-sectional study of the association between walnut consumption and cognitive function among adult US populations represented in NHANES. The Journal of Nutrition, Health & Aging, 19(6).

☞ Alan Schwarz. (2013). The Selling of Attention Deficit Disorder. The New York Times.

☞ Weyandt, L. L., et al. (2018). Neurocognitive Effects of Adderall. Pharmacy, 6(3).